Anarchie éclairée

Matthias Kaufmann

Anarchie éclairée

Une introduction à la philosophie politique

PRÉFACE DE JEAN-FRANÇOIS KERVÉGAN

L'HARMATTAN

5-7, rue de l'École-Polytechnique ; 75005 Paris

http://www.librairieharmattan.com
diffusion.harmattan@wanadoo.fr
harmattan1@wanadoo.fr

ISBN : 978-2-296-56060-4
EAN : 9782296560604

Préface de Jean-François Kervégan

Auteur de travaux rigoureux sur Carl Schmitt (*Recht ohne Regel ?*, 1988), sur la pensée de Guillaume d'Ockham (*Begriffe, Sätze, Dinge. Referenz und Wahrheit bei Wilhelm von Ockham*, 1994), ainsi que d'une introduction à la philosophie du droit (*Rechtsphilosophie*, 1996), Matthias Kaufmann occupe la chaire d'éthique à l'Université Martin Luther de Halle-Wittenberg. Ses travaux portent à la fois sur la philosophie du langage, sur l'éthique et sur la philosophie juridique et politique. C'est ce dernier domaine qu'il aborde de manière originale dans le livre *Anarchie éclairée*, dont le public francophone peut désormais prendre connaissance. Ce livre poursuit un double objectif. Comme l'indique son sous-titre, il est d'abord « une introduction à la philosophie politique ». A ce titre, il présente un parcours très instruit et extrêmement instructif des grandes doctrines du pouvoir, de la souveraineté et de ses limites ; le lecteur pourra donc y trouver des informations précises sur la pensée politique des classiques (Aristote, Hobbes, Kant, Locke, Mill, Rousseau...) et sur quelques-unes des grandes problématiques contemporaines développées dans le champ de la philosophie juridique et de philosophie politique (Hart, Nozick, Rawls, Schmitt, Taylor, Nussbaum, Pogge...). Il pourra aussi y découvrir ou redécouvrir l'importance d'un auteur qui reste largement méconnu : Max Stirner, le « saint Max » dont Marx se gausse dans *La sainte Famille,* l'auteur de *L'Unique et sa propriété*, un livre dont Kaufmann rappelle que la censure ne prit même pas la peine de l'interdire tant son propos semblait délirant !

Mais le livre, et c'est ce qui fait son principal intérêt, défend aussi une thèse qu'indique déjà son titre principal, *Anarchie éclairée*. Cette thèse est en substance la suivante : dans les conditions présentes, il est conceptuellement possible et moralement exigible de dissoudre l'équivalence traditionnellement acceptée entre communauté et pouvoir (une équation rigoureusement justifiée par Hobbes). Il est même possible de concevoir une communauté où la contrainte ne serait plus que résiduelle : c'est ce que Kaufmann dénomme de façon doucement provocatrice, en faisant référence à Nietzsche, une « communauté de surhommes libres et égaux ». Un livre anarchiste, donc ? Oui, à condition de ne pas comprendre l'anarchie comme un programme politique plus ou moins utopique, mais comme une « méthode » permettant une critique systématique des présupposés inaperçus de l'état de choses existant. L'importance accordée par l'auteur aux droits, et en particulier à la « liberté négative », et à la propriété privée (voir la critique des arguments en faveur de la « socialisation » des biens et la description qui est faite d'une « société de propriétaires responsables ») pourrait conduire à définir son orientation comme une forme d'anarchisme libéral. Toutefois, la position que défend l'auteur ne se confond pas avec celle de libertariens comme Nozick, dont il critique la méconnaissance de la part qu'a la convention dans les substructures de la société humaine. Son but n'est pas de proposer une nouvelle forme du rêve d'une société sans contrainte, mais de montrer qu'aucune forme de contrainte ne peut être acceptée comme allant de soi. Au demeurant, contrairement aux anarchistes de gauche traditionnelle comme de droite, Matthias Kaufmann ne jette pas un regard unilatéralement critique sur l'action de l'État ; il considère même que son intervention protectrice est d'autant plus justifiée que des contraintes fortes, d'ordre économique, religieux ou culturel, continuent de s'exercer de manière souvent insidieuse sur les choix « libres » des individus. L'anarchiste éclairé n'est pas un « égomaniaque » ; il considère simplement que, pour mériter son nom, une société doit plutôt se fonder sur la coopération que sur la puissance exercée sur autrui. Une vérité salutaire, qui est ici exposée avec autant de conviction que de science.

Préface à l'édition française

La publication de mon livre en français, langue dans laquelle tant d'œuvres de la tradition anarchiste ont été rédigées et dans laquelle existe aujourd'hui une discussion vivante sur des sujets fondamentaux de la philosophie politique tels que la liberté, la communauté, la république, etc. (voir, par exemple, Spitz 2005), m'emplit de joie et de fierté. J'aimerais saisir cette opportunité pour réagir à certaines incompréhensions et à certaines questions qui ont surgi, depuis la première publication de ce livre, dans diverses recensions, discussions et correspondances, espérant ainsi préciser et clarifier mes arguments. Parmi ces questions, trois apparaissent centrales. Il s'agit de voir, tout d'abord, pourquoi il est légitime de recourir au concept tellement chatoyant d'« anarchie ». En second lieu, il convient de savoir s'il s'agit d'un « anarchisme authentique », dont la position, alignée sur le libéralisme égalitaire ne s'écarte pas d'emblée de l'État, mais seulement de son aspect de contrainte autant qu'on puisse vouloir le réduire. Troisièmement, on se demandera si, en présence de contraintes qui augmentent en raison des structures du pouvoir économiques internationales, une telle conception correspond encore aux exigences de l'époque. En bref, je répondrai, premièrement, que cette conception de l'anarchisme permet d'offrir une utopie qui est encore attrayante aujourd'hui, deuxièmement, que, contrairement à d'autres conceptions anarchistes, elle désigne clairement son potentiel de contrainte persistant, et qu'elle ne le dissimule pas derrière des formulations vagues et fumeuses, troisièmement, que, précisément, le lien avec cette interdépendance internationale requiert des formes flexibles d'organisation politique, dans lesquelles, pour un temps prévisible, les États nationaux conserveront une fonction essentielle, mais qu'il faudra en même temps compléter avec d'autres formes politiques de prise de décision.

Le stalinisme et ses successeurs nous ont volé les utopies. Il fait partie des évidences de la dernière décennie que le socialisme réel, la tentative de transposition, dans la réalité, d'un idéal communiste de société au moyen de la dictature du prolétariat et d'un ordre économique calqué sur le monopole de l'État ont capoté. Cependant, après ces résultats peu réjouissants, lors de l'introduction de l'économie de marché sur le territoire de l'ancienne Union Soviétique et avec les différentes conséquences de la globalisation dans toutes les parties du monde, la méfiance croît également envers les prophètes de la pure autorégulation par les forces du libre-échange, du bien-être universel, sous la houlette d'un capitalisme débridé. La crise financière et économique mondiale qui a débuté en 2008 est, en un certain sens, seulement le fanal, le symptôme visible d'un profond malaise.

Dans cette situation, l'anarchisme, comme exigence d'optimisation d'une société libre et juste, n'acquiert pas par hasard un nouveau pouvoir d'attraction, dans la mesure où il permet d'offrir une utopie possible, un but de développement politique qui ne soit pas encore désavoué. C'est en fonction de cette dimension de l'utopie que je recours au terme d' « anarchie », lequel est ambigu et a été incriminé par l'histoire comme par l'usage courant de la langue. Contre cette référence, on objecte que l'anarchie possède toujours une mauvaise réputation dans de larges cercles. Cette mauvaise réputation repose bien entendu sur l'hypothèse implicite – qui serait erronée – que l'autorité en soi serait un bien. Le recours à un élément utopique me semble requis dans la mesure où y renoncer conduit toujours les privilégiés à l'idée qu'avec le statu quo le but du développement politique serait déjà atteint et qu'ainsi la tentative d'amélioration serait au point mort.

L'anarchisme est souvent considéré comme la recherche d'une synthèse entre le socialisme et le libéralisme (Berti, 1998, p. 28), ayant pour objectif de mettre en commun et comme égaux en droit les principes de la liberté et de l'égalité. Afin de déployer son efficacité politique, l'anarchisme doit assurément éviter l'erreur – qui n'est pas rare dans son histoire – de perdre, en raison de la radicalité naïvement ressentie des exigences, le contact avec la discussion politique effective. On mentionnera, comme exemple éloquent à cet égard, le cas où le censeur à Leipzig (en 1846) n'a pas interdit la publication du livre de Max Stirner, *L'Unique et sa propriété*, pour la raison qu'un ouvrage tellement insensé ne représentait aucun danger.

La particularité de l'anarchie « éclairée » par rapport à la plupart des projets alternatifs consiste en cela qu'elle prend son point de départ dans le libéralisme égalitaire. Cela se fonde sur le fait que si la contrainte apparaît *prima facie* comme quelque chose de mauvais, d'un autre côté, comme le montre le premier chapitre de ce livre, on ne peut pas espérer pour tout de suite une cohabitation des hommes entièrement libre de toute contrainte. De ce fait, la contrainte devrait être exercée au moins mutuellement et avec tous les mécanismes possibles de protection des individus. Cette protection est cependant davantage possible dans le domaine public que dans nombre d'autres espaces où les hommes sont soumis depuis toujours à des oppressions sexuelles, familiales, religieuses et économiques. L'hypothèse selon laquelle l'État, au moyen de son appareil répressif, soutenait de telles oppressions de la Vie, s'est révélée tellement fausse ces dernières années que l'on peut utiliser l'État démocratique, libéral et social contre les oppressions « privées ». L'État conserve ainsi sa légitimité en présentant la condition de possibilité de son abolition, mais également de l'abolition des formes traditionnelles ou des formes nouvellement établies de l'oppression. En même temps, une mouvance anarchiste requiert aujourd'hui, en outre, la protection de l'État libéral.

Au lieu de confronter la « voie révolutionnaire », qui « consiste [...] à partir des droits de l'homme pour arriver à la délimitation de la gouvernementalité », avec la voie radicale selon laquelle « la limite de compétences du gouvernement sera définie par les frontières de l'utilité d'une intervention gouvernementale » (Foucault, 2004, p. 41 *sq.*), cette approche procède, apparemment, d'une conception du libéralisme plus orientée vers la protection des droits de l'individu que vers l'utilité économique. Ce libéralisme est davantage celui d'un Rawls, peut-être d'un Mill, que d'un Hayek. Cependant, on assiste aussi dans ce livre à l'essai d'une « connexion de l'hétérogène », bien que j'ignore s'il s'agit d'une « logique » s'opposant à la logique dialectique (*ibid.*, p. 44). Le programme de l'anarchie éclairée implique la confrontation et la connexion, à la fois continues et insolubles, entre des éléments collectivistes et individualistes dans la société, tout particulièrement dans la société moderne.

Ainsi le modèle de la cohabitation sans contrainte et pacifique offre en même temps une idée régulatrice pour le développement au long cours des sociétés libérales. Ce qui ne signifie pas que le but des anarchistes soit précisément de remplacer la contrainte externe pesant sur l'individu par une contrainte interne, de sorte que les hommes se comportent d'eux-mêmes d'une manière noble, altruiste et bonne.

La méfiance totalement légitime qui s'élève contre les contraintes internes moralisatrices oblige, pour sa part, à soumettre, à la critique, les prétentions normatives eu égard à l'individu, mais pas nécessairement à les éliminer. Ni l'absolutisation ni l'abolition de toutes les prétentions individuelles ne semblent, en effet, désirables. Les considérations morales requièrent toujours l'examen, autrement dit la provocation anarchiste. Sinon elles finiraient trop facilement en autosatisfaction, ce qui n'est pas seulement répréhensible, mais peut être dangereux quand celle-ci mène à des croisades contre ce qui est immoral. L'*impetus* anarchiste qui s'est propagé s'attaque à cette autosatisfaction et à l'idée confortable d'être consciemment en possession de la vérité. Les éléments décisifs dans le domaine social de l'utopie anarchiste seraient donc, de s'efforcer, d'une part, à remplacer, autant que possible, les contraintes violentes par la compréhension et l'éducation, d'autre part, à soumettre également de manière continue les prémisses normatives, qui sont au fondement de l'éducation, à l'irritation et au contrôle (Green, 1999, p.122 *sq.*).

Une autre différence de cette version de l'anarchisme par rapport à la plupart des variantes du libéralisme est l'effort constant et dynamique de lier, grâce au collectif, l'idéal aristotélicien de la communauté d'hommes libres et égaux – à laquelle tous appartiennent selon des principes égalitaires – à la protection efficace de l'individu contre toute tutelle inutile. Formulé autrement, l'anarchisme cherche, dans cette affaire, à résoudre, dans un processus continu, le conflit des exigences individuelles et collectives qui, d'un côté, respecte les règles du jeu de la constitution étatique libérale, socialement responsable et démocratique, et qui, de l'autre côté, conserve indissolublement une matière porteuse de conflits et de critiques potentielles. Grâce à ces composantes dynamiques, l'utopie possible advient de l'anarchie éclairée.

Selon cette conception, l'anarchisme partage, il est vrai, avec le libéralisme, le but de restreindre autant que possible l'intervention de l'État dans la sphère personnelle. Mais, il peut cependant être déjà prêt à réduire les structures de pouvoir menaçantes et illégitimes dans le champ non-étatique, en utilisant l'instrument de la légalité. À cette réduction appartient tout particulièrement la tentative faite pour intégrer les structures économiques dans la discussion politique et dans la découverte de solutions politiques et pour décider largement, selon le domaine de compétence, si cela relève plutôt de l'indépendance individuelle ou de la préoccupation collective, c'est-à-dire comment on peut au mieux atteindre l'un ou l'autre but dans des conditions données. Selon cette conception, l'intérêt de la collectivité peut être de garantir la propriété des moyens de production. D'autre part, la proposition de démocratiser les structures économiques multinationales qui représentent une menace pour des prises de décisions politiques démocratiques, de les métamorphoser en organisations démocratiques avec un droit d'intervention massif pour les employés, pourrait peut-être à présent faire partie de cette discussion. Que tout ne puisse pas être réglé ici seulement par l'État-nation ne représente pas un problème pour l'idée anarchiste, pour cette raison déjà qu'elle en fait abstraction en le relativisant dans sa signification pour le devenir politique de l'humanité.

Une réponse à la troisième des questions posées ci-dessus s'impose ainsi clairement : contre les multiples formes des mécanismes de pression qui apparaissent dans une économie mondiale globalisée, il s'agit en même temps de rechercher et de défendre à différents niveaux l'autonomie de l'individu, de s'approcher de l'idéal de la démocratie délibérative. Y appartiennent non seulement les États-nations et les organisations étatiques internationales, mais également d'autres acteurs politiques comme les O.N.G., qui peuvent exercer une certaine pression dans le domaine public, mais qui doivent être eux-mêmes contrôlés, lorsqu'ils exercent le pouvoir. L'idée serait d'inclure dans la gouvernementalité, au sens de Foucault, un réseau d'organisations et de structures hétérogènes qui relèveraient originellement, au moins en partie, plutôt du domaine de la résistance (contre la gouvernementalité).

Le cœur de cette variante de l'anarchisme est formulé cependant par le programme qui vise à libérer autant que possible les individus des contraintes externes et internes, de sorte que leurs décisions puissent être considérées, autant que faire se peut, comme autonomes. Un autre élément, que l'anarchie éclairée partage davantage avec le libéralisme qu'avec les autres positions anarchistes, est le renoncement à toute motivation irrationnelle et aux vérités « supérieures » de la formation de la volonté et de l'identité politique. La recherche de l'homogénéité religieuse des peuples serait toujours liée à la persécution, aux massacres et à la terreur. Les convictions religieuses ne peuvent donc pas être un motif d'exclusion d'hommes, de groupes ou même de peuples hors de la communauté politique. Des motifs irrationnels et des vérités supérieures, comme moyen de la politique, confèrent toujours aux prophètes et aux prédicateurs un pouvoir incontrôlable – c'est pourquoi une position anarchiste éclairée ne peut les supporter[1].

Un élément spéculatif est contenu toutefois dans la formule provocante : « la communauté des surhommes libres et égaux », qui a été choisie comme titre du dernier chapitre. C'est l'affirmation que l'effort au perfectionnement, au dépassement de ce qui est acquis, que l'apprentissage, « la danse au-dessus de soi » (*Ainsi parlait Zarathoustra,* « Des hommes supérieurs ») peuvent être mis en avant pour les individus et les communautés, dans la liberté et surtout dans l'égalité. C'est l'affirmation que ceux qui préconisent l'égalité ne sont pas nécessairement « des esprits vindicatifs dissimulés » remplis de désirs tyranniques (« Ô vous prédicateurs de l'égalité, la folle tyrannie de l'impuissance hurle en vous pour l'égalité : vos plus intimes désirs de tyrannie se déguisent alors en paroles de vertu », *in* « Des Tarentules »), que ce ne sont pas le mépris ni non plus la pitié humiliante, mais le respect qui font partie des véritables grandeurs en regard des faiblesses apparentes.

Finalement, ce que l'on doit appeler « faible » n'est pas tout à fait clair, si l'on considère l'évidence que ceux qui sont considérés comme handicapés par les autres hommes font montre de grandeurs d'esprit et de caractères inouïs.

Même s'il date de plus de dix ans, je me suis décidé à publier ce livre dans sa forme originelle, à l'exception de quelques compléments mineurs et inévitables. De ce que ce livre puisse paraître dans l'espace francophone, je dois en remercier mon ami et collègue Lukas Sosoe, qui a rendu possible ce projet de traduction et a permis qu'il soit mené à bien. Je remercie Nicolas Antenat pour une première mise en page, Sophie Grapotte, pour les corrections de la traduction ; je remercie mon collègue Jean-François Kervégan pour une relecture et correction complète, Sylvain Panis pour la traduction des nouvelles parties dans cette édition, Christophe Losfeld pour la nouvelle mise en page et Isabelle Aubert pour la relecture et rédaction finale, ainsi que les éditions L'Harmattan d'avoir accepté ce travail dans leur

[1] Je répète ici cette réflexion brièvement introduite dans le cinquième chapitre de ce livre parce que le spécialiste des recensions de la très réputée « Deutschlandfunk » parvenait au malentendu ahurissant que je voulais moi-même « révéler » des vérités supérieures !

programme. Je remercie encore l'Université Martin Luther de Halle-Wittenberg pour le soutien financier qu'elle a apporté à la traduction. Comme pour le livre d'origine, je dédie sa version française à Dagî, Simon, David et Elena.

Ouvrages consultés :

Giampietro Berti, *Il pensiero anarchico dal Settecento al Novecento*, Bari/Roma, 1998.

Michel Foucault, *La naissance de la biopolitique*, Paris, 2004.

Thomas F. Green, *Voices. The Educational Formation of Conscience*, Notre Dame, 1999.

Jean-Fabien Spitz, *Le moment républicain en France*, Paris, 2005.

Max Stirner, *Der Einzige und sein Eigentum* (1845), trad. fr. *L'Unique et sa propriété*, Paris, 2000.

« Une guerre d'idées contre soi-même serait
la véritable paix souhaitée ».

Joseph Beuys

Préface à l'édition originale

On se plaît souvent à reprocher au libéralisme son manque de perspective, de but, son indifférence intellectuelle, en même temps que ses allures impérialistes. Le but de cette introduction à la philosophie politique est de montrer comment une combinaison de la tradition libérale avec une pensée politique qui se réclame de la tradition aristotélicienne serait à même de désigner un but, aussi bien pour le développement de la communauté politique que pour les personnes qui y vivent.

Le but vers lequel tendent et doivent tendre, sans jamais peut-être l'atteindre entièrement, les sociétés libérales est une communauté politique, libre de toute contrainte et acquise aux valeurs de la sollicitude, permettant à l'individu de se consacrer à la tâche du perfectionnement personnel. Il est clair aujourd'hui qu'une telle fin ne saurait être atteinte par la destruction de l'État moderne apparu lors des Lumières, mais par sa réforme, son humanisation et sa réduction progressive. C'est pourquoi on parle ici d'anarchie éclairée.

Je remercie Wilhelm Vossenkuhl de m'avoir suggéré l'écriture de ce livre, pour sa lecture des premières versions et pour ses précieuses indications.

L'atmosphère spirituelle et émotionnelle dans laquelle ce travail a vu le jour, je la dois à Dagî, ainsi qu'à Simon, David et Elena. Ce livre leur est dédié.

Introduction : Pourquoi une anarchie éclairée ?

Qu'est-ce que l'anarchie éclairée ?

L'anarchiste est un rêveur. Ce serait là la version la plus amicale de l'appréciation que ceux qui se désignent comme réalistes, les praticiens et les véritables penseurs politiques, pourraient peut-être donner de l'anarchiste. Selon cette acception, l'anarchiste s'adonne au rêve peu clair d'une coexistence humaine sans contrainte, sans violence et sans souci, un rêve contradictoire et, dans tous les cas, incompatible avec le monde tel qu'il est. Une version moins flatteuse considère l'anarchiste comme un fanatique irresponsable qui blesse et tue, sans scrupule, pour des illusions étrangères à la réalité. Ces deux appréciations ne sont pas entièrement fausses, dans la mesure où leur correspondent certainement des types d'anarchistes ayant existé ou existant.

Il serait, pour autant, faux de penser que la thématique de l'anarchie serait, de cette manière, définitivement classée. Car, il y a eu, dans un même temps, une importante série de projets de vie anarchistes différents qui ont été, du moins pour un temps, entièrement réalisés. Ce fut, par exemple, le cas des horlogers des rives du lac Léman, qui impressionnèrent fortement Kropotkine, celui des communes anarchistes aux États-Unis à la fin du XIXe siècle, mais aussi des modèles pédagogiques dont le plus connu est A.S. « Summerhill ». On aime voir quelquefois dans les sociétés « acéphales », c'est-à-dire dans les sociétés sans concentration de pouvoir, telles certaines sociétés d'Afrique, par exemple, ou celles de la période de la chasse et de la cueillette, des exemples anarchistes de coexistence humaine.

Il y a eu, en outre, de multiples théories anarchistes. Leur spectre s'étend de l'individualisme radical égomaniaque de Max Stirner à la vision, toute aussi radicale, de la communauté de Bakounine, des théories résolument pacifistes aux théories prônant l'engagement à la violence, comme celle de Georges Sorel ; et si l'on s'intéresse à ces dernières décennies, cela va des attaques capitalistes radicales contre l'État qu'exposent David Friedman et Robert Nozick aux conceptions centrées sur la communauté, comme celle de Michael Taylor. Cette grande diversité contribue à faire de l'histoire de la théorie anarchiste et des mouvements anarchistes quelque chose de fascinant, présentant diverses facettes[2].

---

[2] Pour la période qui va jusqu'en 1914, voir *Geschichte der Anarchie* de Max Nettlau (t. I-III, Glashütten / Taunus, 1972, t. IV-V, Vaduz, 1981, p. 84). Concernant Nettlau (1865-1944), voir Manfred Burazerovic, Max Nettlau, *Der Lange Weg zur Freiheit*, Berlin, 1996. Pour une introduction à la thématique de l'anarchisme, on lira

Cependant, cette histoire ne fera pas l'objet de ce travail. Nous présenterons et discuterons certes quelques types de pensée anarchiste au fur et à mesure de l'argumentation, mais, à l'instar de nombreuses autres philosophies politiques, notre intérêt n'est pas historico-philologique. Il s'agit plutôt de désigner quelques-unes des positions et formes d'argumentation systématiques. La façon la plus pertinente d'atteindre cet objectif sera de relier ces modèles d'argumentation respectivement à ce philosophe dont, de toute manière, elles portent déjà le nom.

Le but essentiel de ce travail est de parvenir à former un concept de l'anarchie qui puisse être rattaché à la philosophie politique traditionnelle, qui lui soit compatible et comparable, mais qui, en même temps, lui ajoute une composante dynamique qui ne soit pas réductible aux autres éléments. Cette composante correspond à quelques-unes des intuitions fondamentales que l'on rencontre, lorsqu'on se livre à une analyse bienveillante des théories anarchistes des XIXe et XXe siècles, et que l'on peut utiliser pour la discussion politique contemporaine.

Les idées anarchistes conservent un certain intérêt dans la double mesure où, d'une part, elles canalisent et ce, malgré toute l'admiration que l'on peut avoir pour leurs acquis, un reste de malaise vis-à-vis de la forme d'organisation étatique apparue à l'époque des Lumières, aux XIXe et XXe siècles, et où, d'autre part, elles indiquent ne serait-ce qu'une vague issue, en tout cas partiellement, hors de cet état mal aimé. Par ailleurs, ces idées ne se soumettent pas d'emblée aux préfigurations systématiques d'ordre ontologique, épistémologique ou d'un autre ordre, dont souffrent généralement les utopies sociales qui proviennent notamment de l'anarchisme. Point n'est besoin d'établir un jugement sur l'existence ou la non-existence d'entités abstraites, sur les cécités idéologiques de la conscience, sur le rapport de l'esprit et de la matière ou sur la base et la superstructure, pour que ces idées présentent une certaine vraisemblance.

Premièrement, ces idées affirment, en un sens vague, qu'il est préférable que les individus, lorsqu'ils coopèrent volontairement et de façon motivée, ne soient pas obligés de faire ce qu'ils ne souhaitent pas faire. On ne doit nullement les y contraindre. Deuxièmement, elles affirment que la coexistence humaine peut et doit engendrer la sécurité et la coopération, mais aucunement l'oppression et l'exploitation. Troisièmement, elles sou-

---

Hans Diefenbacher (éd.) *Anarchismus. Zur Geschichte der Herrschaftsfreien Gesellschaft*, Darmstadt, 1996. Cf. Christian Sigrist, *Regulierte Anarchie. Untersuchung zum Fehlen und zur Entstehung politischer Herrschaft in segmentären Gesellschaften Afrikas*, Frankfurt/M., 1994. David Friedman, *The Machinery of Freedom. Guide to Radical Capitalism*, La Salle III, rep. 1989, Robert Nozick, *Anarchy, State and Utopia*, 1989, Michael Taylor, *Community, Anarchy and Liberty*, Cambridge, 1982 ; Giampietro Berti, *Il pensiero anarchico dal Settecento al Novecento*, Bari/Roma, 1998.

tiennent que, pour l'essentiel, ces deux éléments sont compatibles, et que leur réalisation n'est pas un but totalement inaccessible en ce monde, et donc qu'il ne s'agit pas d'une utopie complètement erronée. Ces idées peuvent paraître triviales, mais elles formulent un but qui doit servir de fondement au développement de la politique.

Il existe, certes, des corrélations entre ces intuitions et la différence qu'établit Otfried Höffe entre l'anarchiste radical, qui refuse toute forme de régulation de l'individu, l'anarchiste rigoureux qui accepte d'autres formes de régulation sociale mais refuse la contrainte étatique, et l'anarchiste modéré qui veut maintenir cette contrainte dans les limites les plus strictes possibles[3]. Toutefois, nous ne prendrons pas ici en considération la construction des étapes correspondant à cette division. Il se peut bien qu'un anarchiste individualiste radical, au sens où l'entend Höffe, s'accommode davantage d'un système étatique de contrainte que d'un enchevêtrement totalitaire dans des réseaux sociaux traditionnels et moraux dont l'objectif serait pourtant, *prima facie*, la sollicitude.

Comment mettre en rapport ces idées anarchistes avec la tradition de la philosophie politique ? En essayant d'introduire la pensée anarchiste dans la « philosophie politique » classique et d'en faire une partie de cette dernière, le présent travail se distingue, et ce, en dépit d'une proximité partielle avec ses conceptions politiques, de ce que l'on entend depuis quelques années dans l'espace anglo-saxon par *anarchisme philosophique* [*philosophical anarchism*]. Ce dernier affirme l'illégitimité générale de toute domination étatique ou de la domination présente de l'État sans toutefois entreprendre de démarches en vue de détruire l'État[4].

Aussi surprenant que cela puisse paraître, nous trouvons chez Kant un concept d'anarchie important pour la philosophie politique. Vers la fin de son *Anthropologie d'un point de vue pragmatique*, il thématise le rapport entre la liberté et la loi comme deux « pivots autour desquels tourne la législation civile. Mais afin que cette dernière soit agissante et non point creuse exhortation, un terme intermédiaire doit s'ajouter, l'*autorité*... » (AK VII 330)[5].

---

[3] Otfried Höffe, *Politische Gerechtigkeit. Grundlegung einer kritischen Philosophie von Recht und Staat*, Frankfurt/M., 1987, p. 212 *sq*.

[4] Par exemple dans la définition de Simmons, *Philosophical Anarchism*, in : John T. Sanders/ Jan Narveson (éd.) *For and Against the State*, Lanham, Maryland, 1996, p. 19-39. Sur ce débat devenu plus ou moins houleux, voir Leslie Green, Gregory Kavka, mais aussi Simmons, *On the Edge of Anarchy*, Princeton, 1993, ainsi que la présentation critique de Chaim Gans, *Philosophical Anarchism and Political Disobedience*, Cambridge, 1992, auquel se rapporte « l'anarchisme philosophique ».

[5] Sans précisions supplémentaires, les citations de Kant se réfèrent à l'édition de l'Académie prussienne des Sciences : *Kants Werke*, Walter de Gruyter.

Kant aperçoit quatre manières de combiner ces trois éléments : la loi et la liberté sans autorité (l'anarchie), la loi et l'autorité sans la liberté (le despotisme), l'autorité sans liberté ni loi (la barbarie), l'autorité avec la liberté et la loi (la république). Il est intéressant de remarquer ici qu'outre ces quatre possibilités, on peut ajouter selon les règles de l'analyse combinatoire, mais omises par Kant, deux autres possibilités que l'on pourrait sans doute mettre en rapport avec le concept d'anarchie. Les opposants de l'anarchie les représenteraient volontiers dans la combinaison de l'autorité avec la liberté sans la loi ou même sous celle de la simple autorité sans la loi et sans la liberté ; par conséquent, sous la conception hobbesienne de l'état de nature que Kant appelle barbarie. En revanche, les défenseurs de l'anarchie, tel Max Stirner, la caractériseraient comme liberté sans loi et sans autorité.

Kant offre ainsi, dans la philosophie politique moderne, l'une des premières caractérisations positives de l'anarchie entendue comme coexistence humaine ordonné et, en même temps, libre. Cet aspect systématique, qui apparaît à travers sa caractérisation, est une partie essentielle de ce qui revient à une théorie politique intéressée à la pensée anarchique d'examiner.

Premièrement, il convient de se demander dans quelle mesure une coexistence anarchique d'êtres humains peut dépendre de lois. Assurer la planification essentielle à la vie humaine requiert de garantir que les autres personnes se comporteront d'une certaine manière de façon prévisible. C'est là la tâche assumée par les lois et les autres formes de régulation sociale, telles que les convictions morales, qui forment quasiment le pendant social de l'induction sur laquelle, selon Husserl, repose toute vie. Ainsi, de même que nous pouvons supposer, d'après le principe d'induction, que les processus naturels (le changement de jours ou de saisons, par exemple) vont se répéter de façon prévisible, de même nous pouvons nous fier aux comportements des autres, dès lors qu'ils s'en tiennent aux principes moraux, aux lois ou à d'autres formes de régulation sociale. Depuis les Lumières écossaises (au moins), on se réfère volontiers à cette fonction de régulation sociale. La question, au demeurant plus importante que celle qui consiste à savoir si l'on peut totalement renoncer à ces régulations, revient à s'interroger sur leur émergence, à comprendre si ces lois sont les ordres d'un supérieur ou s'il s'agit d'accords volontaires.

Deuxièmement, Kant spécifie le problème de toute théorie anarchique, c'est-à-dire la façon dont la loi sans « autorité » et sans contrainte peut être efficace. Il est tout aussi inacceptable de supposer que ce problème sera résolu « après la Révolution » par la dictature du prolétariat, dans une phase intermédiaire quelconque ou même sans aucun niveau intermédiaire, que d'admettre purement et simplement la violence non contrôlée. Définir l'anarchie seulement comme l'absence de concentration du pouvoir (M. Taylor, 1987, p. 7) nous paraît très limité, parce qu'une pression décentralisée, diffuse, peut représenter une charge pour l'individu.

Une théorie anarchiste doit, par conséquent, se concentrer tout d'abord sur le problème de la contrainte, sur la question de sa nécessité, de sa justification et de sa limitation, et donc sur l'un des thèmes centraux de la philosophie politique des Lumières. C'est en vertu de cette référence à la tradition des Lumières et aussi parce que nous savons qu'une résolution simple de cette difficulté n'est pas envisageable pour l'instant que nous avons choisi de parler d'*anarchie éclairée*. On peut la caractériser par l'effort fait pour s'en tenir à l'intuition anarchiste originelle et par la recherche rationnelle d'institutions allant dans cette direction, malgré la prise en compte des problèmes théoriques et pratiques de sa réalisation.

Afin de mieux décrire ces démarches, et aussi paradoxal que cela puisse paraître, il faut d'abord, replacer la contrainte au cœur de notre examen et nous interroger sur sa nécessité et les raisons qui la rendent indispensable, étudier par qui et comment elle doit s'exercer, quelles sont ses limites et comment on peut progressivement la faire reculer. Telle est l'esquisse de la démarche argumentative de ce travail que nous voulons à présent développer.

Anarchisme et philosophie politique

Thomas d'Aquin explique dans sa *Somme Théologique* que la loi est un critère pour les actions humaines résultant de la raison (Ia llae, qu. 90, art. 1-4)[6] et qui sert le bien commun ainsi que le bien de l'individu appartenant à la communauté bien ordonnée. Le législateur est soit la multitude, soit une « personne publique, qui s'occupe du bien de la multitude » (qu. 90, art. 3, co.). Afin d'accomplir cette tâche, la loi doit être promulguée. C'est pourquoi Thomas d'Aquin définit la loi comme « un ordre de la raison pour le bien commun promulgué par celui qui a la charge de la communauté », (*quaedam rationis ordinatio ad bonum commune, ab eo qui curam communitatis habet, promulgata*, qu. 90, art. 4, co).

Ce qui frappe dans cette définition, selon des critères actuels, c'est le fait que la menace de sanction, la contrainte et l'autorité jouent toutes deux un rôle secondaire, qui n'est pas systématiquement fondé. La peine intervient plus tard et est rangée parmi les effets de la loi (qu. 92, art. 2, co., ad. 4), la contrainte est justifiée par le fait que les jeunes gens ne peuvent pas être écartés des plaisirs indécents et conduits sur le chemin de la vertu seulement par des admonitions (95 art. 1 co.). À titre de comparaison, dans la

[6] Thomas d'Aquin, *Summa Theologiae*, première partie de la deuxième partie (prima secundae), question 90, article 1-4 co. ; co. signifie qu'il s'agit de la partie principale de l'article, alors que ad. 4 renvoie au quatrième argument de la thèse opposée.

doctrine kantienne du droit, le droit au sens strict est identifié à l'autorisation de contrainte (Introduction, § E, AK VI 232). Dans l'évolution de la science juridique européenne, du XIXe au XXe siècle, différentes variantes – dont la forme la plus provocante se trouve chez John Austin – du positivisme étatique ont dominé ; d'après lui, la loi n'est rien d'autre qu'un commandement du souverain assorti de sanctions[7].

Cela étant dit, que l'on soit critique vis-à-vis du Moyen-Âge ou positif au point de l'enjoliver romantiquement, personne ne pensera qu'il s'agissait d'une époque où aucune autorité n'était exercée sur les êtres humains. Si cette contrainte n'apparaît pas dans la définition de Thomas d'Aquin, c'est probablement parce que la punition des malfaiteurs d'après la loi se retrouve sous la rubrique « du souci de la communauté », *curam communitatis habere*. L'influence d'Aristote, dont la théorie politique a également été critiquée[8], joue certainement un certain rôle ; si elle ne traite pas directement de l'élément de la contrainte, elle le présuppose assurément de manière implicite. De fait, d'Aristote jusqu'au début de l'époque moderne, en passant par Thomas, la contrainte représente davantage une évidence, une normalité qu'un problème théorique. Seule la contrainte du tyran faisait l'objet de réflexions.

L'un des apports essentiels de la philosophie politique moderne, depuis Thomas Hobbes, est d'avoir thématisé la contrainte, qu'elle soit tyrannique ou non, comme une partie constitutive de chaque organisation politique. Il est possible que dans des théories telles que celles d'Austin, comme s'en plaint Hart, on fasse de l'expédient du droit sa définition. Cela étant dit, il devenait urgent de justifier la contrainte, de désigner les problèmes qui lui sont liés, d'en préciser les limites et de la rendre commensurable au droit. Ainsi, d'une part, l'extrapolation a permis de mettre complètement en évidence l'exigence d'affranchissement de toute autorité, d'autre part, les conditions – impossibles à remplir, auxquelles un tel affranchissement était soumis, sont apparues clairement, et l'on pouvait au moins rechercher les moyens de se rapprocher au maximum de ce but sans pour autant pouvoir l'atteindre.

La première partie du présent travail est consacrée à ce sujet central de la philosophie politique moderne. Nous en présenterons les différentes

---

[7] Walter Ott, *Der Rechtspositivismus. Kritische Würdigung auf der Grundlage eines juristischen Pragmatismus*, Berlin, 1992, 2e éd., ch. I ; Matthias Kaufmann, *Rechtsphilosophie*, Fribourg-en-Brisgau, Munich, 1996, p. 147 *sq*.

[8] Otfried Höffe, *Politische Gerechtigkeit, Grundlegung einer kritischen Philosophie von Recht und Staat*, p. 276 *sq*. Le fait que Thomas ne mentionne pas la peine dans la définition de la loi pourrait également être lié au fait que cette définition vaut non seulement pour la loi humaine, mais également pour la direction divine de l'univers via la *lex aeterna*. Cf. Thomas Nisters, « Mensch und Natur als Subjekte der *lex aeterna* », in Zimmermann/Speer, *Mensch und Natur im Mittelalter* (Miscellanea Mediavalia 21/2), Berlin, 1991, p. 622-644.

justifications et en examinerons la cohérence. L'anthropologie y joue naturellement un rôle fondamental. Partant de la vision typiquement moderne de la guerre de tous contre tous en vertu de la nature problématique de l'être humain, on se demandera si la description de cette nature est exacte et, auquel cas, si l'on peut changer cette nature dans un délai prévisible. Enfin, on s'interrogera sur la pertinence des résultats anthropologiques pour prouver la nécessité de la contrainte étatique.

Dans ce contexte, il convient d'analyser l'instrument moderne privilégié de la justification, mais également les limites de la contrainte, c'est-à-dire le modèle contractuel. En outre, face à la présupposition, qui refait constamment surface, d'un devoir moral de l'homme d'obéir à l'État, il importera ensuite de se demander s'il serait possible de supprimer la morale, dans la mesure où elle pourrait être considérée comme un autre instrument d'oppression de l'homme (ch. I).

La forme de justification moderne de la contrainte se fonde, en substance, et ce conformément à l'usage que fait Thomas Hobbes de la méthode des sciences de la nature, sur l'hypothèse abstraite de la décomposition de l'État en ses atomes (les individus). Ces derniers sont étudiés d'après leurs qualités pertinentes pour la théorie politique, qualités à partir desquelles la communauté est de nouveau composée. Contre cette méthode s'est dressée une forme de résistance, parce qu'on estimait inacceptable de considérer des hommes comme des êtres vivants isolés.

Dans la deuxième partie de ce livre, j'insisterai sur le fait que l'homme est toujours socialisé, qu'il est un être social par nature qui doit essentiellement son identité unique au contexte social dont il est respectivement originaire. Pour parler de l'autodétermination, donc de la base de la morale individualiste et de la théorie politique, il faut partir du moi qui ne peut se développer que dans des situations concrètes.

De surcroît, l'homme, en raison de sa faiblesse, dépend de la solidarité et du sens de la communauté, deux vertus difficilement compréhensibles dans la perspective d'une moralité orientée vers l'autonomie individualiste. Du point de vue de la morale minimale des Lumières, de telles performances sont à première vue « surérogatoires » ; elles sont certes louables, mais vont bien au-delà de ce que l'on peut équitablement exiger. Cela pourrait s'avérer insuffisant pour l'existence d'une communauté politique.

De plus, les critères de rationalité au moyen desquels on examinait les formations politiques, à l'époque des Lumières par exemple, ne sont pas entièrement au-dessus du changement temporel, mais plutôt soumis à la contingence. D'un autre côté, il y a dans ce donné une limite de nos possibilités épistémologiques – ce qui pourrait être perçu comme une forme de contrainte. Cette problématique épistémologique ne sera discutée que brièvement ici, dans la mesure où, dans la perspective d'une rationalité ouverte, les prétentions à l'éternité et à la détermination culturelle de la connaissance sont, de toutes les façons soumises, à des limitations. À d'autres égards, l'argumentation met en évidence que la nature sociale de l'homme ne constitue pas une solution, mais signifie plutôt le renforcement de la problématique politique de la contrainte, notamment parce qu'il peut devenir nécessaire de contraindre certaines personnes à la solidarité. De plus, la vie dans une communauté humaine comporte déjà certaines restrictions, qui sont perçues par beaucoup d'individus comme des contraintes. L'anarchie éclairée doit cantonner non seulement l'autorité de l'État, mais également d'autres formes de la pression sociale dans des limites supportables pour l'individu (ch. II).

Bien que la contrainte semble *prima facie* inévitable, on doit s'efforcer de la limiter à partir de la prémisse commune qu'il s'agit d'un mal. Cette limitation s'effectue d'abord en limitant le cercle des personnes que le droit reconnaît contraindre, les raisons pour lesquelles on s'arroge le droit de contraindre ces personnes ainsi que les moyens qu'on leur accorde. On aboutit ainsi à l'ensemble des thèmes traités traditionnellement sous les titres de souveraineté, légitimité, taxation et peine.

Il appert que, par la souveraineté du peuple, il faut d'abord entendre l'exclusion des procédures traditionnelles d'autorisation grâce auxquelles on a coutume de justifier l'exercice du pouvoir et de l'autorité. Il convient de rattacher cette acception de la souveraineté du peuple aux procédures de légitimation qui sont aujourd'hui acceptables et qui vont être présentées ici dans un ordre hiérarchique. Puisque le consentement des intéressés joue un rôle particulier et doit être déterminé par la décision majoritaire, il faut prêter une attention particulière à la justification et aux limites de cette décision. De plus, il importe d'analyser ce qu'il convient de faire lorsque l'autorité étatique exerce la contrainte de manière illégitime.

Développer une théorie exhaustive de l'imposition dépasse le cadre du présent travail, ce pourquoi on ne retrouvera ici que quelques distinctions principielles. La peine en tant que seconde méthode de la contrainte juridique peut se justifier et se mesurer d'après différents principes. Nous défendrons une forme spécifique de relation entre prévention et rétribution et nous plaiderons pour la plus grande restriction possible de la peine que permet la protection de l'intégrité des autres (ch. III).

Tandis que les deuxième et troisième parties de ce travail mettent au centre la communauté, son rôle théorique et pratique fondamental pour l'individu, sa forme d'organisation, la légitimation et la méthode de la contrainte étatique, la quatrième partie reprend la perspective de l'individu telle qu'elle a été développée dans la première partie et examine les droits qu'il faut accorder à celui-ci pour qu'on puisse parler d'autorité légitime. À ce titre, les droits à la liberté et à l'égalité jouent un rôle important. Il apparaîtra que, dans la mesure où elles sont pertinentes pour la philosophie politique, la liberté et l'égalité ne s'excluent absolument pas, mais dépendent, au contraire, l'une de l'autre. À la question de savoir s'il existe un droit naturel à la propriété, nous pouvons répondre que la propriété, au sens strict, est liée à la convention humaine, mais qu'il est, cependant, dans l'intérêt de la communauté de garantir la propriété individuelle.

À ce stade, nous aurons affaire, dans le présent travail, à une introduction à la philosophie politique traditionnelle qui s'assigne la tâche, également importante, de se concentrer plus précisément sur le phénomène de la contrainte et sur la limitation de la contrainte. Il en ressortira que la philosophie politique de l'époque moderne, qui s'est consacrée à ce phénomène, a réussi à sortir cette problématique de l'obscurité – provoquée par l'évidence et la normalité – dans laquelle elle était maintenue.

Pourtant, aucune philosophie politique, *a forteriori* aucune qui défende un anarchisme « éclairé » – même en s'appuyant sur la théorie et la praxis de ces derniers siècles – ne peut s'occuper seulement de ce qui doit être repoussé ou limité. On a également besoin d'une description, qui soit la plus indépendante possible, des buts qu'une organisation politique doit poursuivre et des étapes qui pourraient y conduire. C'est de ce thème que traite, d'une manière très provisoire, la dernière partie de ce livre.

Le souhait d'une coopération, satisfaisante et réjouissante pour toutes les parties, entre les individus et la communauté, et résultant des intuitions anarchistes fondamentales que nous venons de mentionner et de la forme démocratique de la communauté aristotélicienne de ceux qui sont libres et égaux, y est présupposé. Cela n'équivaut pas à l'annonce d'un âge d'or, ni d'un pays de Cocagne ou de quelque chose d'analogue. Cela signifie seulement que les êtres humains, en confrontant les défis posés par la nature – et en additionnant de manière considérable les problèmes engendrés par les hommes, doivent procéder de la manière la plus coopérative possible, sans contrainte ni pression. Une théorie ne peut programmer comment cela se réalisera dans le détail. Ce serait une autolimitation. Nous pouvons seulement créer les conditions cadres d'une telle forme de communauté.

Dans le chapitre V, nous présentons un véritable plaidoyer pour que la contrainte étatique soit remplacée autant que possible par une pression sociale et morale qui, ouverte à la révision grâce à une activité culturelle intense, paraisse toutefois moins rigide et donc davantage attrayante à observer, comme c'est le cas, par exemple, pour les « coutumes vécues ».

Créer ces conditions cadres requiert une plus grande flexibilité et une disponibilité à jouer avec ce qui ou à remettre en question ce qui, jusqu'à présent, était toujours évident, cela requiert une disponibilité à dépasser ce qui est acquis et à ne pas sombrer dans une pesanteur commode et aimable.

I. La contrainte de l'individu : un phénomène fondamental du politique à l'époque moderne

Une étudiante gare sa voiture dans une zone interdite au stationnement et va rapidement acheter le journal. De retour, elle retrouve sur le pare-brise une « contravention ». Elle est alors scandalisée, estimant que sa voiture était stationnée pour un laps de temps très court dans un endroit où elle n'entravait pas la circulation, mais elle paie cependant la contravention afin d'éviter d'aggraver sa situation.

Une architecte conduit son nouveau cabriolet à une vitesse très élevée. La voiture est repérée par un radar et on lui enlève le permis de conduire pour une durée d'un mois. Bien qu'elle estime cela ennuyeux, elle se déplace à bicyclette, utilise les transports publics ou se fait conduire par des amis.

Une femme entrepreneur trouve que le montant élevé de la taxe qu'elle paie correspond à un vol des travailleurs par les fainéants qui ne font rien ; elle n'évite pas de la payer cependant dans la mesure où elle la considère comme appropriée.

Une ouvrière considère que la diminution légale de salaire en cas de maladie est un élément d'oppression du capitalisme monopolistique exercé par un huissier de l'État. Cependant, elle retourne au travail malgré sa grippe.

Une manifestante antinucléaire voit sa santé menacée par le transport des déchets nucléaires. Elle proteste et participe à une manifestation contre ce transport. Cependant, elle se sent obligée d'éviter d'utiliser des moyens violents bien qu'elle en ait envie.

Une artiste trouve énervant de ne pas obtenir la ration de champagne qu'elle aurait souhaitée. Elle le laisse cependant sur les étagères à cause des caméras de surveillance placées dans le magasin.

Une enseignante se sent depuis longtemps brimée et humiliée par sa belle-mère ; elle renonce cependant à l'agression physique contre la vieille dame « parce que ce genre de chose ne se fait pas » et que l'on est puni lorsqu'on le fait.

Dans tous ces cas, une personne se sent contrainte par une instance ou « par la communauté » à un comportement déterminé dont elle n'a pas envie, ou est conduite à agir, à chaque fois, par crainte des menaces ou des désagréments. Qui plus est, la contrainte est exercée par des instances qui prétendent en avoir légitimement le droit. Naturellement, cette contrainte est perçue comme étant juste par ces personnes ainsi que par une partie significative de leurs semblables. L'individu vit d'abord la sphère de l'espace politique comme un espace dans lequel des personnes qu'il ne connaît généralement pas le contraignent à un certain nombre de comportements ; ce qui normalement est également considéré comme juste.

La contrainte est quelque chose de désagréable, que tous perçoivent comme un mal. Néanmoins, on affirme en même temps que, dans ce type de cas, elle est justifiée. Cette contrainte est dite légale ou juste, afin de la distinguer des formes de violence et d'autorité quelconques exercées par des êtres humains, parce qu'elle est nécessaire, selon l'intention, pour le maintien de l'ordre public.

Est-elle nécessaire de la même manière que la visite du dentiste constitue un mal nécessaire ? S'agit-il de quelque chose de bien dans la mesure où des êtres humains sont ainsi motivés à bien se comporter en vue d'éviter de porter préjudice aux autres ? Comment doit alors procéder cette étrange construction d'un mal qui n'est pas seulement nécessaire, mais s'avère, au contraire, un bien ? Ces différentes questions méritent d'être développées, expliquées et justifiées.

Les exemples mentionnés eu égard aux infractions, à l'atteinte à la propriété, à la fraude fiscale ainsi qu'au crime capital ont été conçus de sorte que les cas qui sont contraires à l'ordre apparaissent en général plutôt insignifiants tandis que les autres, comme la fraude fiscale ou l'atteinte à la propriété, sont perçus différemment en regard de leur gravité dans différents groupes de la société. Enfin, le crime capital est condamné de manière beaucoup plus unanime.

Les intuitions anarchistes peuvent confirmer l'hypothèse que la première partie des régulations, ainsi qu'une partie de celles du second groupe, qui entravent de tels délits, sont inutiles ; d'un côté, parce que les délits n'entraînent pas de dommages notoires, de l'autre, parce que dans des conditions sociales justes les hommes ne se conduiraient pas ainsi. C'est contre cette affirmation qu'est, explicitement ou implicitement, consacrée l'argumentation d'une partie importante de la philosophie politique, en particulier la philosophie politique de l'époque moderne qui sera présentée dans cette première partie sous ses différentes facettes.

Dans la présente partie, comme dans l'ensemble du travail, il s'agira de prendre en compte l'intuition de la philosophie des Lumières selon laquelle la contrainte étatique est inévitable dans les conditions où nous vivons ; d'un autre côté, il importera de ne pas perdre de vue le réflexe *prima facie* légitime de l'homme à refuser toute contrainte.

Dans la mesure où il est loin d'être évident que la contrainte étatique soit justifiée dans tous les cas mentionnés, il convient d'abord de présenter et d'examiner les différentes formes de justification.

L'analyse du modèle de la justification de la nécessité de la contrainte nous conduit à deux ensembles de thématiques. La première question est de savoir dans quelle mesure cette exigence n'est due qu'à des faits contingents et probablement à des changements que nous avons produits. Est-elle conceptuellement nécessaire, et, dans tous les cas, immuable ? Derrière cette manière abstraite de s'exprimer se profile la question de savoir si l'exigence de contrainte appartient au concept du droit et aux concepts de l'État et du politique, en raison de la nature humaine, ou bien pour d'autres raisons.

Dans la mesure où il est question du droit qui règle la coexistence des hommes, droit qui doit avoir force d'obligation pour des hommes, et non pour des anges et des animaux, on supposera aisément que les caractéristiques humaines, que l'on subsume souvent sous le concept de nature humaine, auront également un rôle à jouer dans une théorie politique. Le problème qui se pose d'emblée est de savoir si cette nature est soumise à des changements ou si elle est biologiquement déterminée. Sont immédiatement rattachées à ce problème la question de la fonction que peuvent avoir des données empiriques pour une anthropologie politique et celle de la manière avec laquelle peuvent être obtenues les connaissances anthropologiques les plus importantes pour une théorie politique.

Les réflexions qui suivent débutent, par conséquent, avec la construction de l'état de nature, cet état de guerre de tous contre tous, qui nous fait remonter à Hobbes, en découlant de son anthropologie et auquel il faut mettre fin dans l'intérêt de tous à travers le monopole de la violence. Hobbes créait ainsi le fondement de l'État libéral, même si l'intention déclarée était de fonder une monarchie absolutiste. (Nous aimerions encore une fois souligner que les personnages historiques que nous mentionnons ici sont uniquement censés indiquer les positions que nous esquissons, et auxquelles ils sont traditionnellement liés. Il ne s'agit en aucun cas, pour nous, d'effectuer une analyse philologique ou exégétique des textes). Les reproches connus, formulés par Locke, et surtout par Rousseau, conduisent à la question de savoir si les hommes sont par nature bons et sociables, ou bien s'ils sont mauvais et violents.

Les discussions, en partie virulentes, sur la forme de recherche anthropologique empirique dont aurait besoin une philosophie politique amènent à poser la question suivante : quel genre de théorie politique est-on en mesure de produire avec des résultats fiables et démontrables, et comment peut-on y parvenir ? Sans pouvoir proposer ici une discussion détaillée des différents modèles, j'avancerai que les fondements anthropologiques d'une théorie politique applicables à l'homme contemporain doivent pour la plupart provenir d'observations quotidiennes.

En ce qui concerne les caractéristiques pertinentes et « problématiques » d'une théorie politique, comme la disposition à la violence et la recherche d'avantages, l'ethnologie et d'autres sortes de recherches soutiennent unanimement que les formes et les interprétations des actions en question sont soumises à des variations drastiques, mais que, par rapport à la présence de ces éléments, les communautés humaines présentent une grande ressemblance.

C'est pourquoi des théories comme celles de Kant, de Fichte et même de Hart apparaissent de plus en plus plausibles dans la mesure où elles tentent de limiter les prémisses anthropologiques à des indices très élémentaires et ne font pas l'objet de controverses. Kant considère nécessaire « la contrainte publique de la loi » – les hommes pouvant être « aussi bien disposés et [...] amoureux du droit qu'on puisse imaginer » (*DD*, § 44, AK VI 312 ; trad. Renaut, p. 126) – parce que sans cela chacun interpréterait son droit à son gré, ce qui en regard de la distribution de la possession aurait des conséquences fatales. Selon une interprétation plausible, Kant ne semble pas supposer que l'état de nature appartienne à un passé factuel ou hypothétique. Au contraire, cette situation dans laquelle il n'y a qu'une propriété provisoire est précisément la nôtre, et l'on nous demande d'en sortir.

Le second ensemble de thèmes résulte de la question de savoir si les motifs de l'individu qui obéit au droit et sort de l'état de nature découlent plutôt de la prudence, ou de l'intérêt personnel bien compris, ou bien s'il y a un devoir soit de nature morale, soit émanant du droit naturel soit d'ordre juridico-moral. Cette question nous conduit à apprécier, de manière critique, les possibilités et les limites des procédures de fondation de l'État par le contrat social, lesquelles sont cependant précédées de considérations sur le rôle politique des principes moraux.

Si l'on accepte un devoir moral avant d'entrer dans l'État, on peut se demander si la morale n'est pas elle-même un instrument idéologique de la contrainte. C'est pourquoi un autre paragraphe tente de montrer que l'existence des exigences morales dans une société ne peut probablement pas être éliminée, mais que l'on a cependant le choix entre différentes conceptions.

1. La conception de l'homme comme justification de la contrainte

1.1. Une première esquisse de fondement

Thomas Hobbes (1588-1679) applique la méthode résolutive et compositive des sciences naturelles au domaine de la science politique. L'objet à examiner est réduit à ses composantes, lesquelles sont étudiées selon les propriétés pertinentes à l'objectif de la recherche. Certes, un État ne peut se réduire à ses composantes, comme l'exigerait la méthode, mais on peut penser à ses différentes parties. Les sciences naturelles procèdent précisément par tâtonnements, en formulant des typifications et en posant hypothétiquement certaines entités.

Comment les parties indivisibles, les « particules élémentaires » sont-elles alors constituées lors de la décomposition de l'État ? Comment sont représentés les hommes ?

Puisqu'ils sont, de par leur entendement et leur langage, capables de thématiser le futur, ils se trouvent dans la crainte constante d'avoir trop peu demain, après-demain ou un jour. Ils sont donc pires que tous les animaux, toujours prêts à s'approprier le bien d'autrui par la violence si personne ne les en empêche. La comparaison de l'homme avec le loup, souvent considérée comme une caractéristique de la théorie de Hobbes, minimise en réalité cette perspective, parce que les hommes ne sont pas dangereux en raison de propriétés animales, mais précisément en raison de propriétés spécifiquement humaines. Alors qu'une bête féroce s'endort le plus souvent lorsqu'elle est satisfaite, l'homme part tout de suite à la chasse du prochain butin. Même celui qui se contenterait du sien, n'a pas d'autre choix que de participer au combat en vue de prévenir la menace (*De Cive*, I). Hobbes ne nie pas que les hommes vivent en groupes, mais qu'ils puissent coexister sans contrainte (*De Cive*, I.2). Kant appelle cette situation l'« insociable sociabilité » (AK VIII 20 *sq.*).

Les hommes sont, en quelque sorte égaux, pour les facultés physiques et celles de l'esprit. Personne n'est si fort qu'il ne puisse être tué par un autre, ne serait-ce que dans son sommeil, et personne n'est si faible qu'il ne puisse tuer le plus fort, soit par la ruse soit avec le concours d'autres personnes. Ceci ne signifie pas que *de facto* tout le monde ait les mêmes chances de tuer quelqu'un d'autre. À cela il y a des raisons de toutes sortes, à commencer par la distance spatiale. Cependant, presque tout le monde est en mesure de porter préjudice à autrui d'une certaine manière ; tout le monde est vulnérable, c'est pourquoi même le privilégié a besoin d'un garde du corps sur lequel il puisse compter. L'égalité est plus grande dans le domaine des dons de l'esprit (à l'exception des sciences). Car, chacun se considère lui-même, considère ses proches et quelques élus comme plus sages que les autres. Chacun est satisfait de sa sagesse comme chacun peut facilement le constater dans son environnement (*Léviathan,* ch. 13). Bien que cela soit dit avec une certaine ironie, il faut prendre en considération la capacité *prima facie* qu'il faut supposer à chaque être humain à prendre en charge ses plans de vie. À cet égard d'ailleurs, chacun se prend, la plupart du temps, pour le plus compétent.

Contrairement à ce que l'on pourrait penser, l'égalité naturelle ne conduit donc nullement au calme et à la tranquillité. Il arrive plutôt que les hommes en viennent à s'affronter pour des questions de distribution parce qu'ils s'attendent généralement à avoir les mêmes chances de posséder les biens qu'ils désirent, mais qu'ils ne peuvent les obtenir de façon égale en raison de la rareté relative des ressources (*De Cive*, I.4).

De plus, les hommes, par vanité, par ambition, par instinct, ou parce qu'ils veulent être supérieurs aux autres, entrent en conflit. On a interprété cette situation comme celle de l'homme de la société capitaliste, fondée sur la compétition. Cependant, une telle concurrence pour l'honneur existait également dans les différentes traditions de la noblesse.

L'anthropologie pessimiste de Thomas Hobbes peut bien être mise sur le compte des guerres civiles confessionnelles et corporatives dans l'Europe entière où il vivait. Toutefois, la fonction systématique de cette anthropologie dépasse en importance les raisons biographiques.

La pensée de l'état de nature hypothétique résultant de la disparition des structures politiques est la guerre de tous contre tous (*bellum omnium contra omnes*). Cet état n'implique pas des batailles et des combats continus, mais une insécurité persistante avec la possibilité d'une mort violente. Cette dernière est la pire des choses qui puisse arriver à quelqu'un, car, à la douleur de la fin de sa propre vie, s'ajoute l'humiliation de devoir endurer cela de la part d'une autre personne qui, dans le meilleur des cas, est son égal. Cela étant dit, cette personne n'est mon égal que dans le sens où chacun peut tuer chacun, car dans la mesure où je me crois plus sage que les autres, elle me demeure inférieure.

Hobbes s'exprime parfois comme si l'état de nature était une réalité historique. Il n'est cependant que le résultat hypothétique d'une dissolution de l'état en ce moment précis. Pour échapper à cet état menaçant, les hommes se soumettent à un souverain moyennant un contrat d'assujettissement (*Léviathan*, ch. 17 ; *De Cive*, I.13, I.15) qui, dans le langage actuel, détient le monopole de la violence. Même dans cette situation hypothétique, la formation de petits groupes serait non seulement plus proche des développements historiques, mais également plus vraisemblable que la fondation d'un grand État. Néanmoins, ces petites communautés seraient soit en guerre soit instables, ou bien l'une d'entre elles serait si grande qu'elle correspondrait à un État en raison même de son effectivité.

Un argument de Thomas Hobbes demeurerait néanmoins intangible. Comme la propension de l'homme à la violence doit être imputée à l'entendement humain, l'assujettissement au pouvoir du souverain correspond à une décision raisonnable. Néanmoins la peur de la mort violente joue naturellement un rôle décisif dans cette décision rationnelle. Il importe ici, qu'en comparaison à l'effroi, les émotions comme la crainte, que ce soit celle d'une faim future ou celle de la mort violente, soient liées à l'entendement humain et ne résultent pas par excellence d'un instinct animal d'agression.

La construction juridique qui correspond à cette pensée est la suivante : le droit de l'État résulte en définitive du droit subjectif à la préservation de soi qui revient à tout homme comme tel. Comme tous les hommes sont égaux et également menacés, ils ont un droit naturel – un *jus naturale* – à toutes choses, y compris à tous les moyens nécessaires pour y parvenir (*De Cive*, I.9 *sq*.). Puisque se préoccuper de sa conservation ne s'oppose pas à la raison juste (*recta ratio*), l'individu en a le droit (*De Cive*, I.7). Du moins,

Hobbes propose une construction dans laquelle il y a un *droit indispensable à tous les hommes*. Certes, l'individu ne profite absolument pas de ce droit indispensable dans l'état de nature où tous ont le même droit (*De Cive*, I.11) ; et, dans l'état civil, où il ne peut le revendiquer de façon efficace, ce droit ne lui sert pas à grand-chose. Ceci étant dit, il ne peut y avoir de contrat valide par lequel l'individu renonce au droit à la vie. Puisque la conservation de soi est le fondement du droit, un tel contrat serait tout simplement absurde.

Face à la menace de l'état de nature, les lois naturelles (*leges naturales*), « les commandements de la droite raison relativement à ce qu'il faut faire et éviter pour la conservation de la vie et des membres » apprennent aux hommes comment ils peuvent échapper à cette situation (*De Cive,* II.1 *sq.* ; *Léviathan*, ch. 14 et 15). La première de ces lois stipule que l'on doit chercher la paix aussi longtemps que cela est possible ; quand cela ne l'est pas, on doit chercher les moyens de la guerre. Une autre loi est directement déduite de cette loi, celle selon laquelle on abandonne son droit naturel au moyen d'un contrat d'assujettissement avec les autres sujets, au profit d'un souverain qui, de son côté, en tant que bénéficiaire, n'est pas partie contractante. Le droit étatique objectif est, par conséquent, le droit subjectif du souverain, un droit sur toutes choses, conservé de l'état de nature. Il est secondaire, à ce niveau, de savoir si le souverain est une seule personne, une assemblée ou la totalité des citoyens.

Cette construction – avec quelques modifications mineures – représente les fondements de la théorie libérale de l'État, ce qui est dû essentiellement à la découverte que la domination de l'homme par l'homme et l'exercice de la contrainte sur l'individu ont besoin elles-mêmes de légitimation.

Hobbes élabore cette légitimation en recourant à l'intérêt personnel bien compris de l'individu. Le droit individuel à la vie demeure constant en tant qu'unité normative fondamentale. Appert déjà implicitement à ce stade l'une des questions persistantes de la philosophie politique – celle de savoir, en effet, si la soumission de l'individu à l'État découle de l'intérêt personnel, ou bien s'il y a une obligation morale. Le débat continue sur la question de savoir si les lois naturelles chez Hobbes correspondent plutôt aux règles de prudence qui résultent de l'intérêt personnel à long terme, ou bien si elles sont des commandements dont la quintessence correspondrait à la règle d'or[9].

Toutefois, les lois naturelles ne déterminent pas, selon Hobbes, ce qui est bon ou mauvais, car le bon et le mauvais, le juste et l'injuste, ainsi que le mien et le tien, soit toute forme de propriété, n'existent que dans l'État conformément aux dispositions du souverain. Ce que les lois étatiques

[9] Tom Sorrell, *Hobbes*, London/New York, 1991, p. 105.

commandent est juste, ce qu'elles interdisent, injuste. Cela mis à part, l'homme appelle juste ce qui lui plaît et mauvais, ce pour quoi il a de l'aversion. La présupposition d'une morale objective mettrait la paix intérieure de la communauté en danger (*Léviathan,* ch. 6, 18, 26). Si la tension entre une sécurité intérieure et la possibilité que soit moralement remise en question l'action de l'État n'a guère été formulée une nouvelle fois de manière si précise et avec une prise de position aussi claire que chez Hobbes, elle traverse pourtant l'ensemble de la théorie politique jusque dans la discussion actuelle contemporaine.

On trouve également chez Hobbes, dans une forme extrêmement concise, un autre problème rémanent des théories politiques, à savoir l'incompatibilité entre l'exigence d'obéissance à l'État et le désir individuel de bien-être.

D'un côté, le souverain obtient, par le biais du contrat d'assujettissement réciproque des sujets, un droit naturel sur tous et sur tout, qui inclut également le droit de tuer les sujets (*Léviathan*, ch. 15). D'un autre côté, l'individu ne peut renoncer au droit naturel de se défendre et de chercher de l'aide contre l'usage de la force, y compris contre l'usage légal de la force (*ibid.,* ch. 14)[10].

Avec la première justification fondamentale de l'existence du pouvoir étatique en général, avec la justification de la contrainte en général, Hobbes a créé un critère pour limiter la contrainte, critère qu'il est facile d'examiner. Ce critère permet de déterminer si un État a le droit de contraindre ses citoyens, c'est-à-dire s'il les protège ou s'il les met danger. Pour la première fois, la thématisation de la contrainte, *via* sa justification, produit, dans le même temps, les méthodes et les raisons de sa limitation.

1.2. Les hommes sont-ils tellement dangereux ? Les critiques de Hobbes et les investigations ultérieures

C'est de John Locke (*Second Traité,* ch. 7, § 93) que nous vient le constat, simple et vraisemblable, selon lequel on ne saurait s'imaginer que les hommes sont assez fous pour pendre soin de remédier aux maux que pourraient leur causer des fouines et des renards et, en même temps, croire qu'ils seraient sûrs d'être dévorés par des lions. Mais c'était précisément ce que faisait celui qui s'assujettissait au souverain par peur de l'état de nature. Ce constat repose sur le présupposé implicite qu'il s'agit, avec l'entrée dans l'État, d'une décision rationnelle et volontaire – présupposé qui a été plus tard violemment critiqué (nous le montrerons) et qu'il partage avec Hobbes

---

[10] Peter Cornelius Mayer-Tasch, *Thomas Hobbes und das Widerstandsrecht*, Tübingen, 1965, p. 95 *sq.*

(qui a également été pris à partie pour avoir formulé la même remarque). L'obligation d'obéissance provient, d'une certaine manière, d'un consentement accordé, implicitement ou explicitement. Du contrat d'assujettissement découle, par suite, chez Locke, un accord fondé sur un consentement mutuel libre, en vertu duquel aucun pouvoir absolu n'est créé pour qui que ce soit, et selon lequel le consentement au gouvernement peut être annulé (*Second Traité*, ch. 8, 15, 19).

Se pose ici le phénomène inverse de celui que nous avons constaté chez Hobbes, à savoir qu'un argument en faveur de la limitation du pouvoir procure, à un autre niveau, une autre justification de l'exercice de la contrainte : le consentement individuel. La raison pour laquelle ce consentement est donné n'est pas aussi éloignée de la guerre de Hobbes, laquelle représente une possibilité de lutte violente : on ne saurait garantir sa vie, sa liberté et sa propriété sans organisation étatique (*ibid.* § 123).

La critique anthropologique, que Jean-Jacques Rousseau adresse à Hobbes, souligne que ce dernier n'a pas présenté l'homme en soi, mais seulement celui existant dans la société bourgeoise dégénérée (*Second Discours*, Introduction). En spéculant sur les débuts des recherches empiriques, dans le domaine de l'anthropologie – et en se référant aux récits de voyages et à d'autres témoignages de ce genre, Rousseau soutient la thèse qu'il n'y avait pas à l'origine un être humain sociable, mais un sauvage qui, seul, parcourait les forêts. Ce dernier n'a rencontré les individus de son espèce que pour copuler ; les petits seraient restés avec leur mère aussi longtemps que nécessaire et auraient ensuite suivi leur chemin. Être solitaire, il n'auraient eu ni langage, ni raison pour argumenter, mais seulement une flexibilité et une perfectibilité qui l'auraient rendu supérieur aux animaux. La définition traditionnelle de l'homme comme être raisonnable, social et politique est en conséquence contrebalancée, dans la mesure où la forme sociale de vie des êtres humains, qu'elle soit heureuse ou problématique, est interprétée non pas comme une partie de la vie de l'être humain, mais comme le résultat de développements contingents. Divers événements (comme les catastrophes naturelles) auraient fait ressentir aux êtres humains la nécessité de la sociabilité (*Second Discours*, Ière Partie).

Dans des situations favorables – par exemple, celles d'une quasi-égalité matérielle, d'une égalité au plan de la formation, ou d'une dimension restreinte de l'État, cela peut conduire à un développement, où l'homme intègre l'État en tant que citoyen dans le corps politique et y trouve son identité et son accomplissement. Ce développement n'est donc pas seulement lié aux conditions extérieures, mais aussi à une institutionnalisation appropriée, qui permet une volonté générale dont les décisions concernent tous et ce, de la même manière.

Dans la plupart des cas, en particulier dans les États dans lesquels nous vivons, la coexistence des hommes aboutit toutefois à une société qui tend à la concurrence, au vice et à la tricherie, et dans laquelle le bourgeois décadent évolue (*Second Discours*, IIe partie).

Ce qui est intéressant dans cette histoire, c'est, premièrement, le fait qu'on accepte l'idée d'un changement historique de l'homme, deuxièmement, le fait que la recherche empirique sur la nature de l'homme, pertinente pour la théorie politique, se trouve ainsi préparée.

C'est une question particulièrement débattue parmi les anthropologues de savoir si l'homme, de par ses dispositions naturelles, biologiques par exemple, est inéluctablement méchant et doit être corrigé par des autorités, ou bien s'il est plutôt bon et devient méchant à cause des « conditions extérieures » – essentiellement les besoins, l'oppression et l'injustice sociale, de telle sorte que le problème disparaîtrait dans un ordre social convenable.

Comme tentatives de fondation empirique des théories anthropologiques politiques pertinentes, on peut mentionner, d'un côté, les théoriciens du XIXe siècle qui se réfèrent à Darwin, comme Thomas Huxley, ou plus tard, l'école qui s'est créée autour de Konrad Lorenz, ou même Arnold Gehlen et, de l'autre, des anarchistes du XIXe siècle, comme Pierre Kropotkine. Du côté de l'ethnologie, on mentionnera Margaret Mead et naturellement la tradition marxiste et anarchiste[11].

Selon une ligne interprétative, l'homme est une menace permanente pour ses congénères et pour d'autres habitants de la terre, soit en raison d'une agressivité immédiate qu'il partage avec les animaux, soit à cause d'un « surplus d'énergie » qu'on ne peut éliminer par une formation culturelle. Ce n'est qu'à travers des institutions rigoureusement établies ou des institutions dont, en général, les utilisateurs ne pensent même pas à examiner la légitimité (comme dans les cultures « primitives »), que ce surplus d'énergie peut être canalisé, de sorte qu'il ne développe pas ses effets destructeurs dans la communauté. Confrontées à la critique individualiste destructrice, ces institutions fortement structurées perdent leur pouvoir de discipline et de maintien de la communauté.

Selon la position contraire, le comportement réellement négatif que l'on peut observer chez l'être humain n'est que le résultat d'une fausse socialisation, d'une représentation erronée des véritables fins humaines ; les-

---

[11] Cf. Konrad Lorenz, *Das sogenannte Böse*, Munich, 1983, Arnold Gehlen, *Der Mensch*, Frankfurt/M., 1972; *Urmensch und Spätkultur*, Frankfurt/M., 1975, Pjotr Kropotin, *Gegenseitige Hilfe in der Tier- und Pflanzenwelt*, Berlin, 1975, Michael Taylor, 1982 (N.1), Christian Sigrist, 1994 (N.1), Otfried Höffe, (éd.) *Der Mensch – ein politisches Tier ? Essays zur politischen Anthropologie*, Stuttgart, Fribourg-en-Brisgau/ Munich, 1977. Bien entendu, les recherches ethnologiques actuelles ne s'occupent pas simplement de la question de savoir si les hommes sont bons ou méchants. D'autre part, il existe toujours des courants d'orientation davantage biologiste que d'autres, et d'autres qui sont davantage concernés par la diversité des cultures et des civilisations.

quelles doivent être imputées à une fausse structure des rapports de propriété ou à l'existence de la contrainte étatique. Lorsque ces conditions changent, la méchanceté humaine disparaît ou recule.

Il convient d'abord d'examiner dans quelle mesure certains résultats anthropologiques donnent lieu à des théories politiques ; ensuite, de déterminer de quels résultats on peut réellement s'assurer ; enfin, de considérer dans quelle mesure la théorie politique est déterminée par ces résultats.

Carl Schmitt considère que la première interprétation est typique des théories autoritaires, la seconde, des théories anarchistes, et insiste sur le fait qu'un authentique penseur politique réaliste peut uniquement opter pour la première[12].

Il serait toutefois précipité de vouloir fonder un pouvoir idéologiquement autoritaire sur un réalisme anthropologique ou sur un sens anthropologique de la réalité, c'est-à-dire sur un pessimisme anthropologique. On le sait, étant donné que la possession du pouvoir engendre la tentation d'en abuser, tentation qui est d'autant plus grande que le pouvoir est incontrôlé, il faut, lorsqu'on accorde sa préférence à un pouvoir autoritaire, considérer certaines personnes comme meilleures que d'autres – ces personnes seront précisément celles qui possèdent le pouvoir.

Même si l'on concède que certaines personnes ont davantage de « qualités de leaders » que les autres, la transmission non publiquement contrôlée des fonctions offre, premièrement, peu de garantie que ces personnes parviendront au pouvoir. Il est, en second lieu, aléatoire qu'une fois parvenues au pouvoir ces personnes ne le détournent pas à leur propre avantage ou tout simplement se trompent et commettent des erreurs fatales à leur communauté politique. Aristote soutenait déjà ironiquement qu'un homme meilleur que les autres au point qu'il puisse gouverner légitimement de manière monarchique devrait apparaître comme un Dieu parmi les hommes (*Politique* III, 13, 1284a 10 *sq.*). Machiavel, tout à fait sceptique quant à ladite nature politique de l'homme, soulignait que le peuple était plus fiable et plus sage dans ses décisions qu'un monarque (*Discorsi* I, 29 et III, 34). Même Kropotkine insiste sur le fait que celui qui considère les hommes comme mauvais, ne peut donner le pouvoir sur les autres à quelques-uns d'entre eux, car on ne saurait empêcher le despotisme que par des restrictions légales du pouvoir. De tous les côtés, la liaison que l'on peut établir entre le pessimisme anthropologique et le pouvoir autoritaire est remise en question.

La remarque de Schmitt contient pourtant quelque chose de pertinent. Comme nous l'avons mis en évidence au début de ce chapitre, la plupart d'entre nous perçoivent l'espace du politique avant tout comme une sphère dans laquelle quelqu'un revendique l'autorisation de contraindre.

---

[12] Carl Schmitt, *Der Begriff des Politischen,* Berlin, 2e éd., 1963, p. 59 *sq.* (trad. fr. *La notion de politique*, Flammarion, Paris, 1992, p. 101 *sq*).

Même lorsque le politique était identifié aux débats dans l'agora, on n'était pas libéré de toute contrainte. Une théorie politique doit prendre ce thème pour objet et s'y consacrer. Elle ne peut se contenter du point de vue selon lequel la contrainte, lorsqu'il y a distribution juste de la propriété et bonne éducation, devient superflue.

Une certaine tradition de l'ethnologie, c'est-à-dire une interprétation sociologique et philosophique des recherches ethnologiques, interprète l'anarchie comme l'absence de pouvoir, au sens d'une absence d'instance centrale dotée d'une autorisation de sanction physique. Il n'existerait donc pas d'« équipe de contrainte ». Christian Sigrist parle, par exemple, d'une « anarchie régulée » dans les sociétés segmentaires, soit les sociétés composées de groupuscules « acéphales » qui ne sont pas dominées par une instance centrale. Michael Taylor place sur le même pied d'égalité la structure d'organisation sociale des petites communautés égalitaires et celle de l'État. Certaines sociétés africaines comme celle des Nuer en seraient les exemples les plus importants. Heide Göttner-Abendroth souligne la signification des matriarcats dans lesquels elle voit surtout des sociétés sans domination[13].

Aussi intéressantes que soient ces recherches, leur valeur, pour notre analyse, se limite à la remise en question persistante de l'invariabilité des structures de pouvoir. Sans ces structures, les sociétés sont partiellement, si ce n'est entièrement, égalitaires. Néanmoins, l'individu ne joue jamais un rôle appréciable, qui aurait une signification centrale pour les intuitions anarchistes mentionnées dans l'introduction. Gehlen a opposé les cultures primitives aux « cultures tardives », morbides et libérales, précisément en raison de leur caractère non individualiste et du contrôle rigide des individus par des comportements ritualisés, mais aussi du contrôle par la honte et par la proscription. L'existence de rites d'initiation cruels reste également non controversée. De toutes les façons, c'est en partie une question d'interprétation que de savoir s'il faut plutôt mettre l'accent sur le caractère égalitaire qui n'est pas soumis à un contrôle central ou sur le caractère non individualiste de ces sociétés. Dans le jargon des années soixante et soixante-dix, on pourrait, au sujet de ces mêmes données, faire le constat d'un rousseauisme de « gauche » ou de « droite ».

On peut douter du fait que ces études anthropologiques soient politiquement pertinentes, étant donné le recul qu'ont connu et que connaissent les sociétés étudiées – que ce soit parce que les sociétés agraires matriarcales ont été submergées par des tribus guerrières patriarcales, ou bien parce que la sécession ou l'éclatement d'un groupe insatisfait n'était plus possible ni

---

[13] Sigrist, 1994, p. 30 *sq*., p. 96 *sq*. ; M. Taylor, 1982, ch. 2.4, p. 65 *sq*. ; Heide Göttner-Abendroth. *Matriarchate als herrschaftsfreie Gesellschaften*, Bern, 1997, p. 26-39. Les travaux de E. E Evans-Pritchard constituent les sources de référence les plus importantes sur les Nuer : *The Nuer*, Oxford, 1940.

attrayant comme procédure courante pour éviter les conflits, engendrés par des voisins ennemis ou, dus au manque de terres arables. La formation des États a parfois été également renforcée par la constitution en États de sociétés structurées, à l'origine, autrement pour pouvoir survivre à côté de peuples voisins qui avaient une structure étatique. En tous les cas, les ordres sociaux non-étatiques ne se développent pas d'eux-mêmes dans un monde d'États – il faudrait plutôt s'attendre au développement opposé. Ainsi, le chemin vers une société qui cherche à réduire la contrainte n'est possible qu'à travers une réforme de l'État.

Pas plus que les succès éventuels des peuples qui ont vécu et vivent encore sans aucune forme significative de contrainte, en un lieu et en un temps quelconques, ne nous offrent de motif de supposer qu'avec l'élimination du système de production capitaliste, de l'éducation autoritaire, de l'oppression sexuelle ou d'autres formes d'oppression, on trouvera un mode de vie similaire dans les sociétés « occidentales », les preuves empiriques, selon lesquelles les êtres humains se sont toujours comportés de façon violente et que beaucoup d'animaux font la même chose, ne démontrent que les hommes se comporteront toujours nécessairement de manière violente les uns vis-à-vis des autres.

1.3. Fondements de l'anthropologie politique

D'après ce que nous venons de dire, les théories politiques destinées aux êtres humains vivant dans un temps prévisible ont moins besoin d'un savoir différencié sur ce qu'est l'homme en soi ou sur ce que seraient les hommes, ce qui est un avantage quand on peut à peine acquérir cette connaissance. Les observations, vérifiables par chacun et chacune d'entre nous, des comportements factuels et également prévisibles dans le futur proche de la grande majorité des êtres humains, sont suffisantes. Aussi, Hart fonde-t-il le contenu minimal du droit naturel qu'il faut prendre en compte dans toute organisation politique sur des truismes, des constations banales effectuées sur les hommes[14], par où il complète les réflexions de Hobbes, que nous avons présentées plus haut, avec celles que l'on retrouve dans la dernière partie du *Treatise on Human Nature*[15] de Hume.

Après avoir observé qu'on peut supposer, dans une anthropologie juridique, un désir de survivre des êtres humains, Hart en énonce les conditions pertinentes dont il souligne sans cesse la contingence, conditions auxquelles il voudrait cependant accorder une place particulière parmi les affir-

[14] H. L. A. Hart, *The Concept of Law*, Oxford, 2e éd., 1994, p. 192 *sq.*
[15] NDT : en anglais dans le texte.

mations empiriques, en raison de leur signification fondamentale et durable. Légèrement modifiées, les conditions suivantes peuvent être mentionnées.

i) *La vulnérabilité*. Même le plus fort n'est pas inattaquable ; il doit par exemple dormir de temps en temps, et dépend, par conséquent, pour pouvoir se conserver parmi d'autres hommes, plus ou moins prêts à l'attaque, de leur retenue. Et cette retenue s'acquiert grâce des règles.

ii) *L'égalité approximative*. Les différences reconnaissables relatives à la force physique, à l'habileté et à l'intelligence ne sont pas importantes au point de rendre quelqu'un invulnérable ou que d'importantes parties du peuple soient littéralement incapables d'en blesser d'autres. Face à ceux qui sont désemparés ou qui ont besoin d'aide, on impose aux autres un devoir de sollicitude qui commence par un altruisme limité observable.

iii) *L'altruisme limité*. Les hommes ne sont ni des anges ni des démons, ce qui veut dire qu'un système juridique qui préconise le renoncement mutuel à attaquer est nécessaire, mais aussi possible. L'altruisme observable, loin d'être rare chez l'homme, se réfère normalement à ceux qui sont proches, et doit se rapporter, *via* un système objectif d'exigences, à des critères comme la nécessité.

iv) *Des ressources limitées*. Puisque tout le monde ne peut pas vivre dans des conditions d'abondance et que, comme le constatait Duns Scot, les hommes sont trop faibles pour s'accorder spontanément sur la distribution des biens, il faut un ordre quelconque de propriété. On peut décider de la nature de cet ordre selon différents points de vue.

v) *Une compréhension limitée et une force de caractère*. Puisque, premièrement, ce ne sont pas tous les êtres humains qui comprennent qu'il est, *grosso modo*, plus rationnel pour eux d'obéir aux lois et que même ceux qui le comprennent ont tendance, sous la poussée de diverses influences, à désobéir, il faut pouvoir les motiver à l'obéissance, sans quoi ceux qui obéissent volontairement seraient clairement défavorisés et l'on se retrouverait dans l'état de nature décrit par Hobbes.

Dans un futur prévisible, on restera plus ou moins au niveau d'une anthropologie que Kant a déjà qualifiée comme l'« insociable sociabilité » de l'homme[16]. D'autre part, on aboutit facilement à des réflexions, comme celles de Hart, sur la compréhension des points de vue anthropologiques qu'il faut prendre en compte dans le débat politique actuel. On ne peut et on ne doit faire aucun pronostic sur les développements du caractère humain dans le futur lointain.

---

[16] E. Kant, *Idée pour une histoire de l'humanité d'un point de vue cosmopolitique*, 4e Proposition, AK VIII 20 *sq*. Cf. Höffe, 1987, p. 219 *sq*.

D'un autre côté, on peut certes accepter la remarque de Gregory Kavka[17] d'après laquelle même des personnes moralement parfaites ont besoin d'un gouvernement. En un mot, il y aurait toujours dans une société complexe beaucoup de choses à coordonner, de la structure adéquate des hôpitaux et des écoles à la circulation optimale dans les rues. De plus, les jugements peuvent diverger drastiquement aussi bien dans le domaine matériel, descriptif que sur les questions morales. Donc, même dans une telle situation, il faudrait recourir à un type de gouvernementalité – de « biopolitique » au sens de Foucault, afin d'organiser les choses nécessaires au bien-être de la population. Foucault lui-même est à la recherche d'une gouvernementalité « adéquate au socialisme », et maintient la chose suivante : une telle gouvernementalité « n'est pas cachée à l'intérieur du socialisme et de ses textes. On ne peut pas l'en déduire. Il faut l'inventer[18] ». Ce qui est ici tenté est de développer un type de gouvernementalité, procédant du libéralisme et compatible avec les principes du socialisme.

Néanmoins – et ce serait bien là le minimum qu'on pourrait exiger de personnes moralement parfaites, les citoyens d'un tel État se conformeront aux décisions d'un régime légitime sans y être nécessairement contraints. L'objectif de l'anarchie éclairée est de se rapprocher le plus près possible de cette situation. Ici aussi, un recours à l'histoire de la philosophie politique dans une perspective systématique serait utile.

1.4. La contrainte mutuelle comme chemin vers la liberté

Dans les théories politiques fondées sur le droit rationnel de la fin du XVIIIe siècle, principalement dans la doctrine kantienne du droit de la *Métaphysique des mœurs* et dans les *Fondements du droit naturel* de Fichte, on reconnaît le double effort, d'une part, pour reprendre les résultats de la justification de la contrainte, obtenus jusqu'à cette époque, d'autre part, pour partir des prémisses anthropologiques les moins controversées possibles.

D'un point de vue systématique, les éléments suivants nous semblent importants.

Premièrement, la contrainte juridique est soumise à la condition de la réciprocité et de l'universalité ; de plus, il a été établi que seul existe le droit d'exiger la légalité et non la moralité du comportement (i).

Deuxièmement, la contrainte n'est plus déduite de la nature humaine, mais de la nécessité d'une distribution de la propriété et du risque que chacun se saisisse du droit. Compatibles, de toute évidence, avec les élé-

[17] Gregory S. Kavka, *Why Even Morally Perfect People Would Need Government*, in Sanders, Narveson (éd.), *For and Against the State*, (N. 3), p. 41-61.
[18] Michel Foucault, *La naissance de la biopolitique*, Paris, 2004, p. 85.

ments fondamentaux mentionnés ci-dessus, les prémisses anthropologiques sont, certes, implicitement présentes, mais leur formulation en est la plus faible qui soit (ii).

Troisièmement, et cela essentiellement chez Kant, l'État présent est moins légitimé parce qu'il assure une pacification que parce qu'il permet d'aboutir à des situations justes. Selon l'objectif que nous poursuivons ici, ce serait là une conception de l'anarchie comme combinaison de la loi et de la liberté sans autorité, telle que nous l'avons caractérisée en suivant Kant dans l'introduction. La contrainte exercée par l'État est, en dernière instance, uniquement légitimée par le fait qu'elle aplanit la voie menant à l'absence de domination *via* le caractère contrôlable et réductible de la contrainte (iii).

i) Les tentatives de fondation d'une législation positive possible, à l'aide de « la simple raison », seraient, pour Max Stirner, typiques du libéralisme politique qui libère l'individu de l'arbitraire des maîtres individuels, du « tel est notre bon plaisir », pour le soumettre à la contrainte légale impersonnelle. C'est tout à fait juste ; la question consiste seulement à savoir qui est l'auteur des lois et dans quelle mesure elles réagissent à la situation sociale différente des personnes concernées, comme nous le montrerons plus loin. De cette question dépend la justesse du diagnostic de Stirner selon lequel il s'agirait là d'un instrument de la bourgeoisie pour opprimer le prolétariat[19].

La substitution de la contrainte personnelle à la contrainte légale est déterminante pour la naissance d'un État de droit. Lorsque l'égalité n'est que formelle, celui-ci ne profite qu'à ceux qui sont socialement plus forts, comme Rousseau en avait déjà énoncé la critique. D'un autre côté, à travers l'égalité juridique, l'État de droit représente le premier pas de la domination pure et simple de celui qui se trouve être le plus fort vers une situation sociale juste.

Pour se rapprocher de ce but, il est décisif que la contrainte juridique soit directement mise dans un rapport conceptuel avec la liberté et l'égalité.

On le voit déjà dans la définition kantienne du droit : « Le droit est donc l'ensemble conceptuel des conditions sous lesquelles l'arbitre de l'un peut être concilié avec l'arbitre de l'autre selon une loi universelle de la liberté », (*DD* Introduction, § B, AK VI 230 ; trad. Renaut, II, p. 17).

La chose la plus importante est l'entière réciprocité du libre arbitre sans la prise en compte des particularités de la personne. Si toute action qui « peut faire coexister la liberté de l'arbitre de chacun avec la liberté de tout autre selon une loi universelle, ou dont la maxime permet cette coexistence » (§ C, AK VI 230 ; trad. Renaut, p. 17) est juste, celui qui m'en empêche est à mon égard injuste, parce que son comportement ne peut coexister avec la liberté d'après des lois universelles. Celui qui s'y oppose favorise l'action

[19] Max Stirner, *L'Unique et sa propriété*, Paris, 2000, 1. II. 3 § 1 p. 41.

originairement juste. Cette « entrave apportée à ce qui fait obstacle à la liberté » s'accorde donc avec la « liberté se déployant selon des lois universelles ».

Le droit est donc, selon une proposition *a priori,* lié à l'autorisation de contraindre (§ D, AK VI 231 ; trad. Renaut, p. 18). La contrainte légale contre les actions qui ne s'accordent pas avec la loi universelle de la liberté ne constitue pas, par conséquent, une restriction de la liberté juridique et n'est donc pas injuste[20]. Le « droit strict, [...] auquel nulle dimension éthique ne se trouve mêlée » peut, pour cette raison, être identifié à la contrainte réciproque selon des lois universelles, laquelle est opposée à la contrainte arbitraire (§ E, AK VI 231 ; trad. Renaut, p. 19).
Le droit concerne le rapport extérieur entre les personnes. Il ne s'agit ni des intentions ni des désirs des personnes, mais de leurs actes. Du point de vue de l'individu, la différence réside en ce qu'il est entièrement suffisant pour le droit qu'il soit respecté par crainte de la peine ou pour des raisons analogues. Toutefois, une action ne peut être moralement bonne que si elle est accomplie pour des motifs justes parce qu'il est juste d'agir ainsi.

Dans l'État, dit Fichte, je ne peux pas exiger la moralité d'autrui, mais la légalité de son comportement, c'est-à-dire exiger qu'il se comporte comme s'il était de bonne volonté. La formulation particulièrement précise de la séparation de la moralité et de la légalité est un grand acquis de la philosophie des Lumières, dans la perspective de la libération de l'homme des contraintes inutiles, dans la double mesure où l'on n'a pas à rendre compte à l'État des mobiles de l'obéissance à la loi et où les convictions et les motifs demeurent donc soustraits par principe à l'autorité.

La définition formelle du droit doit acquérir un contenu et ceci de deux manières : d'abord de l'objet dont il s'agit lorsqu'il est question de contrainte mutuelle, et ensuite de la présupposition qu'un tel objet est nécessaire. C'est ainsi que Kant divise le droit en droit privé et en droit public, en droit de l'État.

ii) Le droit privé est une régulation du mien et du tien extérieurs, donc essentiellement un droit de propriété et d'acquisition. Pour qu'il soit possible, il faut une loi permissive comme « postulat juridique de la raison humaine ».

« Il est possible d'avoir pour mien un quelconque objet extérieur de mon arbitre ; c'est-à-dire qu'une maxime d'après laquelle, si elle devenait une loi, un objet de l'arbitre devrait devenir en soi (objectivement) sans possesseur (*res nullius*) est contraire au droit » (§ 2). Il ne s'agit donc pas du fait que plusieurs choses n'appartiennent à personne – on ne pourrait guère sé-

[20] Karlfriedrich Herb/Bernd Ludwig, « Naturzustand, Eigentum und Staat, Immanuel Kants Relativierung des 'Ideal des Hobbes' », in *Kants-Studien* 83 (1993), p. 283-316, p. 288.

rieusement désigner une telle maxime comme contraire au droit, étant donné la situation empiriquement constatable, mais plutôt du fait que ces choses ne peuvent appartenir à personne ni à aucun groupe.

La nécessité de ce postulat *prima facie* particulier s'obtient intuitivement, dès lors qu'on prend en compte la réflexion de Hobbes sur les conséquences de l'égalité humaine dans l'état de nature. Le conflit violent eu égard aux objets de l'arbitre est écarté, grâce à une fixation obligatoire du mien et du tien. Pour cette raison, un tel objet ne doit pas en principe se soustraire à l'appropriation. D'après Fichte, on a même le droit de contraindre l'autre à prendre position par rapport à la régulation de la possession, y compris par rapport à la possession des choses futures (*Grundlage des Naturrechts,* § 12). Ce ne sont, à première vue, que des formulations extrêmement abstraites que l'on retrouve sous le point iv des énoncés de l'anthropologie minimale de Hart, selon lequel il faudrait, pour diverses raisons, un règlement de la propriété.

Cependant, Kant va plus loin. Le droit étant lié à la réciprocité rigoureuse, malgré son caractère unilatéral, il essaie de clarifier la question de savoir pourquoi il peut exister un droit à la propriété. Il s'efforce, en outre, de déterminer comment l'attribution de la propriété doit se faire dans le cas d'une juste distribution.

Il est notoire que Kant ne parle que très tardivement de l'état de nature. Il s'agit pour lui d'appliquer le concept du droit, qui réside dans la raison, non pas à la simple possession empirique, mais au « pur concept d'entendement qu'est celui d'une possession en général » (§ 7, AK VI 253 ; trad. Renaut, p. 45). Il n'aurait pas été nécessaire de formuler le postulat juridique de la raison humaine pour la possession empirique, puisqu'il est manifestement possible de trouver un possesseur pour chaque objet de l'arbitre. Il s'agit d'étendre ladite possession intelligible (*possessio noumenon*) à tous ces objets. Enfin, on veut parvenir à une notion de propriété qui est détachée de la question de savoir qui est par hasard en possession d'un objet déterminé et qui est assez fort pour le garder. La propriété et le droit de propriété seront traités plus précisément dans le chapitre IV. Pour l'instant, seul nous importe le rapport systématique à la nécessité de la contrainte.

La loi permissive représente donc en réalité une particularité dans la pensée juridique de Kant, dans la mesure où elle permet une certaine asymétrie, soit de restreindre la liberté d'autrui aussi longtemps que sa liberté naturelle n'est pas violée. Puisque, d'un autre côté, l'obligation juridique requiert l'universalité et la « réciprocité », la volonté unilatérale d'un individu « portant sur une possession extérieure ne saurait servir de loi de contrainte pour chacun » ; pour cela, il faut une « volonté obligeant tout un chacun donc collectivement – [une volonté] universelle (commune) et toute-puissante[21] » (§ 8).

Dans la mesure où cette volonté n'existe que dans un état civil, il doit être permis au sujet de contraindre chaque individu – avec lequel il entre en conflit à propos du mien et du tien extérieurs – à entrer avec lui dans une constitution civile (*ibid.*).

Une première particularité qui apparaît ici est le recours au droit privé pour la régulation du mien et du tien extérieurs, avant la présentation du droit public. Il ne s'agit pas du passage, dans un sens péjoratif, de la domination anarchique du pouvoir dans l'état de nature d'êtres craignant une pénurie future possible, d'êtres humains méchants, à un état juridique pacifique, où le droit et l'injuste, le bien et le mal, le mien et le tien attendraient d'être déterminés d'autorité. Dans l'état de nature (qui n'est pas perçu historiquement), le mien et le tien extérieurs existent déjà, mais seulement de façon provisoire. La possession péremptoire, intelligible ne pourrait exister que dans l'état civil, lorsque la possibilité d'une volonté commune deviendrait réalité.

La présentation détaillée du droit privé avant le droit public démontre que le passage à l'état civil ne s'effectue, pas seulement en vue de garantir la survie face à des voisins avides de meurtres, mais aussi afin de conserver un réseau très complexe et sensible, qui serait en péril si l'on ne le protégeait pas avec les moyens étatique. De ce point de vue, les exemples mentionnés dans l'introduction en faveur de la contrainte étatique ont aussi leur sens, même si, à première vue, ils paraissent insignifiants et futiles. La référence relativement détaillée à Kant s'impose dans la mesure où il relie la conscience de la nécessité de justifier la contrainte – et même la contrainte qui s'exerce par le biais de la propriété – à la connaissance de sa nécessité, à la structure hautement complexe, mais provisoire et modifiable du droit privé de même qu'à sa mise en péril permanent ; de sorte que, selon lui, nous sommes en permanence en transition de l'état de nature à l'état civil et constamment appelés à accomplir cette transition[22].

Bien entendu, cela ne signifie pas nécessairement que les êtres humains sont méchants et que l'état de nature est un état injuste ; on souligne seulement par là qu'il s'agit d'un état sans droit où chacun se saisit de son droit au mien et au tien (§ 42-44). Au moins, comme le dit Fichte, il y a là la possibilité d'une telle saisie.

De ce point de vue, Kant et Fichte énoncent bel et bien quelques présupposés élémentaires sur le comportement de l'être humain, qui rendent la contrainte nécessaire. Ils s'apparentent fortement à ce que Hart a exposé

---

[21] Trad. fr., Paris, Gallimard, La Pléiade t. III, p. 508.

[22] Hans Friedrich Fulda, « Kants Postulat des öffentlichen Rechts », *Jahrbuch für Recht und Ethik*, vol. 5, 1997.

dans sa liste des truismes. Si les hommes étaient dans une situation d'abondance absolue et s'ils étaient suffisamment intelligents pour s'entendre sur tout sans friction et sans obstacle, s'ils étaient toujours fermes dans leur volonté pour s'en tenir à leurs arrangements, s'ils se laissaient diriger sans résistance par un régime légitime comme s'ils étaient conduits par les anges selon la vieille doctrine chrétienne, la contrainte ne serait pas nécessaire. Fichte l'exprime clairement (§ 15), Kant renvoie à une intuition pure *a priori* nous enseignant que la construction du droit d'après une contrainte réciproque est raisonnable (§ E). Cela signifie qu'il y a des situations dans lesquelles il faut écarter les obstacles à la liberté. Personne n'affirme que la contrainte est un bien en soi, peu importe que l'on ait affaire aux êtres humains tels qu'ils sont réellement ou à des anges.

À travers le postulat du droit public s'établit ainsi une relation entre le droit privé et le droit public émergeant du droit privé dans l'état de nature (§ 42) : « (...) étant donné l'inévitable rapport de voisinage, tu dois avec tous les autres sortir de cet état de nature pour entrer dans un état juridique (...) » (AK VI 307)[23]. Dans tous les cas, on ne doit pas empêcher un tel passage (§ 42, AK VI 307). On le voit, Kant parle ici expressément du passage à un état juridique (*rechtlichen Zustand*), et non à un état de droit au sens d'état juste (*Rechtszustand*) dont la réalisation réside encore dans un avenir lointain (*Projet de Paix perpétuelle*, AK VIII 309, p. 357 *sq.*). Dans ce travail, nous déterminerons cet état de droit notamment par le fait que la loi et le droit règnent sans violence.

D'un autre côté, le passage de l'état de nature à l'état juridique, qui constitue le préalable de l'état de droit juste (*Rechtszustand*), ne se situe pas dans un passé lointain ou récent, il n'a pas non plus lieu hypothétiquement, mais s'impose toujours comme notre devoir ici et maintenant, mon devoir, ton devoir et « votre » devoir, devoir auquel nous sommes tous moralement soumis. S'il existe des devoirs moraux inconditionnés, il appartient alors à nos devoirs primordiaux d'accorder la préférence à un état plus juste dans lequel des lois universelles règnent au détriment d'un état injuste dans lequel régnerait l'arbitre d'une personne.

De son côté, Fichte insiste sur le caractère hypothétique des impératifs de droit qui ne seraient valides que si l'on veut vivre dans une communauté d'êtres libres (*Grundl.* §7, IV). Néanmoins, ceux qui sont dans cette communauté ont envers ceux qui vivent à l'extérieur un droit de contrainte qui n'est assurément pas de nature positive...

Comment se présente le rapport de l'état juridique à l'état de droit juste (*Rechtszustand*) si l'un est le préalable de l'autre ?

iii) « Un État (*civitas*) est la réunion d'une multiplicité sous des lois juridiques. Dans la mesure où celles-ci sont, en tant que lois *a priori* néces-

---

[23] Trad. fr., La Pléiade, III, p. 573.

saires, c'est-à-dire procèdent par elles-mêmes de concepts du droit extérieur en général (ne sont pas statutaires), sa forme est la forme d'un État en général, c'est-à-dire l'État dans son idée ou tel qu'il doit être selon de purs principes du droit. Cette idée sert de norme (*norma*) pour toute réunion effective en vue de constituer une république (donc de manière intérieure) », (§ 45, AK VI 313 ; trad. Renaut, p. 128).

La comparaison avec la doctrine de Thomas Hobbes – que l'on a présentée précédemment – met en lumière la spécificité de la théorie kantienne. On le sait, pour Hobbes, le contrat hypothétique de soumission accorde la légitimité à l'État réellement existant dans lequel règne le droit positif, c'est-à-dire la totalité des ordres du souverain.

Selon Kant, la pensée d'un « contrat originaire » caractérise la conformité au droit de l'État dans l'idée (§ 47, AK VI 315 ; trad. Renaut, p. 131) dont les lois juridiques sont toutes des lois de la raison. La contrainte exercée par un État qui existe réellement d'après le droit positif possède une justification, avant tout dans la mesure où elle représente la condition de possibilité de la réalisation de cet état juridique péremptoire. Le droit positif rend possible le passage de l'état de nature à l'état juridique[24].

La forme d'organisation de l'État dans l'idée conformément à laquelle les États existants de fait doivent se développer est, aux yeux de Kant, « un *système représentatif* du peuple institué pour prendre en son nom, à travers l'union de tous les citoyens, soin de ses droits, par la médiation de leurs délégués (députés) » (*DD* § 52, AK VI 341[25]). Dans la mesure où le peuple a en main la législation, et où l'on ne doit obéir qu'aux lois auxquelles on a donné son assentiment (voir plus bas chapitre III), le passage de la contrainte arbitraire à la contrainte légale ne représente pas, contrairement à ce que soutient Stirner, un changement de maître. Nous aurons cependant encore à discuter des problèmes qu'il soulève dans les prochains chapitres.

Selon le plan exposé ici, l'objectif lointain du développement de l'État, et même de l'État dans l'idée, doit être de mettre en relation la liberté avec la loi sans la violence, ce que Kant désigne comme anarchie.

Le rapport entre la souveraineté du peuple, la représentation, la séparation des pouvoirs et l'ordre juridique sera de nouveau repris dans le contexte de la souveraineté et de la légitimité, après que l'on s'est occupé de la communauté, de la société et de la cohésion entre les hommes qui y appartiennent. Il s'agira alors de reprendre les résultats que nous avons obtenus sur la nécessité de la contrainte. C'est un constat consensuel, étant donné le comportement actuellement observable des hommes, que la sécurité ne peut

---

24 Reinhard Brandt, *Das Erlaubnisgesetz oder : Vernunft und Geschichte in Kants Rechtslehre* in R. Brandt (éd.), *Rechtsphilosophie der Aufklärung,* Berlin/New York, 1982, p. 233-285.

25 Trad. fr., La Pléiade, III, p. 613.

être assurée dans la conduite de la vie que si la contrainte s'exerce sur les êtres humains. Néanmoins, quitte à y revenir, cette contrainte est, premièrement, liée à l'assentiment de ceux qui sont assujettis, deuxièmement, à la réciprocité et à la légalité. Troisièmement, le paradigme de la voie menant à la coexistence humaine que nous avons pris est la justification dynamique de la situation étatique actuelle, que propose Kant, comme condition d'accès à un état plus juste.

D'un point de vue aussi bien historique que systématique, on pourrait objecter à cette conception que les êtres humains ne sont pas des sujets individuels dont la coexistence repose seulement sur la contrainte. Avant de discuter cette objection *in extenso* plus bas (ch. III), nous aimerions l'examiner, une première fois, dans le cadre de l'allégorie argumentative qui est préférée à l'époque moderne : la métaphore du contrat.

Un reproche courant est qu'avec l'idée du contrat la communauté étatique est considérée comme une simple affaire marchande. Contre cette objection, il convient de remarquer que, pour un théoricien du contrat comme Kant, c'est un devoir moral de sortir de l'état de nature pour entrer dans l'état civil. Rawls parle également du devoir de promouvoir un état juste, devoir qui, contrairement à l'obligation librement consentie, n'existe pas seulement de façon factuelle. J'ai, pour ma part, également énoncé des arguments en faveur de cette obligation morale, mais, ce qui importe ici, comme pour Kant et comme pour Rawls, c'est que cette obligation ne puisse jamais faire l'objet d'un examen juridique.

D'après l'idée anarchiste fondamentale selon laquelle il est mauvais d'être soumis à la contrainte, la question qui se pose, c'est d'abord, avant tout examen de la métaphore du contrat, celle de savoir si on ne pourrait pas tout simplement supprimer la pression exercée par l'obligation morale sur l'individu.

2. Peut-on supprimer les chaînes invisibles de la morale ?

Chaque fois que l'on demande comment la morale et la politique, la morale et le droit, la morale et l'État se situent l'une par rapport à l'autre, en remettant en cause, du moins théoriquement, la nécessité de corréler ces entités avec la morale, on ne peut éviter la question de savoir si la morale constitue elle-même une partie de la coexistence humaine ou si elle n'est pas un autre instrument d'oppression, que ce soit des forts sur les faibles ou des faibles sur les forts.

Dans ce qui suit, j'aimerais donc traiter des variantes du scepticisme moral et de leurs problèmes extra-moraux. Le scepticisme moral semble aussi ancien que la réflexion philosophique sur la morale. Il n'est d'ailleurs pas rare que des considérations sceptiques soient à l'origine de tentatives philosophiques visant à justifier les prétentions morales. Ces prétentions exigent de la part de l'individu des renoncements, parce que ces renoncements sont considérés d'après certains critères comme nécessaires et justes. Le renoncement peut aller jusqu'au sacrifice de la vie sans espoir d'en retirer quelque avantage futur ou des récompenses.

Si l'on veut distinguer les critères moraux des critères juridiques, il faut davantage mettre l'accent sur les différentes sortes de motivations existantes dans le domaine de la morale. Une action peut être légalement irréprochable, mais être exécutée pour de mauvais motifs. L'agent sera moralement blâmé, mais sera tiré d'affaire sur le plan juridique. De l'autre côté, la pression morale est limitée aux éloges, aux réprimandes et aux remords. Dans le domaine du droit, il y a contrainte physique. Moralement, une personne peut être félicitée et blâmée seulement pour ce qui peut lui être imputé. On peut, au contraire, être rendu juridiquement responsable de dommages que l'on n'a pas causés. De plus, la justesse ou la fausseté morale d'une action n'est pas soudainement renversée par une décision arbitraire. En droit, la date à partir de laquelle une nouvelle loi entre en application est arbitraire dans la mesure où, la plupart du temps, à deux jours de validité près, rien ne changera au niveau de la *ratio legis*.

Il faut aussi remarquer, à ce stade, que les attaques courantes dirigées contre « la morale », notamment contre le fait qu'elle créerait des chaînes invisibles pour les individus, ont pour objectif différentes variantes de prétentions normatives que nous voudrions ici brièvement distinguer. Ces distinctions ne seront pas seulement utiles dans les chapitres suivants (par exemple, lorsqu'il sera question de la critique communautarienne de la prétendue neutralité morale du libéralisme), elles le seront également eu égard à la question de savoir comment l'attachement moral à la communauté politique pourra et devra se présenter et quelles propositions en vue d'améliorer la communauté politique, propositions faites du point de vue de la morale, peuvent être obligatoires pour toute la communauté.

La question de savoir s'il faut supprimer les prétentions morales peut être reformulée de la façon suivante : a-t-on absolument besoin d'évaluations ? Ou encore : a-t-on besoin d'évaluations objectives ? A-t-on besoin d'évaluations morales ? Ou bien : doit-on faire siennes les évaluations morales dans la conduite de sa propre vie ? Les exigences morales ne peuvent-elles être écartées de la vie bonne de l'individu ?

Le cœur de l'argumentation dans cette section est le suivant : de façon réaliste, les évaluations morales ne peuvent pas être écartées de la vie sociale. Des raisons extérieures à la morale ne peuvent pas supprimer la morale, mais on peut réaliser, au sein du spectre des différents systèmes moraux concurrents, des choix dans une certaine limite.

2.1. Approbation et désapprobation

Il existe des propositions que nous utilisons non pas pour décrire notre monde, mais pour dire quelles sont les situations et événements que nous approuvons, souhaitons, espérons, exigeons, tenons pour permis, etc., des expressions à l'aide desquelles nous exprimons notre approbation et notre désapprobation. On peut les résumer, avec Kenny[26], sous l'appellation de « *Fiat* » et les caractériser par le fait que lorsqu'elles ne s'accordent pas avec la réalité, nous en rendons responsables, non pas les propositions mais la réalité. Le fan fidèle qui espère la victoire de l'équipe A se fâche normalement parce que cette dernière a perdu, et non pas parce qu'il a espéré quelque chose de faux.

Le scepticisme moral peut se faire valoir au niveau de la théorie du langage, lorsqu'on essaye d'amputer le langage scientifique, technique ainsi qu'éthique des *Fiats*. Une autre méthode consiste à éliminer seulement la partie moralement identifiée, et à la réduire à un rapport de préférences émotionnelles en fonction de considérations d'utilité.

Nous ne pouvons pas réduire les *Fiats* à des descriptions objectives dans notre pratique quotidienne, parce que, comme tous les animaux, nous cherchons à éviter l'agréable et le désagréable, et que donc nous prenons position d'abord dans un sens très banal du terme. On peut certes penser à une description où quelqu'un, moi ou un autre, approuve ou désapprouve l'état X. On adopte ainsi une perspective externe, la perspective de la troisième personne et on décrit, ce faisant, les vœux, les craintes, etc., sans prendre position. Ceci peut beaucoup aider à réfléchir sur nos prises de position et celles des autres, mais ne saurait les remplacer.

On peut objecter que, pour exprimer l'agréable et le désagréable, on n'a pas besoin de propositions. Des exclamations comme « Aïe ! », « Oh ! », « Hourra ! » suffiraient. Seulement, d'après Aristote, nous possédons aussi, en vertu de notre capacité à faire un discours argumenté, la possibilité de nous entendre sur l'utile et le nuisible ainsi que sur le juste et l'injuste. Nos propositions – *Fiat* – ne se rapportent pas seulement au présent et au futur proche, mais à des jours plus lointains. Nous ne pouvons pas nous empêcher d'intégrer à notre vie des considérations rationnelles de différentes sortes. C'est pourquoi nos évaluations, par exemple, nos espoirs et nos craintes, se rapportent souvent à des états de choses très compliqués. Tant que nous attendrons de l'éthique qu'elle ait quelque chose à voir avec notre vie, nous ne parviendrons pas à réduire nos *Fiat*.

Nos évaluations ne se rapportent pas seulement aux événements naturels comme le temps qu'il fait, la chute de pierre et autres choses semblables, mais aussi et avant tout aux conduites prévisibles de nos semblables.

---

[26] Anthony Kenny, *Will Freedom and Power*, Oxford, 1975 ; p. 39 *sq*.

Un moyen pour assurer la continuité entre la conduite dont nous sommes les destinataires et celle que nous adressons à d'autres hommes se trouve dans la manœuvre langagière de l'éloge et de la réprimande.

L'éloge et la réprobation sont précisément, en règle générale, des évaluations morales. Celui qui souhaite éloigner de la discussion scientifique et éthique les exigences morales sous la forme de règles de comportement *sui generis* doit les réduire à cette utilité individuelle de longue durée, donc à la possibilité de présupposer une telle réduction. D'après la taxonomie de J.L. Mackie[27], il appartient au groupe de sceptiques moraux de premier niveau.

On peut justifier la remise en question d'une telle réduction en affirmant qu'il existe des valeurs absolues, atemporelles, objectives vers lesquelles on devrait s'orienter et qui sont irréductibles à une utilité à long terme. À cette fin, on n'aurait pas besoin de recourir à des déesses ou à des entités célestes créatrices de la morale comme le prétendent, souvent à tort, les sceptiques moraux. Notre façon commune de parler de ce qui est moralement juste, moralement bon, de ce qui relève du devoir, et de ce qui est permis semble, pour de nombreuses personnes, présupposer ces valeurs objectives. Les sceptiques moraux de second niveau, comme Mackie, par exemple, rejettent leur existence et affirment que le langage quotidien et, avec lui, le sens commun, pourraient bien contenir de solides erreurs.

2.2. Les problèmes d'une fondation objective de la morale

Le sceptique de second niveau, comme, par exemple, J. B. Mackie, ne contestera pas qu'il existe des règles spécifiquement morales et qu'elles pourraient être acceptées par de nombreuses personnes, voire par toutes. Il doute simplement de l'existence de valeurs objectives, indépendantes de nos désirs. L'universalisme moral n'est pas encore un objectivisme, bien que l'implication inverse soit valide.

Le premier argument de Mackie, celui de la relativité, conclut de l'existence de conceptions divergentes à l'affirmation qu'il n'y a aucun sens à les interpréter toutes comme des tentatives pour saisir une ou des valeurs objectives.

L'argument est relativement faible et atteindrait à peine un philosophe qui interpréterait les conceptions de valeurs existant de fait comme de simples tentatives imparfaites pour comprendre les valeurs objectives. C'est, par exemple, le cas de Nicolai Hartmann (*Ethik*, Berlin, 1925) qui parle du ciel objectif des valeurs, dans lequel la conscience des valeurs d'une époque

---

[27] John Leslie Mackie, *Ethics, Inventing Right and Wrong*, Englewood Cliffs, 1977, ch. I.

et d'une culture déterminées découpe un cercle lumineux grâce à l'organe moral des contemporains. (Une mise en action intense de l'organe moral peut permettre d'assombrir le cercle).

Hartmann constituerait une cible relativement bien appropriée du second argument de Mackie, qu'est l'argument de l'étrangeté [« *the argument from queerness* »]. Les valeurs morales objectives sont des objets d'un type particulier qui n'existent pas dans notre monde et pour l'acceptation desquelles il n'existe pas de raisons extra-morales. Certes, chez la plupart des objectivistes, il n'y a pas nécessairement de cieux entiers remplis de valeurs, mais cette expression visc simplement à donner une formulation très claire de l'étape à parcourir, lorsqu'on cherche à établir des exigences morales objectives. Les tentatives de classification catégoriale ontologiques proposées jusqu'à présent, comme l'idée du bien, par exemple, ne pouvaient prétendre à une évidence universellement acceptée. Les problèmes posés par de telles entités conduisaient déjà Duns Scot (1266-1308) à étiqueter la bonté morale de l'action comme un *ens rationis*, un être de raison (*Quodlibet*, qu. 18).

La détermination explicite d'une entité morale telle que l'idée platonicienne du bien constitue historiquement une exception et l'on pourrait se demander si des positions philosophiques comme celles de Kant ou d'Aristote ont nécessairement besoin de cette détermination. C'est plutôt que des théoriciens se référant récemment à Hegel, comme Charles Taylor, ont soutenu une théorie de l'objectivité des valeurs.

Cependant, Mackie affirme que l'ontologisation est déjà implicitement contenue dans notre langage ordinaire, lorsque nous parlons de « devoirs », ou que nous affirmons que quelque chose est « injuste », « répréhensible » ou « ignoble ».

Il voit à l'œuvre une tendance parallèle à l'objectivation des jugements subjectifs, telle que Hume l'a diagnostiquée, dans les cas où quelqu'un, par exemple, qui a le sentiment qu'un vers est répugnant et une rose belle, juge que le vers de terre est répugnant et la rose belle. Toutefois, ces objectivations dans les jugements moraux seraient moins des objectivations des sentiments comme tels que des objectivations de désirs.

L'important, avec ce scepticisme de second ordre, est certainement la possibilité de discuter rationnellement de la consistance, de la compatibilité et de l'universalisabilité, sans avoir à recourir à l'existence d'entités rétives comme des valeurs objectives. On peut également dans le domaine pratique appliquer les principes d'une rationalité ouverte. Il s'ensuit que les propositions descriptives ainsi que prescriptives ne permettent pas un jugement isolé du type vrai ou faux, ou du type juste ou faux, mais sont évaluées selon un réseau entier de présupposés, de conditions et de considérations diverses. En principe, aucun jugement n'est jamais totalement immunisé contre toute révision : seules des parties du réseau peuvent être modifiées selon certains critères de rationalité.

Les prétendus « ontological commitments », les implications ontologiques des parties moralement pertinentes du langage quotidien ne doivent donc pas être exagérées. L'usage ordinaire du vocabulaire est plutôt ontologiquement ambivalent. Il ne lutte pas contre les réifications, mais il ne les souligne pas non plus. Celui qui soutient que les vers de terre sont dégoûtants, tout en étant confronté, de l'autre côté, à leur utilité dans un jardin, dans un champ ou dans un pré, réduit son constat à la remarque qu'il les trouve dégoûtants. Celui qui, du point de vue de l'utilité, trouve la visite chez le dentiste raisonnable, n'est pas condamné à accepter une entité qu'on pourrait appeler la valeur du maintien des dents, qui serait plus grande que la valeur négative de la douleur occasionnée par la fraise de la roulette. La plupart des personnes qui condamnent les criminels de guerre n'insisteront pas non plus sur l'existence de valeurs objectives en vertu desquelles les criminels de guerre mériteraient d'être condamnés. Néanmoins, ils soutiendront que leurs convictions sont universellement valides.

Les réifications sont dues, la plupart du temps, à un travail philosophique, théologique ou juridique supplémentaire, elles sont dues à la fausse tendance à toujours accepter l'existence de choses, quand notre langage laisse présumer leur existence.

2.3. La morale comme ciment social

J'ai mentionné ci-dessus les valeurs objectives et éternelles comme étant un obstacle à la réduction des exigences morales à l'utilité individuelle, et donné raison à ceux qui douteraient éventuellement de l'existence de ces valeurs. L'autonomie des principes moraux est-elle pour autant philosophiquement intenable ? Afin de répondre à cette question, j'aimerais introduire les réflexions naturalistes, se réclamant de la tradition humienne, qui se prononcent contre cette acception.

Face à l'égoïsme de l'homme, face à la limite de son engagement pour les autres et à la rareté des ressources disponibles, les avantages qu'une institution comme la vertu de justice confère à l'existence du groupe apparaissent très clairement. En tant que *zoon politikon* (animal politique), l'homme ne peut pas choisir, en dernière instance, s'il veut vivre en groupe, mais, tout au plus, peut-il choisir le groupe auquel il aimerait appartenir. La stabilité du groupe représente la plupart du temps un avantage pour l'individu. Avec le temps, les groupes au sein desquels les individus tendent à avoir des comportements sociaux avantageux s'imposeront sur les groupes dépourvus de ces comportements.

De telles attitudes constituent un fondement essentiellement plus solide de l'existence du groupe que la conservation de soi fondée sur la peur des sanctions, ou même, que l'intérêt personnel bien compris, que l'on considère la plupart du temps comme la base de l'État moderne. Il faudrait cependant insister sur la distinction entre l'obligation morale de l'individu envers l'État et envers les autres hommes, d'une part, et la défense contre toute prétention de l'État à surveiller l'observation de ce devoir, d'autre part. C'est le point central de ma présentation.

On peut également illustrer les avantages de l'obligation morale des individus envers l'État en recourant à un modèle de la théorie du jeu : le dilemme du prisonnier. Supposons que lors d'une attaque ratée d'une banque, les deux personnes qui ont tenté le coup sont présumées coupables et écrouées. Elles avaient toutes deux des armes en main. La situation juridique est telle que, si les deux personnes avouent, elles seront emprisonnées cinq ans, alors que si elles n'avouent pas et ne se trahissent pas mutuellement, elles seront seulement emprisonnées deux ans pour possession d'armes illégale. Toutefois, si l'une d'elles avoue et accuse l'autre, et que cette dernière se défende, celle qui a avoué s'en tirera avec une seule année de prison alors que celle qui continuera de nier en passera huit en prison. Comme aucune d'entre elles ne sait ce que l'autre fera, il faut, du moins conformément à un égoïsme rationnel, trancher plutôt en faveur d'une procédure qui évite le pire et avouer dans l'espoir éventuel que le codétenu se taira. Si, toutefois, les deux espèrent légitimement que l'autre en principe se taira et ne trahira pas son ami, la décision la plus rationnelle est de se taire afin qu'ils aient tous les deux à purger la peine la plus petite possible. Les deux exemples illustrent assez bien le fait que ce n'est pas la *Civitas Dei* (la cité de Dieu), mais la bande de brigands dénigrée qui, pour son maintien, dépend du fonctionnement des normes morales.

D'après un argument évolutionniste, sont avantagés les groupes dont les membres adoptent des attitudes morales. Cependant, cela ne dit pas s'il s'agit d'une moralité fondée sur des principes libéraux. Par « morale », comme je l'ai déjà signalé, on peut entendre différentes choses. Cette équivocité a des implications sur la discussion actuelle portant sur le rapport entre l'individu et la communauté.

2.4. *Types de morale*

Une possibilité que l'on a, pour mettre un peu d'ordre dans la diversité déconcertante des obligations morales, consiste à distinguer les types de morale différents, d'après la procédure de fondation de leurs exigences. On distinguera ainsi :

i) Les mœurs : l'exigence morale est justifiée de façon typique par la manière dont on fait comprendre à son destinataire que cela se fait ainsi, que cela a toujours été ainsi et qu'il est convenable d'agir ainsi, soit par le recours à des conventions et traditions qui existent *de facto*. Cela ne signifie pas nécessairement que ces exigences soient fausses ou injustifiables, mais simplement qu'on ne peut plus apporter d'autres justifications.

Les convictions morales qui relèvent du domaine des mœurs peuvent changer avec le temps. Après ce changement, on accepte alors quelque chose d'autre comme ayant une justesse plus évidente qu'auparavant, mais la connaissance des rapports de justification n'augmente pas nécessairement. Ainsi, par exemple, le fait que le mariage entre blancs et noirs ne soit plus considéré comme non convenable et immoral, pourrait être le symptôme d'une compréhension accrue des principes moraux et apparaître, ce faisant, comme une simple question d'habitude.

Le domaine des mœurs est donc très important parce que nombre des décisions morales proviennent de cette sphère, et cela non pas seulement pour quelques personnes, mais pour toutes, et parce qu'un ordre politique dépend, dans une certaine mesure, de son ancrage dans les mœurs – surtout auprès des hommes et des femmes politiques. Moins on a la possibilité constante d'examiner tous ses jugements moraux intuitifs, plus il est important de se réserver la possibilité, dans les cas de conflits, d'admettre que ses propres jugements sont déterminés par le hasard et des facteurs biographiques, et doivent, partant, être soumis à l'examen.

Une autre voie de fondation est :

ii) Le recours à la volonté divine, à la révélation divine immédiate ou aux discours des représentants de Dieu sur terre. Une action est moralement juste parce qu'elle est conforme à la volonté de Dieu. On dispose donc ici d'un système de normes positives plus ou moins détaillées comme, par exemple le Décalogue, les règles du Coran ou le Sermon sur la montagne. Il arrive souvent qu'une corporation, qui se considère responsable d'une interprétation plus précise de la révélation assez générale faite par la divinité, possède une certaine influence sur l'élite politique ou prétende à une telle influence. Même si de tels systèmes de normes ne sont pas toujours religieusement fondés, il s'agit de la forme traditionnelle de leur émergence.

Il n'est pas rare que les exigences morales religieusement fondées soient intimement liées aux mœurs ; il peut également y avoir des cas où elles sont toutes deux opposées comme, par exemple, lorsque des mouvements de renouveau font leur apparition à l'époque de la « dégénérescence » des mœurs.

iii) La troisième voie de justification est la référence au bien du groupe, que ce soit celui de l'État, du peuple, ou du parti, etc. Il s'agit ici d'une morale de groupe ou de la moralité de la collectivité politique. On exige que l'individu se soumette absolument aux intérêts de l'État, à ceux du peuple et à ceux du prolétariat, etc., et ces intérêts supérieurs sont souvent définis par une instance dominante. À cette soumission appartient également le fait de s'avouer prêt, si nécessaire, à violer tous les principes moraux que l'individu considère comme justes. C'est ainsi que Machiavel fait l'éloge des *otti santi*, les capitaines de guerre florentins en guerre contre le pape, en soulignant comment la patrie a dépassé le salut de leur âme. C'est la variante républicaine de la morale guerrière féodale qui s'est formée, à certaines époques, dans de nombreuses aires culturelles, et qui représente la forme la plus extrême de la morale de groupe. Elle exige de l'individu non seulement de grands sacrifices, mais également la disposition à commettre des cruautés, allant jusqu'à la mise à mort de ses propres enfants, comme le relatent les histoires héroïques de diverses origines.

iv) Toutefois, la variante de la morale la plus importante aujourd'hui pourrait être la morale des Lumières ou morale minimale. Les exigences morales sont alors fondées sur les critères de l'impartialité et sur l'absence de préjugés, sur la reconnaissance de chacun comme porteur d'intérêts éventuellement légitimes et comme source d'arguments raisonnables, donc comme fin en soi. Il s'agit moins de la formulation de nouvelles normes que d'une procédure destinée à examiner des règles morales. On a donc affaire au résultat d'efforts philosophiques faits pour clarifier et préciser ce que la conscience morale des hommes contient déjà intuitivement. Les tentatives de ce genre sont l'impératif catégorique de Kant et le principe utilitariste du plus grand bonheur du plus grand nombre.

Ce n'est pas par hasard si les distinctions introduites jusqu'à présent manifestent certains points de convergence avec les étapes du développement moral de l'être humain indiquées par Lawrence Kohlberg – de l'obéissance à l'autorité jusqu'à la capacité de se comporter selon des principes, tel que l'impératif catégorique, en passant par la pensée en termes de groupe et l'orientation selon des règles générales. Ce n'est pas non plus un hasard si l'on peut identifier des différences dans les premiers domaines, car les règles générales auxquelles on recourt peuvent provenir, par exemple, des mœurs, de la religion ou des discours de dirigeants de groupe.

Du côté féministe, on discute depuis un certain temps, suite à la critique adressée par Carol Gilligan à Kohlberg, de la question de savoir s'il n'y aurait pas une forme typiquement féminine et une forme typiquement masculine de la morale, et si le développement de la morale masculine ne culminerait pas dans la justice publique, tandis que celui de la forme féminine culminerait dans la sollicitude domestique (*care*).

Dans le contexte de ces discussions, Marilyn Friedman objecte qu'il existerait certes une multitude d'attentes de comportements qui sont spécifiques aux genres (*genders*) – qui influenceraient partiellement les jugements relatifs à la justice et à la sollicitude. Il s'agirait de principes contingents de la moralité et non pas d'une distinction ou d'une scission des principes moraux d'après le genre (*gender*). « Les concepts de la sollicitude et de la justice sont mutuellement compatibles ». Marilyn Friedman pourrait s'appuyer ici sur Arnold Gehlen qui rattache, dans une perspective anthropologique, le concept kantien du respect universel et « l'eudémonisme de masse » utilitariste à des structures familiales de respect et de sollicitude[28].

v) Une autre forme de fondation de la morale joue un rôle dans la discussion sur la neutralité de la morale dans le libéralisme : la recherche d'une vie humaine bonne et réussie. Face aux différentes tentatives de réalisation de cette dernière, le libéralisme traditionnel exige une neutralité politique importante ; ce qui n'est pas le cas face à la morale minimale. Je voudrais brièvement aborder ce point, en m'interrogeant sur la façon dont le fait d'être moral au sens minimal de l'*Aufklärung* pourrait appartenir à une vie humaine heureuse.

La distinction introduite ici entre les différents types de morale est plus diversifiée que celle, opérée dans le débat anglo-américain, entre le juste et le bon, ou que la distinction faite par Habermas entre morale et éthique. Dans les deux cas, il s'agit d'une opposition entre la moralité (type iv) et différents conglomérats qui s'étendent du point i à iii et v. Lorsque je distingue ici morale et éthique (sans autre indication expresse), je reprends la distinction traditionnelle entre la morale, d'une part, et l'éthique comme réflexion philosophique sur la morale de l'autre.

L'identification de la morale des Lumières avec la sphère de la morale en général et la classification claire des vérités religieuses dans le domaine de l'éthique correspondent à l'idée que nous défendons ; néanmoins, elle n'est pas évidente puisqu'elle présuppose une conception fondamentalement libérale qui doit être continuellement justifiée et défendue en dehors de l'Amérique du Nord.

Nombreuses sont les formes de morale qui s'excluent mutuellement, comme la morale humaniste de l'*Aufklärung* et le fondamentalisme religieux. D'autres peuvent être combinées comme le fondamentalisme et l'ethos des guerriers. Les systèmes normatifs religieux contiennent le plus souvent des promesses de bonheur dans la vie après la mort. Pour MacIntyre, le patriotisme est uniquement compatible avec une moralité particulière et

[28] Lawrence Kohlberg, *The Philosophy of Moral Development : Moral Stages and the Idea of Justice*, San Francisco, 1981 et *Die Psychologie der Moralentwicklung*, Frankfurt/M., 1996 ; Carol Gilligan, *In a Different Voice*, Cambridge/Mass, 1982 ; Fritz Oser, Wolfgang Althof, *Moralische Selbstbestimmung : Modelle der Entwicklung und Erziehung im Wertebereich*, Stuttgart, 2ème edition, 1994 ; Marilyn Friedman, *What are Friends for ? Feminist Perspectives on Personal Relationships and Moral Theory*, Ithaca/New York, 1993 (citation dans le texte, p. 127) ; Arnold Gehlen, *Moral und Hypermoral*, Frankfurt/M., 1981.

non avec une « moralité abstraite[29] ». L'évaluation de cette idée dépend de la question de savoir s'il faut nécessairement identifier le patriotisme à une morale rigide de groupe, ce que Manfred Riedel critique en recourant à la comparaison faite par Kant entre le « patriotisme » *et* le « cosmopolitisme », d'une part, et la « folie nationaliste », de l'autre[30]. L'absolutisation morale de l'unité politique est de fait incompatible avec une morale humaniste.

Cependant, MacIntyre considère l'ensemble du projet des Modernes comme un échec dû à l'abandon de la tradition aristotélicienne[31]. Sans discuter cette thèse sur ce point, on pourrait néanmoins douter du fait que le projet aristotélicien d'une vie réussie comme résultante d'une activité conforme à la vertu soit nécessairement incompatible avec la conception moderne de la moralité, même si les paramètres de base sont différents – ici le sage vertueux, là une règle universelle d'évaluation des normes. C'est précisément ce qu'indique la discussion allemande aux XVIIe et XVIIIe siècles, à savoir qu'il n'y a pas de rupture paradigmatique en éthique, mais bien plutôt un déplacement progressif de l'intérêt de la connaissance éthique.

Pour reprendre l'argument de la grande continuité de la morale de groupe, un groupe fondé sur la morale guerrière féodale peut davantage s'imposer qu'un système social fondé sur les valeurs de l'humilité et de l'amour du prochain. Une telle morale guerrière exige de manière rigide que les inclinations individuelles soient mises au second plan, par rapport au bien être du groupe. Compte tenu de sa cruauté – mentionnée auparavant, peu d'entre nous l'estimeraient digne d'être suivie. De surcroît, elle n'est pas nécessairement en mesure de promouvoir la survie de l'ensemble de la société, à une époque où augmente le nombre de réseaux et où se brouillent les frontières entre les groupes.

Avec ce système moral, cependant, nous atteignons un niveau de discussion que même ceux qui protestent contre la morale ne peuvent quitter. Cela vaut d'abord pour ceux qui réclament que les règles de non-violation, de sincérité, etc., s'étendent également au-delà des membres du groupe, à ceux qui sont d'une autre couleur ou d'un autre sexe. Puisque ces exigences sont explicitement de nature morale, il n'y a rien de surprenant à dire que nous nous trouvons dans le domaine moral. Nous nous situons résolument dans le domaine de la morale minimale des Lumières, qui a fini par adopter un caractère formel, neutre eu égard aux contenus religieux.

---

[29] Alasdair MacIntyre, « Ist Patriotismus eine Tugend? », in Axel Honneth (éd.), *Kommunitarismus*, Frankfurt/M., 1993, p. 87. Voir également Rainer Forst, *Kontexte der Gerechtigkeit*, Frankfurt/M., 1994, p. 165.

[30] Manfred Riedel, « Menschenrechtsuniversalismus und Patriotismus. Kants politisches Vermächtnis an unsere Zeit », in *Allgemeine Zeitschrift für Philosophie* 18, 1993, p. 1-22, reproduit dans Kurtz Bayertz (éd.), 1996, p. 331-361 *sq.* ; Kant, *Reflexionen zur Anthropologie*, 1444, AK XV 630.

[31] Alasdair MacIntyre, *After Virtue*, London, 2e éd., 1985, ch. 9.

Cependant, les déclarations de droits individuels à la liberté face au système politique, à savoir l'idée que le pouvoir politique doit raisonnablement se légitimer face aux citoyens, et plus généralement le principe selon lequel c'est celui qui émet des prétentions morales ou d'un autre type qui doit en apporter la justification, et non leur destinataire, se rattachent très étroitement, historiquement aussi bien que systématiquement, à ces principes moraux.

Certaines formes du scepticisme moral reposent également sur une inspiration morale. Celui qui fustige la morale comme un instrument d'oppression de la classe dominante semble en général refuser l'oppression, c'est-à-dire un exercice excessivement dur et injuste du pouvoir. Si tel n'était pas le cas, il ne ferait que remplacer ceux qui exercent l'oppression afin d'être l'un des leurs.

Celui qui dénonce l'enchaînement moral de l'individu exige de celui qui s'estime en son bon droit de renoncer aux moyens de pression afin de ne pas porter préjudice à son semblable – argument que Nietzsche a porté à un niveau de caricature mordante dans *Ainsi parlait Zarathoustra* : « Si vous avez un ennemi, ne lui rendez le bien pour le mal, car ce serait lui donner honte [...]. Et si l'on vous maudit, point ne me plaît que vous veuillez bénir. Mieux vaut un peu maudire ! » (« Première partie. La morsure de la vipère »).

Nous trouvons chez Max Stirner, qui voudrait que chacun puisse « compter que sur [...] [s]on pouvoir », un renoncement total à toute prétention moralement et juridiquement fondée, y compris à celle du sceptique qui veut qu'on le laisse tranquille. Seulement, il ne va pas plus loin que la description des hommes dans l'état de nature de Hobbes. Sauf qu'au lieu de les appeler hommes, il les désigne par « l'unique » et leur accorde autant de droit que leur pouvoir s'étend. C'est en fait l'une des seules destructions totales des prétentions morales. Le problème réside néanmoins dans le fait que cette destruction, aussi couronnée de succès soit-elle, se retourne contre « l'unique », puisqu'elle a, premièrement, moins de pouvoir face à la majorité moralisante et qu'elle a, deuxièmement, renoncé à la possibilité de faire valoir, contre la majorité, les prétentions morales de l'individu à mener une vie autonome.

Il ne semble donc pas facile, dans la pratique, de se soustraire à toute prétention morale. Dans tous les groupes humains d'importance numérique, il existe, entre autres, des exigences morales et des exigences religieuses, coutumières ou juridiques comparables. La conscience de l'obligation morale est peut-être un élément nécessaire à la survie de la société. Même celui qui s'oppose aux exigences morales de la société doit recourir à des principes moraux, comme le droit individuel de ne pas être importuné, pour se défendre contre les exigences de ses semblables.

Reste, cependant, la possibilité de soutenir, dans les limites des prétentions morales, certains contenus et certaines formes de moralité. Il existe ici, de fait, un argument extérieur à la morale, allant dans le sens de la morale humaniste des Lumières qui renforce la position de l'individu de se protéger le plus possible contre les surveillants fanatiques de la vertu et contre les pharisiens – chacun et chacune pouvant, finalement, être victime de ces fanatiques. Celui qui a une attitude réservée face aux prétentions des groupes aurait toutes les raisons de soutenir avec véhémence le maintien de la société libérale qui correspondrait le mieux à ses idées.

L'argument que nous introduisons ici s'oppose à un scepticisme plaidant en faveur d'une révision ou même de la suppression du discours moral. Nous l'avons appelé « naturaliste », parce qu'il ne tente pas de démontrer « de l'intérieur » la justification et le caractère inconditionnel des exigences morales, mais revendique de « l'extérieur » certains doutes quant à la dimension pratique et à l'attractivité de la révision à obtenir.

2.5. Pourquoi dois-je être moral ?

Bien que cette question relève moins de la philosophie politique que de l'éthique[32], nous aimerions néanmoins y réagir brièvement.

S'il est difficile d'éliminer la pratique des prétentions morales, pourquoi ne pas en faire un usage visant à en propager bruyamment l'observation, à l'exiger des autres et à ne s'y conformer que dès lors qu'il y a la possibilité d'une violation impunie ? L'apparence de moralité reliée à la transgression secrète des principes reconnus, dès que cette transgression procure des avantages, serait ainsi plus avantageuse que la sincérité morale. C'est, en tous les cas, ce que Machiavel recommande à son Prince, car beaucoup d'actions alternatives demeurent alors ouvertes et les possibilités d'influence de ce dernier ne doivent pas être limitées par des scrupules moraux, (*Le Prince*, ch. 18). À l'objection « si tout le monde faisait la même chose », on répond placidement : « tous ne le font pas ».

Cependant, il doit y avoir des raisons pour que Machiavel, résigné, constate que peu de gens réussissent à être vraiment méchants (*Discours* I, 28).

Bien entendu, il ne s'agit pas ici des petites impolitesses que nous nous permettons, comme, par exemple, lorsque nous préférons avoir honte de nous servir de l'automobile que de marcher pendant l'hiver. Il s'agit de la transgression des principes centraux de la morale. Peu de gens seraient disposés à être méchants par principe, c'est-à-dire à adopter comme plan de vie

[32] La question évoquée ici dans le titre de cette section est le leitmotiv de *Moralisches Gebot oder Autonomie* de Rüdiger Bittner, Freiburg/München, 1983.

la transgression de la totalité des normes possibles et extérieurement reconnues par eux-mêmes comme justes.

Cela n'est absolument pas irrationnel. On ne peut mentir de façon convaincante que si l'on croit soi-même, dans une certaine mesure, en son mensonge. C'est pourquoi une personne qui tenterait ce type de transgression serait menacée par des conflits internes dans une plus grande mesure que la personne qui s'efforce de mener une vie conforme aux principes tenus pour justes et qui défend ces principes. Même si l'on peut réfuter l'argument de la menace que constitue l'immoralité pour le respect de soi en mettant en évidence que le méchant tire le respect de sa personne de la supériorité obtenue par son double jeu, ce double jeu peut devenir une charge difficilement supportable.

En plus des conflits intérieurs, peuvent apparaître une atmosphère de peur et une menace réelle ou présumée de la part de ceux auxquels on a fait du mal. Pensons à l'image mythique de la personne poursuivie par les Furies et à la peur névrotique d'attentats du souverain tyrannique. Cette dernière n'est pas si névrotique. Les tyrans savent, par expérience, que s'il y avait une seule personne pour agir comme eux-mêmes, il serait peut-être trop tard pour savoir qui elle est.

Cet argument est également naturaliste dans le fond, puisqu'il ne développe pas des arguments moraux, mais donne à réfléchir aux conséquences négatives d'une action consciente et immorale, conséquences qui pourraient apparaître hautement probables bien que l'action morale soit couronnée de succès.

Cela étant dit, il existe une variante du scepticisme moral qui n'est pas concernée par les objections que nous avons envisagées jusqu'à présent. Pour un sceptique pyrrhonien comme Sextus Empiricus par exemple, la conduite la plus convenable implique de se comporter conformément aux prescriptions de son environnement, mais de garder à leur égard une distance et une tranquillité intérieures, de ne pas s'engager sérieusement en leur faveur ni contre elles, dans la mesure où les deux attitudes mettraient en danger le calme intérieur, l'ataraxie.

« Bienheureux les somnolents, car bientôt ils s'assoupiront ! ». Ce persiflage également repris du *Zarathoustra* de Nietzsche (« Des chaires de la vertu ») exprime une inquiétude qui rapproche cette attitude de l'autosatisfaction. Même si ceux qui connaissent bien le scepticisme pyrrhonien la rejètent, cette distinction n'est pas évidente pour la majorité d'entre nous qui ne sommes pas des sages.

En outre, la mise en pratique d'une telle attitude est douteuse dans un monde sans environnement clairement délimité par des habitudes identifiables, un monde donc « où il n'y a rien à quoi s'en tenir ». On peut également se demander si l'idéal présupposé ici de la tranquillité correspond de fait à notre conception de la vie heureuse ; s'il n'y aurait pas quelque chose de constitutif pour une vie heureuse qui demeurerait au-delà de cet idéal, quelque chose qui puisse éventuellement devenir plus important que cette vie – comme ses enfants, ses idéaux politiques ou moraux ; dans tous les cas, nous sommes renvoyés au discours moral public, qui nous protège d'une vie dans l'indifférence et de l'ennui qui en résulte, de même que de la panique que ressent celui pour lequel seul le fait de vivre a encore de la valeur. L'avantage d'une conduite de vie qui intègre les principes moraux est qu'il y a quelque chose auquel on peut s'accrocher.

La question de savoir s'il faut supprimer la morale peut, à la lumière de ce qui a été dit, trouver la réponse suivante : la suppression de l'institution n'est guère possible et peu désirable, la vie individuelle amorale offre beaucoup moins de chance d'avoir une vie agréable que ne le prétendent ses défenseurs.

3. Splendeurs et misères de la métaphore du contrat

La métaphore du contrat entre les membres de la société constitue le médium paradigmatique de la philosophie politique de la modernité. La domination de cette expression résulte notamment du fait que la théorie contractualiste fournit une procédure pour traiter les questions de légitimité qui reste neutre envers les confessions, du moins après la cassure du consensus fondamental en matière religieuse. Hobbes parvient, de plus, à utiliser l'idée du contrat comme argument au profit de l'État absolutiste lors de la querelle, qui existe en Europe depuis des siècles, entre la couronne et les États (originalement, l'idée du contrat était utilisée surtout par la partie des états). Il a imprimé, ce faisant, sa marque, pendant plus de cent cinquante ans, sur la terminologie utilisée dans les débats de philosophie politique.

Parler d'un contrat entre les membres de l'État a, de plus, des avantages systématiques qui ne sont pas uniquement liés à une situation historique particulière. Le contrat conduit évidemment à une idée d'obligation. Celui qui a consenti à un contrat est, selon l'ancien principe « *pacta sunt servanda* », obligé d'honorer ce contrat. Plusieurs théoriciens du contrat considéraient comme évident d'expliquer ainsi le caractère obligatoire des règles politiques.

D'un autre côté, le contrat implique une certaine réciprocité. La métaphore du contrat suggère la possibilité de libre consentement et de refus. En possession de toutes ses facultés – c'est l'idée, on ne signera pas un contrat dont on sait qu'il nous rançonnera. C'est ainsi qu'on analyse comment doit être organisé un État où le contrat social n'entraîne pas de désavantage pour certains citoyens.

La critique de la théorie du contrat s'adressait, d'une part, à sa prétention d'expliquer l'obligation d'obéissance à la loi, d'autre part, à ses implications individualistes, libérales et volontaristes.

3.1. Le contrat et la fondation du pouvoir

Le premier problème auquel nous avons affaire est qu'il s'agit d'une métaphore. Il n'y a jamais eu dans la réalité une assemblée dans laquelle tous les citoyens d'un État ont convenu de la coexistence et de ses conditions. L'objection d'après laquelle il s'agit seulement d'une assemblée métaphorique amène à répondre que le consentement métaphorique à un contrat métaphorique ne peut fonder une obligation réelle, sans quoi on pourrait fonder plusieurs sortes d'obligations[33].

Ne peut-on pas supposer que les personnes concernées donnent implicitement leur consentement ? Consentement implicite que Locke rattache à la propriété foncière, Rousseau au séjour dans le pays. Il faudrait développer ce point, par mesure de précaution, comme nous le montrerons plus loin dans le contexte de la légitimité obtenue par consentement. On ne saurait parler de consentement pour quelqu'un qui ne peut pas quitter le pays sans nécessité ou dont on ne peut présupposer qu'il y est arrivé volontairement. Rousseau fait donc du séjour, qui n'est pas devenu obligatoire par nécessité ou en raison de circonstances comparables, le critère du consentement (*Contrat social,* IV, 2). Ce qui doit arriver dans les autres cas n'apparaît pas très clairement.

Les citoyens ont donc besoin d'une justification claire de leur devoir d'obéissance qui soit indépendante de leur prétendu consentement, soit en affirmant que l'obéissance est dans leur intérêt bien compris, soit en prétendant qu'ils y sont moralement obligés. Premièrement, ils n'ont pas signé un tel contrat, mais ont été en grande partie « projetés » dans l'organisation politique ; mais un contrat métaphorique ne saurait rendre effective une obligation. Deuxièmement, le devoir d'obéissance serait même, s'il y avait un tel contrat, la résultante d'un devoir moral ou du droit naturel de tenir des engagements. Fichte déjà le remarquait : « ce qu'on prétend fonder est déjà présupposé » (*Fondements du droit naturel,* § 13). Parler de contrat peut tout au plus servir d'instrument didactique pour expliquer la fondation de l'obligation.

---

33 Cf. « Hume: Of the Original Contract », in E. F. Miller (éd.) Hume, *Essays : Moral, Political and Literary*, Indianapolis, 1985, p. 468 ; plus récemment de nouveau chez Dworkin (contre Rawls) *Taking Rights seriously*, Cambridge/Mass., 1978, ch. 6.

De plus, Hegel a émis la critique qu'un contrat provenait de la sphère de l'économie où il est question de rapports privés en vue de son propre avantage, ce qui fait que les métaphores du contrat sont, par définition, inappropriées pour saisir « l'*obligation suprême* d'être membres de l'État » (cf. *Philosophie du droit,* § 75, § 100 ; ici § 258 ; trad. Kervégan, p. 313) que supposent les sphères plus hautes de l'État. On ne saurait décrire ou recréer l'État avec son éthicité (*Sittlichkeit*) comme la somme d'une multitude d'individus ; on ne saurait non plus le regarder « comme *quelque chose de fabriqué* » (§ 273 ; trad. Kervégan, p. 351). Là où l'on a essayé de reconstruire l'État à l'aide de principes moraux, le pire est arrivé : le despotisme de la Révolution française (§ 258). Cette idée est tirée des *Réflexions sur la Révolution française* (1790) de Burke, qui soutient qu'une société humaine n'est pas un produit technique volontairement fabriqué, mais un réseau à la croissance lente. Cette idée a été reprise, au cours des années 80, par des communautariens comme Michael Sandel et Michael Walzer en Amérique, c'est-à-dire par des auteurs qui ont voulu réhabiliter, face à l'individualisme libéral, les valeurs de la communauté politique. Nous nous y consacrerons dans le prochain chapitre.

Pourtant, premièrement, l'idée du contrat n'est pas nécessairement liée à la conception de la construction de l'État selon le modèle d'un ingénieur. Cela apparaît déjà clairement chez Kant. Deuxièmement, on peut tout à fait défendre l'obligation morale d'obéir au droit à partir de la théorie du contrat comme cela apparaît clairement chez le même auteur. La remarque sur l'expression d'Aristote selon laquelle les hommes vivent « toujours déjà » dans des communautés n'empêche pas de rechercher les conditions légitimant le pouvoir humain au moyen du modèle du contrat.

Conformément à ce que nous avons dit, nous répondrons de la manière suivante à la question de savoir si la fondation du devoir d'obéissance est plutôt de nature morale ou implique de recourir seulement à l'égoïsme bien compris (question qui apparaît déjà chez Hobbes, puis, de nouveau, chez Kant et chez Fichte) : il existe, en effet, un devoir moral d'obéissance au droit parce que c'est un devoir moral de s'engager dans un état meilleur que l'état de nature. Nous traiterons des limites de ce devoir d'obéissance dans le contexte de la problématique de la légitimation. Seulement, un État légitime ne doit pas exiger de ses citoyens davantage que ce qui réside dans leurs propres intérêts bien compris et dans l'intérêt de leurs descendants.

3.2. Le contrat : un modèle analytique

Même si la métaphore du contrat n'est pas appropriée pour expliquer l'obligation d'obéissance au droit, elle offre néanmoins un instrument utile pour examiner la manière dont l'État est organisé, en tenant compte de la perspective de la justice. Ce rôle lui a déjà été assigné par Kant : « Le contrat social est la règle et n'est pas l'origine de la constitution de l'État » (*Reflexion* 7734, AK XIX 503). Et c'est dans ce rôle qu'elle est réhabilitée depuis les années 70 grâce à la théorie de la justice de John Rawls[34].

Rawls se demande comment on peut déterminer, à l'intérieur d'une société, ce en quoi consiste la justice. Il accorde à la justice un statut aussi fondamental en philosophie pratique que celui que possède la vérité en philosophie théorique. Afin de préciser en quoi consiste une société juste, il recourt à un état hypothétique, « la position originelle » dans laquelle les êtres humains décident de l'ordre juste de la société sans savoir quelle place ils auront dans cette société. Ils ignorent tout de leur statut social, de leur possession, de leurs capacités, de leurs préférences, de leurs besoins particuliers. Dans la position originelle, ils possèdent tous, par exemple, les mêmes capacités rationnelles, et sont mutuellement et relativement désintéressés du sort de leurs prochains (§ 4 ; § 20-30).

Aux yeux de Rawls, sont justes les rapports que peut accepter, par égoïsme rationnel, chaque membre de la société sous le voile d'ignorance [*veil of ignorance*], sans connaître sa propre position, de sorte qu'il peut consentir à un contrat social correspondant à cette situation (§ 24 *sq.*). On reconnaît dans ce modèle la généralisation – avec une précision – de la vieille anecdote du père qui partage de façon équitable l'héritage entre ses deux fils en chargeant l'un de le diviser en deux parties égales, d'après sa propre conception, et en laissant l'autre de choisir en premier. Dans la philosophie politique moderne, on trouve un parallèle dans la construction rousseauiste de la volonté générale qui se réalise, lors de décisions sur les choses générales, quand tous participent à la décision et que tous sont concernés de la même manière (*Contrat social,* l. II, ch. 4). Le concept rawlsien permet un jugement beaucoup plus flexible et plus différencié des circonstances sociales que l'approche de Rousseau ; cependant, grâce au voile d'ignorance, il parvient à créer « l'accord miraculeux des intérêts » de Rousseau, qui conduit l'égoïste rationnel au comportement moral. Cette rationalité et le désintérêt excluent les manœuvres frauduleuses et les décisions motivées par l'envie et la malveillance.

Rawls énonce deux principes destinés à assurer la justice d'un ordre politique. Premièrement, chacun doit avoir la plus grande liberté possible compatible avec la liberté des autres (§ 11). Deuxièmement, on ne peut tolérer les distributions inégales de biens que si elles améliorent davantage l'état de ceux qui sont mal lotis que ne le ferait une égale distribution. La possibilité d'accéder de manière égalitaire à des positions politiques doit être assurée (*ibid.*). Malgré un abandon clairement affiché de l'utilitarisme, Rawls tente ici de combiner les principes kantiens et utilitaristes. L'idée que des

---

[34] John Rawls, *Une théorie de la justice*, Paris, Seuil, 1987.

déviations de l'égalité ne sont acceptables que si elles servent le bien commun vient de Mill (*Utilitarisme*, ch. VI). Chez Rawls, on la trouve formulée de manière telle que « le bonheur le plus grand du plus grand nombre » ne porte préjudice à personne afin que le bonheur des autres puisse être assuré.

Il importe de remarquer que Rawls n'opère pas de distinction précise entre les biens et les préférences individuelles de ces biens, mais il part de l'existence des choses de base dont, dans des circonstances normales, chacun préférerait la possession à la non-possession, comme, par exemple, la vie, la santé, etc. (§ 15).

On le voit, il s'agit moins, chez Rawls, de la légitimation du pouvoir que de la détermination des rapports de la liberté et de la justice dans la distribution des biens. La garantie de la liberté individuelle et de l'égalité politique, de même que les chances d'égalité économiques sont centrales bien qu'il accepte comme avantageux pour toutes les personnes concernées que des facultés et des performances inégales puissent avoir pour conséquences des inégalités quant à la possession. Rawls fournit une théorie de l'État social libéral démocratique pour lequel une certaine distribution en faveur des non privilégiés est souhaitable et indispensable. Son modèle permet d'étudier particulièrement bien un élément de la doctrine kantienne du mien et du tien, à savoir les critères selon lesquels on passe d'une distribution de biens factuellement existante à la distribution la meilleure pour tous.

Bien qu'il ne s'agisse pas d'une théorie du contrat au sens précis du terme, *Anarchie, État et Utopie* de Robert Nozick nous semble incontournable dans un travail sur l'anarchie éclairée, au moins déjà à cause du titre[35]. En second lieu, le contexte de la théorie rawlsienne permet de mieux discuter cette théorie, car l'ouvrage de Nozick constitue précisément une réaction à la théorie rawlsienne. Selon la construction de Nozick, l'État naît quasiment en sous-main, au sein d'une population d'anarchistes hostiles à l'État, soit de façon secondaire, de sorte que ces derniers le vivent comme un avantage par rapport à l'état de nature. Cependant, Nozick construit l'état de nature d'une façon plus supportable pour l'homme qu'elle ne l'est chez Hobbes, en s'appuyant sur Locke. Cette forme plus douce de l'état de nature serait prétendument nécessaire pour aller à l'encontre de l'anarchiste hostile à l'État, qui est l'analogue du sceptique en philosophie du droit, si bien qu'on peut suivre l'argumentation de Nozick en faveur de la nécessité d'un État minimal.

En fait, aux yeux de Nozick, l'avantage de l'état de nature de Locke, par rapport à celui de Hobbes, réside dans la possibilité de sauver le statut des relations économiques privées moyennant des rapports étatiques. Dans l'état de nature, le rapport de chacun à la liberté, à l'égalité et à la propriété et, à un second niveau, le droit de chacun de punir la violation de ses droits

[35] Robert Nozick, *Anarchie, État et Utopie*, Paris, 1992.

existent. Puisqu'on ne peut raisonnablement accepter que l'état de nature ne soit sans aucune violation du droit, et que l'on ne peut s'accorder sans problème sur la juste proportion de la peine, les hommes, afin de protéger leurs droits, cherchent d'abord une aide privée dans le voisinage, puis, auprès d'organisations professionnelles de protection, dont l'une devient, avec le temps, détentrice du pouvoir et détient, à la fin, le monopole du pouvoir. Elle finit par interdire aux autres de se rendre eux-mêmes justice en raison du risque important que cela implique. Même si Nozick lui-même n'accepte pas le contrat social, on le classe dans cette orientation contractualiste – Wolfgang Kersting parle de « contractualisme résiduel » (*Schwundkontraktualismus*)[36], parce qu'un contrat est établi avec les sociétés protectrices. L'idée défendue par Nozick et, plus radicalement, par David Friedman, selon laquelle les sociétés de protection n'auraient aucun intérêt, pour des raisons liées au marché, de lutter pour des parts de marché[37], contredit toutes les expériences faites avec les groupuscules armés de ce genre, que ce soit les syndicats de maîtres chanteurs qui obtiennent de l'argent en échange de protection ou des troupes de mercenaires dans le *Quattrocento* italien. Pourquoi se donner la peine de chercher à satisfaire les clients si l'élimination de la concurrence permet d'obtenir les mêmes résultats de manière beaucoup plus simple ? D'un autre côté, pourquoi une société qui est en tête du marché devrait-elle s'occuper des désirs de ses clients capricieux plutôt que de chercher à s'approprier sans tarder de leurs biens ? Personne n'a l'occasion de développer une pensée du long terme, qui pourrait peut-être encore offrir un motif à cela, dans une telle forme radicale du capitalisme.

Même grossièrement esquissé, l'État minimal qui émerge de cette conception permet simplement de protéger la vie, la liberté et, serait-on tenté de dire, surtout la propriété privée. Nous examinerons dans le quatrième chapitre s'il est raisonnable d'accepter un droit naturel à la propriété. La formule toute faite de la « minimalité » d'un tel État sera examinée de façon très critique dans la perspective des idées anarchistes que nous avons mentionnées dans la préface. La minimalisation se fait exclusivement par le retrait de l'État de ces champs d'occupation qui rendent la vie d'une grande partie de la population plus supportable dans la communauté. Friedman voulait même vendre les routes, ce qui n'est naturellement pas approprié au marché et n'est rentable que là où il y a des clients en mesure de payer pour utiliser la route.

Les anarchistes qu'on veut convaincre de la justification de l'État à l'aide de ce modèle sont tous très riches ou alors très naïfs. Il s'agit exacte-

---

[36] Wolfgang Kersting, *Die politische Philosophie des Gesellschaftsvertrages*, Darmstadt, 1994, p. 311.

[37] David Friedman, *The Machinery of Freedom. Guide to Radical Capitalism,* La Salle, Illinois, 2e éd., 1989.

ment de la tricherie du riche sur le dos du pauvre que décrit Rousseau. Le prétendu État minimal a précisément pour simple fonction de protéger les riches contre les pauvres, ce que les anarchistes reprochent traditionnellement à l'État libéral. Les obligations publiques habituelles, dont la redistribution exigée par Rawls n'est qu'un modèle entre autres, sont exclues voire explicitement rejetées.

Dans une perspective systématique, le point significativement le plus faible est la circularité de la construction de Nozick, le résultat souhaité étant déjà consciemment présupposé dans la situation de départ et dans les méthodes de déduction. Dans la mesure où certaines méthodes de contraintes étatiques sont explicitement rejetées et d'autres implicitement acceptées, cette théorie aboutit, sans le vouloir, contrairement à celle de Rawls, à une fondation contractualiste du pouvoir – ce en vue de quoi la théorie contractualiste est précisément inappropriée, comme nous l'avons remarqué antérieurement.

Pour Buchanan également, le contrat social sert, pour une large part, à garantir la propriété, mais il n'affirme pas un droit naturel à la propriété, de même qu'il est moins disposé à accepter d'autres droits naturels ou des droits de l'homme, parce qu'il n'existe pas de raison supérieure ni de valeurs absolues ou supérieures (nous ne discuterons pas pour l'instant l'idée de savoir si l'acceptation des droits de l'homme doit se rattacher à des valeurs absolues). Pour Buchanan, tout, y compris les droits à la liberté et à l'égalité, est d'abord objet de négociation contractuelle. Les droits individuels sont introduits *via* un contrat visant à établir, eu égard aux prétentions de possession, un ordre plus stable par rapport à l'anarchie qui, elle, comporte une insécurité juridique[38].

Buchanan a certes raison de considérer l'insécurité eu égard aux rapports de possession comme l'un des problèmes se posant à une société anarchique sans lois. On a déjà admis que l'anarchie, dans le sens de l'effectivité de la législation et de la liberté sans violence, représente un but très lointain. Mais, chez Buchanan, la propriété est au centre, tant et si bien que le libre échange devient le paradigme de la liberté (p. 25 – voir plus loin le chapitre IV sur la liberté) et que toute la valeur que possède une chose pour quelqu'un devient valeur marchande[39]. Au reste, la deuxième des idées anarchistes mentionnées, selon laquelle une communauté humaine doit offrir la sécurité au lieu de la concurrence et de l'oppression, n'est nullement prise en compte.

---

[38] J. M. Buchanan, *Die Grenzen der Freiheit*, Tübingen, 1984.

[39] Cf. Kersting, 1994, p. 328 *sq.*

II. Lorsque la socialité n'est pas seulement contrainte. La société doit-elle se justifier devant l'individu ?

S'il existe une obligation morale de se soumettre à l'État, la question se pose, avec plus ou moins d'évidence, de savoir pourquoi, de son côté, la communauté devrait être tenue de justifier de telles exigences d'obéissance face à l'individu. Autour de ce problème se regroupent depuis longtemps des théories hostiles à l'individualisme libéral, lequel a servi de point de départ et d'objectif au chapitre précédent. Nous avons retenu auparavant l'argument contre le scepticisme moral de premier niveau, qui soutient que les hommes sont inévitablement confrontés à des exigences morales, parce que ces dernières garantissent la stabilité du groupe. Pourquoi donc exiger du groupe ou de la communauté une justification de sa prétention à contraindre ?

Remarquons tout d'abord que celui qui pose cette question confond le diagnostic de l'ancrage dans des systèmes moraux avec les exigences morales qui en découleraient, donc avec le jugement moral qu'il est bon que les hommes vivent dans ces réseaux de systèmes moraux.

Néanmoins, cette remarque ne supprime pas le problème. Reste, premièrement, à déterminer sous quelle forme on peut supposer qu'il existe un individu sans enracinement social et politique capable de poser, sans préjugés, la question de la légitimité de la contrainte et, plus généralement, des régulations sociales (II.1). Deuxièmement, il faut encore se demander si la contrainte est réellement la caractéristique décisive de la coexistence humaine, et si une assistance mutuelle et, la plupart du temps, volontaire, ainsi que l'aide et la solidarité ne seraient pas les caractéristiques les plus importantes des communautés humaines. Une communauté capable d'assurer une telle aide plutôt qu'une société sans âme, n'est-ce pas là la finalité de la politique (II.2) ?

L'une des figures argumentatives récurrentes des positions anti-individualistes est qu'ils partent, souvent de façon erronée, de l'appartenance effectivement irrémédiable de l'homme à la communauté humaine pour arriver à des formes particulières de la réalisation de décisions politiques. La contrainte exercée par le simple phénomène de la socialisation par le langage et par d'autres moyens sera étudiée dans le dernier paragraphe de ce chapitre.

1. L'homme, un animal social ?

1.1. L'État en tant qu'entité naturelle

De même que dans la première partie, nous rechercherons tout d'abord ici le fondement anthropologique de la position à discuter. Dans la tradition de la théorie politique, on pourrait trouver ce fondement dans l'explication aristotélicienne selon laquelle l'État est par nature alors que l'homme est un être politique, que l'État précède donc par nature l'individu. Comme dans la première partie, nous nommerons ici les figures historiques pour désigner les théories auxquelles leur nom est traditionnellement associé plutôt que de nous en tenir à une exacte interprétation de leurs thèses.

S'opposant à la critique sophistique fondée sur l'opposition de la nature et de l'ordre politique, Aristote a montré que l'État, la *polis*, est de l'ordre de la nature et qu'il existe conformément à la nature. Aristote procède, pour ce faire, à une sorte de construction inductive de la *polis* à partir de ses éléments constitutifs. Manifestement, l'homme et la femme mais aussi, comme le dit Aristote, le maître et l'esclave, sont faits l'un pour l'autre, car l'un ne peut subsister sans l'autre et l'humanité ne peut exister sans la collaboration. De façon similaire, la maison, l'*oikos* naît de la nécessité d'une sollicitude commune pour la survie, lorsque les enfants viennent s'y ajouter. Il suit que la maison dont l'ordre, *oikonomia*, dépend du chef de famille, se compose de l'homme, de la femme, des enfants et des esclaves (*Politiques*, I, 2, 1251a 24 *sq.*)[40].

Tributaires des considérations aristotéliciennes, les rapports juridiques au sein du ménage, sont restés fondamentaux dans l'aire culturelle européenne jusqu'au XIXe siècle. Ils constituent encore dans la doctrine kantienne du droit une sous-catégorie du droit personnel à modalité réelle (*Métaphysique des mœurs*, § 22, AK VI 276 *sq.* ; trad. Renaut, p. 76 *sq.*).

Aristote décrit ensuite l'évolution continue vers le village, la ramification des ménages, qui n'existe plus uniquement dans la seule fin de satisfaire les besoins actuels mais éventuellement aussi pour le culte commun, la sociabilité, et pour l'aide en cas de besoin. Enfin, l'État, la *polis*, est la communauté de plusieurs villages. Autarcique et parfaite, elle est née de la volonté de survivre, mais continue d'exister en vue de la vie parfaite (*Politiques,* I, 2, 1252b 27 *sq.*).

L'argument de la conformité de la *polis* à la nature est le suivant : l'État doit être de l'ordre de la nature parce qu'elle est le but des petites communautés qui existent par nature et ce but est précisément la nature. « Car, ce que chaque chose est, en effet, est une fois que sa genèse est com-

[40] Toutes les références à la politique d'Aristote se réfèrent à la traduction de Pierre Pellegrin, Garnier Flammarion, 1993.

plètement achevée, c'est cela que nous disons être la nature de cette chose, par exemple, la nature d'un homme, d'un cheval, d'une famille. » (*ibid.,* 1252b 30 *sq.*)

Le concept *téléologique* de nature dont il est ici question – à savoir, la nature d'une chose comme le point achevé de ses possibilités de développement – fut longtemps très influent dans la tradition du droit naturel. Il est aujourd'hui sujet à controverses. MacIntyre croit, pour sa part, que sans une telle téléologie, aucune morale prometteuse ne saurait tenir[41]. Nous ne pourrons examiner ici si les modèles d'argumentation utilisés par Aristote pouvaient effectivement offrir la mesure de la stabilité morale que MacIntyre espère de ces modèles.

Dans son argumentation, Aristote recourt à la polysémie du mot *physei.* Nous utilisons le mot « nature » pour désigner notamment ce qui n'est pas produit par l'habileté humaine (*technè*), mais ce qui a, en quelque sorte, évolué par soi-même. Nous utilisons également ce terme relativement à un objet, afin de désigner ce qui appartient normalement à un exemplaire typique de cette espèce comme, par exemple, la nature du tigre, de l'écureuil, du chêne, ou encore de la famille.

Aristote atteint l'objectif de son argumentation selon laquelle l'État existe « par nature », c'est-à-dire sans l'intervention de l'habileté humaine, dans la mesure où il démontre que l'État « par nature » (« *von Natur aus* ») – dans le sens d'un développement typique et surtout parfait de l'homme – existe justement conformément à la nature de l'homme. On peut répondre au reproche selon lequel le mot *physei* serait utilisé en deux sens différents et donc que l'argument échouerait, de la façon suivante : Aristote a toujours fait usage d'un argument fonctionnel des premières communautés jusqu'à la *polis*. D'un bout à l'autre, il s'agissait de montrer que certaines formes de vie appartenaient à l'existence humaine et ne pouvaient donc être perçues comme des artefacts contre-nature. La *polis* est la première communauté qui eu égard à la survie, par exemple dans le cas de la défense, est autarcique ; néanmoins, sa fonction ne se limite pas seulement à la garantie de la survie, mais aussi à la vie bonne et réussie (*Politiques,* III, 9).

Dans la perspective de son projet, Aristote n'avait pas à produire un surcroît de démonstration, dans la mesure où il s'érige contre ceux qui réfutent l'ordre politique en vertu de sa prétendue incompatibilité avec la nature humaine. On joue néanmoins un jeu plus ou moins conscient avec les deux manières de comprendre le concept de nature, surtout lorsqu'il est dit immédiatement qu'« il est manifeste à partir de cela, que la cité fait partie des choses naturelles, et que l'homme est par nature un animal politique » (*Politiques* I, 2 1253a *sq.*), et plus loin : « celui qui est hors cité, naturellement bien sûr et non pas par le hasard des circonstances est soit un être dégradé

[41] MacIntyre, 1985, ch. 8, 9, 18.

soit un être surhumain » (*Politiques* I, 2 1253a 2 *sq.*). Bref, il doit être plus ou moins qu'un être humain dans son développement achevé, donc un dieu ou un animal.

Aristote échappe au reproche de la pétition de principe, car il part d'une image anthropologique particulière. Cette image est censée démontrer le caractère naturel de l'État, dans la mesure où il argumente en faveur de la spécificité de la sociabilité humaine, par différence avec celle d'autres êtres qui vivent également en communauté.

Aux yeux d'Aristote, l'homme est un *zoon politikon* dans une plus grande mesure que d'autres êtres vivants : il est non seulement semblable aux animaux qui vivent en troupeaux ou à ceux qui vivent dans des populations organisées, mais il est, de plus, un être qui vit dans la *polis*. Cela résulte du fait que l'homme, comme on l'a déjà dit, ne possède pas seulement, à l'instar des animaux, une voix (*phonè*) pour exprimer l'agréable et le désagréable, mais aussi un discours argumenté (*logos*) pour communiquer et donner à comprendre l'utile et le nuisible, le juste et l'injuste (1253a 7 *sq.*, cf. également le résumé dans le passage 1253a 25 *sq.*) Néanmoins, seul un point commun dans l'argumentation de ces sujets permet l'avènement de la famille et de l'État.

L'idée selon laquelle un certain accord dans l'argumentation sur l'utile et le nuisible, le juste et l'injuste et, pour le dire en des termes à la mode, un « discours d'intégration sociale » est indispensable à une communauté politique, représente certainement un fond de rationalité dans beaucoup de théories communautaires (que nous énumérerons plus loin). La doctrine aristotélicienne de la nature sociale de l'homme constitue, en même temps, une composante fondamentale de la philosophie politique et du droit naturel occidental.

D'après la conception aristotélicienne, l'État est premier et plus fondamental que l'individu. Sans l'individu, l'État ne perd pas son identité dans la mesure où il est autarcique. Cela contrairement à l'individu qui, à l'intérieur de l'État, fait partie d'un tout ; en dehors de celui-ci, il n'est plus un être humain, de même qu'une main en pierre ou une main coupée ne reste une main que par son seul nom, parce qu'elle a perdu ses fonctions spécifiques. L'individu n'est homme, au sens plein du terme, qu'à l'intérieur de l'État (*Politiques,* I, 2 1253a 19 *sq.*).

Que l'État ait le primat sur l'individu ne signifie pas qu'il ait émergé quasiment de rien sans l'apport de l'homme : celui qui l'a créé mérite une grande louange. À l'origine, l'État a été créé pour la survie. Il sert désormais à la vie bonne. En cela, l'État a bien entendu également pour fonction de servir le bien des individus, du moins aussi longtemps qu'ils sont des citoyens. C'est ici que commence la critique libérale. Cette critique remet, premièrement, en question l'idée que si le bonheur des individus devenait la finalité de l'État, cela représenterait une ingérence injustifiée de l'État dans la liberté des individus à organiser. Deuxièmement, selon cette critique, cette idée conduirait à violer le devoir de neutralité de l'État libéral face aux différentes formes de mœurs, de religiosité et de projets de vie réussie, aussi longtemps que ces variantes de la morale minimale ne se contredisent pas.

Otfried Höffe défend Aristote contre le reproche selon lequel le bonheur, en tant que finalité de l'État, conduirait à des tendances totalitaires, dans la mesure où il introduit une distinction entre le bonheur universel, formel comme l'essence de toute propension humaine, et le concept substantiel de bonheur qui privilégie certaines formes de vie et en exclut d'autres. Seul le premier présente un certain intérêt en théorie politique. La discussion contemporaine tourne en fin de compte autour de la question de savoir dans quelle mesure une telle séparation est possible[42].

Les représentants du communautarisme mettent en doute la possibilité de séparer les concepts formels et substantiels du bonheur. Pour les communautariens, la neutralité de l'État vis-à-vis des visions du monde n'est pas réalisable sans la destruction de la communauté politique. Cependant, eu égard aux idées de la vie bonne indispensable à une communauté politique, l'accord a plutôt un caractère rudimentaire, que l'on peut décrire avec le concept formel de bonheur de Höffe. Le fondement de l'unité politique n'exige pas une homogénéité religieuse, ethnique ou autre, comme le pensent certains théoriciens tels que Carl Schmitt ou MacIntyre.

Une telle homogénéité est quasiment inaccessible dans la situation actuelle de la plupart des sociétés et a été très rarement établie par une organisation politique. Comme l'éthique, la philosophie politique – les deux n'étant pas vraiment distinguées chez Aristote – est une réaction à la destruction des évidences relatives à la conduite de la vie bonne et à la destruction des structures sociales homogènes qui précèdent ou accompagnent ces évidences.

Quoi qu'il en soit, une communauté de discussion vivante suffirait pour une culture politique qui aurait pour fondement des convictions concrètement partagées comme des évidences nouvellement émergées. Cette communauté n'aurait besoin de rien d'autre que de l'idée de savoir qu'il est, la plupart du temps, préférable de résoudre les problèmes pacifiquement plutôt que de façon violente. Dans cette communauté de discussion, consciente des divergences d'opinions qui lui sont inhérentes, on exige tout simplement la reconnaissance et la tolérance mutuelles. Ces présuppositions banales possèdent manifestement une telle évidence – exposée en grande partie par la présence de confrontations armées relayées par les médias et le potentiel de destruction des armes modernes – que l'on tente constamment partout dans le monde d'éviter ou de réduire les conflits violents. Le fait qu'il n'existe pas

42 Höffe, 1987, p. 267. Cf. Rainer Forst, *Kontexte der Gerechtigkeit*, Frankfurt/M., 1994, ch. II et V.

de formulation définitive et universelle des principes moraux sous-jacents à ce genre de comportement ne prouve en aucune manière que le projet des Modernes ait échoué parce qu'on ne peut plus s'entendre sur des choses élémentaires, comme l'affirme MacIntyre[43]. Même à l'époque où existait un tel accord fondamental sur les contenus essentiels de la foi, comme c'était le cas dans la scolastique médiévale, une institution dotée du monopole de l'interprétation reconnue, comme la curie romaine, n'est pas parvenue à imposer un accord continu sur la formulation de ces contenus. Ce n'est pas seulement vrai des subtilités théologiques, mais également des questions fondamentales comme : Dieu et les hommes existent-ils de la même façon ? Doit-on utiliser pour Dieu et les hommes un concept d'être univoque ou analogue ?

Il faut, en outre, accepter, selon une tradition qui remonte aux Stoïciens et va jusqu'à Rawls et Nussbaum du moins, que dans la communauté moderne de discussion un consensus règne sur les biens fondamentaux qui sont recherchés par un nombre considérable d'hommes, même si ces biens n'ont pas de caractère moral dans le sens véritable du terme. Ces biens sont par exemple la santé, l'approvisionnement des denrées nécessaires à la vie, l'espace d'action, le respect de soi, etc. Il ne s'agit pas en fait d'une neutralité totale vis-à-vis de positions quelconques ni, d'autre part, d'une prise de position – quant au contenu– en faveur d'un concept déterminé de bonheur.

1.2. L'État est-il un organisme ?

Le passage d'Aristote auquel nous nous sommes référés ci-dessus, où un homme vivant en dehors de la société est comparé à une main qui n'est plus rattachée au corps, est un passage classique de la tradition de la philosophie politique où la communauté politique est comparée à un organisme. Il existe des versions différentes de ce type d'image de la communauté politique variant avec le degré de marginalisation de l'individu. L'image de l'État comme organisme vivant a été spécialement revendiquée à l'époque de la Restauration, lorsqu'il fallut s'opposer à la pensée rationaliste du droit, qui s'était implantée violemment avec la Révolution française et qui suggérait le caractère constructible, par exemple moyennant un contrat, des formations politiques, indépendamment des événements historiques et sociaux concrets. Les *Réflexions sur la Révolution en France* d'Edmund Burke (1790) forment certainement le paradigme de l'usage du modèle organiciste.

Appliquée à l'État, la métaphore de l'organisme a certainement l'avantage d'illustrer les limites du caractère manipulable des formations

---

[43] MacIntyre, 1985, p. 21.

politiques historiquement advenues selon les critères de la raison pure. Son désavantage consiste d'abord en ce qu'il s'agit d'une métaphore qui, de par son impressionnante séduction, laisse facilement oublier son statut allégorique. Ce qui conduit, en second lieu, à ce que des parallèles, apparemment ou en réalité, superficiels soient pris à la lettre et traduits dans la réalité politique, que ce soit la hiérarchisation de la société à l'image de la tête et des membres ou l'élimination des parties « malades » du corps qui dérangent. Dans sa forme extrême, le modèle de l'organisme est lié à un anti-individualisme strict dans la mesure où un individu ne peut en aucun cas exister en tant que tel hors de l'organisme.

Toutefois, il importe de prendre toutes les précautions avant de taxer la représentation aristotélicienne de la *polis* de modèle organiciste anti-individualiste. La subordination fonctionnelle des individus réussit beaucoup mieux avec d'autres êtres politiques qu'avec l'homme. Si l'homme est, cependant, *plus* que ces derniers un être politique, en raison de son logos, il lui appartient de délibérer sur et de comprendre ce qu'est le juste et l'injuste conformément à sa propre réflexion en tant que membre de la communauté de personnes libres et égales, comme Aristote l'a toujours suggéré. Cela contredit, du moins, la représentation de la soumission irrationnelle des individus souvent rattachée aux modèles organicistes.

Il faut toutefois se rendre à l'évidence que dans le concept traditionnel aristotélicien, les habitants de la *polis* ne sont pas tous les hommes, dans le sens emphatique du terme, mais bien uniquement les citoyens, dont ne font partie ni les esclaves ni les métèques – hommes libres qui vivent dans la *polis* sans jouir des droits de la citoyenneté[44].

1.3. La communauté des hommes libres et égaux

Höffe objecte qu'Aristote n'a absolument pas déduit la contrainte, concept central de la politique, dont nous avons discuté la nécessité dans le chapitre précédent (*ibid.*, p. 276 *sq.*). En effet, le défi sophistique du caractère prétendument non naturel de l'État d'Aristote a été davantage écarté que remis en question, parce que ce n'est pas l'État comme appareil du pouvoir, mais comme forme de vie d'un peuple dans sa « naturalité » qui a été ainsi démontré. Or, c'est précisément sur la différence entre la coexistence typique réelle des hommes et le caractère pacifique absolument non garanti de cette coexistence que Hobbes a attiré l'attention. Cependant, l'exercice du pouvoir

---

[44] Günther Bien, *Die Grundlegung der politischen Philosophie bei Aristoteles*, Fribourg/Munich, 1985; Andreas Kamp, *Die politische Philosophie des Aristoteles und ihre metaphysischen Grundlagen*, Fribourg/Munich, 1985, p. 89 *sq.* ; Eckart Schütrumpf, *Die Analyse der Polis durch Aristoteles*, Amsterdam, 1980.

sur le non-citoyen pourrait se comprendre comme une évidence, et le citoyen est dans la meilleure constitution « celui qui participe à la fois aux statuts de gouvernants et de gouvernés, mais il est différent selon chaque constitution et pour la constitution excellente c'est celui qui est capable de choisir de manière réfléchie d'être gouverné et de gouverner en vue d'une vie menée selon la vertu » (*Politiques,* III, 13 1284a 1 *sq.*).

Dans la mesure où l'on n'accepte plus aujourd'hui, concernant l'hypothèse de l'égalité originelle des hommes, qu'il existe un groupe de personnes dont on n'aurait pas besoin de justifier la contrainte, on n'admet naturellement plus cette façon de procéder.

Avec sa vision d'une communauté de citoyens libres et égaux, qui délibèrent sur l'utile et le juste, qui gouvernent et se laissent gouverner à tour de rôle et qui sont liés par des liens d'amitié, Aristote développe précisément l'image d'une coexistence politique réussie qui est au fondement de plusieurs utopies sociales. Il importe tout autant de voir dans le projet marxiste d'une société sans classe un idéal aristotélicien démocratisé[45].

C'est ici que l'une des intuitions anarchistes – mentionnées dans l'introduction, l'intuition d'une communauté de personnes agissant sans contrainte et pleine de sollicitude, trouve son origine. Les réflexions d'Aristote dans l'*Ethique à Nicomaque*, par exemple, sur l'égalité entre amis (1058b *sq.*), constituent aujourd'hui encore des références en éthique et en philosophie politique[46]. Cela réside principalement dans le fait que, contrairement à l'amour ou à la fraternité, l'amitié ne se fonde pas sur des émotions contingentes, mais repose plutôt sur un respect mutuel durable, lié au respect de soi. Elle offre, en outre, une base plus fiable à la coexistence humaine que les normes morales et juridiques. Malgré l'importance incontestée de l'amitié pour notre vie et pour notre développement moral, la question demeure cependant de savoir dans quelle mesure elle peut servir de base à l'appartenance politique de la population d'un État. Nous discuterons encore quelques-unes des réflexions sur ce point.

Le fait qu'Aristote n'ait pas déduit la contrainte offre, d'un autre côté, la possibilité de détacher du cadre de la *polis* ancienne sa description d'une communauté politique réussie et d'en combiner les résultats avec les réflexions modernes sur la nécessité et les limites de la contrainte qui seront présentées dans le dernier chapitre. Cela constituerait une description de l'objectif du présent travail : un examen du cadre institutionnel dans lequel peut se développer, sur le territoire de l'État moderne, une communauté politique de citoyens qui impose le moins de contraintes possibles à l'individu

---

45 Cf. George E. McCarthy (éd.) *Marx and Aristotle, Nineteenth Century German Social Theory and Classical Antiquity*, Savage, 1992.

46 Michael Taylor, 1982, p. 30 *sq.* ; Marilyn Friedman, 1993, IIIe partie.

dans la poursuite de son chemin vers le bonheur et qui lui offre le plus possible les moyens d'y accéder.

Ce sera l'objet des chapitres III et IV. On examinera également dans quelle mesure la liaison établie par Aristote entre la vertu et le bonheur n'exclut pas en principe cette combinaison, comme le présupposent plusieurs théoriciens qui se réfèrent à Aristote. Nous considérerons quelques-unes des conclusions qui se dégagent de l'anthropologie aristotélicienne et nous en examinerons la justesse.

1.4. Ancien et nouvel aristotélisme

La conception aristotélicienne est indispensable à une présentation de la philosophie politique, dans la mesure où elle est, premièrement, le contre-modèle que Hobbes a pris comme point de départ. Hobbes refusait l'idée aristotélicienne de la liberté et de l'égalité des citoyens et, davantage encore, l'idée de l'inégalité naturelle entre les hommes, qui impliquerait quelque chose comme un ordre politique pré-étatique. Hobbes n'a pas compris l'affirmation que l'homme serait un être politique dans le sens de la perfection de l'homme dans la *polis*, mais comme une affirmation purement empirique et l'a, en tant que telle, combattue[47].

En second lieu, la critique de l'individualisme libéral se référait, et se réfère aujourd'hui encore, directement et indirectement à Aristote, comme l'a, par exemple, démontré récemment MacIntyre. MacIntyre voit dans l'abandon de la voie aristotélicienne une chute dans le péché de l'éthique moderne et de la théorie politique moderne menant nécessairement à un relativisme moral sceptique, condamné par conséquent à échouer[48]. Il considère ce relativisme, qui, selon lui, serait représenté par Nietzsche, comme le vrai contre-projet de l'aristotélisme. Cette conception semble toutefois se fonder sur des erreurs d'appréciation aussi bien historiques que systématiques – nous n'aborderons pas ici la question de savoir si l'interprétation de Nietzsche est correcte.

Il est possible que MacIntyre interprète la philosophie pratique d'Aristote de façon plus statique qu'il ne le devrait ou qu'il l'identifie trop à des mœurs vécues (cf. ch. I.2).

Pour Aristote, en effet, ce qui est conforme à la nature n'est pas pour les hommes partout le même bien. Il distingue le droit naturel, qui a partout la même autorité et ne dépend pas de l'opinion des hommes, du droit légal, qui est établi et décidé par plébiscite (*Ethique à Nicomaque,* V, 10, 1134b 18

---

[47] Cf. Benedikt Wolfers, « Geschwätzige Philosophie », *Thomas Hobbes' Kritik an Aristoteles*, Würzburg, 1991.

[48] MacIntyre, 1985, ch. 5.

sq.). Néanmoins, ce qui est conforme à la nature (bien que variable) peut bien être distingué de ce qui a été fait par l'homme, de même que la main droite est par nature plus forte bien qu'il puisse en être autrement (*ibid.*). C'est donc en accord avec la raison que les constitutions humaines ne sont pas partout les mêmes. Certes, il n'y a pas une constitution unique qui soit la meilleure pour *toutes* les situations, mais il y a bien pour *chaque* situation une constitution unique qui est la meilleure.

Par conséquent, il n'existe pas un seul critère universellement valide pour le bien et le juste, mais il peut être rationnellement et clairement déterminé dans chaque situation concrète. Il apparaît clairement que, pour Aristote, le fossé entre la conception de la nature comme ce qui est naturellement parvenu à la croissance et l'interprétation normative de la nature n'est pas si profond, contrairement à ce que l'on pourrait penser au premier abord. Il faut, en tous les cas, toujours tenir compte des conditions-cadres factuelles.

Cela semble être un autre problème de la reprise d'Aristote par MacIntyre, qui établit un lien entre le prétendu échec du projet de la morale des Modernes et le fait que l'on ait perdu de vue la distinction aristotélicienne entre ce qu'est l'homme et ce qu'il doit être[49], distinction qui aurait dominé pendant tout le Moyen-âge dans tous les cercles culturels centrés sur Jérusalem. Paradoxalement, MacIntyre semble avoir à l'esprit une interprétation trop « déontologique » de la perspective aristotélicienne de l'homme.

La prédominance de la perspective téléologique de l'homme a été relativisée sous l'effet de la religion monothéiste, laquelle est plus puissante que ne le pense MacIntyre. Dans les éthiques aristotéliciennes, les différentes versions d'une vie bienheureuse dans la *polis* – bienheureuse parce que conforme à la vertu – sont peut-être celles de l'homme contemplatif et de l'homme politique. Au contraire, dans la tradition chrétienne, du moins dans celle influencée par le néoplatonisme, la vie terrestre est toujours vue comme le chemin de retour vers Dieu.

Il ne peut alors y avoir de véritable félicité *in via*, mais seulement *in patria*, à la condition que la grâce de Dieu intervienne, sous la forme de la vision béatifique divine (cf. Thomas d'Aquin, *Summa Theologicae*, Ia IIae qu. 3).

En premier lieu, la différence entre l'homme tel qu'il est et l'homme tel qu'il doit être est donc moins importante chez Aristote que la différence entre l'homme *dans* la Cité et l'homme *en dehors* de la Cité, ainsi que celle qui existe entre le citoyen et l'esclave ou le métèque. En second lieu, au Moyen-âge, la conception de la vie heureuse dans la *polis* a été massivement limitée par la doctrine chrétienne du salut et n'a été redécouverte qu'à la Renaissance. En troisième lieu, concernant le changement radical de perspective, il y a toujours eu, au sein des universités d'Allemagne centrale, des

---

[49] *Ibid.*, p. 53.

tentatives pour combiner Hobbes avec la tradition aristotélicienne. On peut, dans une forme ou dans une autre, trouver de telles théories chez des auteurs comme Pufendorf et Thomasius. Il peut paraître justifié de parler d'un changement de paradigme entre les théories politiques de l'Antiquité, du Moyen-âge et de l'époque moderne – laquelle se serait manifestée avec Hobbes. Il convient néanmoins de prendre quelques précautions.

Il résulte de manière systématique de ces considérations historiques que la vision d'un homme qui évolue avec les autres dans une communauté d'hommes libres et égaux et qui détermine lui-même son plan de vie et le poursuit, comme on l'a présenté ici à titre de finalité du développement politique, n'est pas nécessairement en soi une construction contradictoire.

Certes, d'autres considérations de la philosophie politique du *Stagirite* prédominent dans la tradition philosophique aristotélicienne. Par exemple, l'affirmation relative à la sociabilité naturelle de l'homme, qui a souvent été reliée à la thèse d'un ordre naturel de la société avec la soumission de la femme et la croyance selon laquelle il y aurait des esclaves par nature qu'on aurait le droit naturel de dominer ; l'évidence de faire partie de la société et de s'y soumettre ainsi que la croyance que la communauté n'aurait pas à justifier la contrainte exercée sur l'individu, de même que l'individu n'a pas à justifier sa propre existence[50].

La dernière thèse est fausse parce que l'exigence d'obéissance est le moment constitutif de l'existence de l'État, qui n'est pas imposé à l'individu par la « communauté » ou « l'État », mais par des individus à d'autres individus. Tant que l'on n'admet pas quelque chose d'analogue à une prétention naturelle qu'auraient certains individus à dominer – prétention dont personne ne sait plus de nos jours comment elle est née, on cherchera à justifier l'exigence d'obéissance.

Je me propose, dans ce qui suit, de présenter quelques variantes des théories politiques se référant à Aristote, consciemment ou indirectement, qui soulignent le caractère central au point de vue théorique de la communauté pour l'individu, et dont nous distinguons, au niveau de l'analyse, les idées fondamentales vraisemblables des conséquences politiques et morales problématiques.

1.5. L'institution comme délestage des êtres de besoins

Ce n'est pas qu'un hasard si l'homme vit avec les autres et ce, non seulement pour sa perfection, mais, comme le dit Aristote, tout d'abord pour sa survie. Bien que la construction rousseauiste du sauvage solitaire semble empiri-

[50] Carl Schmitt, *Verfassungslehre*, Berlin, 1970, p. 87 *sq.* ; trad. fr. *Théorie de la constitution*, Paris, PUF, 2008, p. 227.

quement discutable à la lumière des résultats de l'éthologie et de l'ethnologie, elle était destinée à un but : démontrer le caractère artificiel de l'inégalité entre les hommes, principalement l'inégalité relative à la propriété et au statut social.

La théorie des institutions d'Arnold Gehlen est une autre variante de la conception selon laquelle l'homme n'atteint sa pleine existence qu'à travers son insertion dans un réseau institutionnel : « l'homme est par nature un être de culture[51] ». Gehlen, qui se situe dans la tradition remontant à Protagoras (au moins) et qui trouve dans l'*imbecilitas* de Pufendorf, dans la faiblesse de l'homme comme cause de la sociabilité, un représentant influent, définit l'homme comme un être de besoin.

Selon la conception de Gehlen, l'homme – à la différence des animaux dont l'instinct sélectionne les stimuli pertinents – se caractérise par son ouverture à tous les stimuli provenant de son environnement, parce qu'il a dépassé le stade de l'instinct et parce qu'il n'est pas spécialisé et donc, pour cette raison, n'est pas lié à un certain environnement. Il ne serait absolument pas en mesure de filtrer, en présence de cette abondance d'informations, celles qui sont pour lui pertinentes grâce à une réflexion consciente qui ne dépendrait que de lui-même. Gehlen souligne la fonction de délestage des institutions qui est indispensable pour maîtriser l'excès de stimuli, venu précisément de l'ouverture à l'environnement.

Une des fonctions importantes des institutions est, par conséquent, de réduire la complexité, donc un élément constitutif de toute rationalité. Cette réduction s'accomplit de manière importante grâce à la fonction de normalisation de l'institution, laquelle impose à l'individu une importante prétention normative sans laquelle l'institution en retour ne pourrait exercer sa fonction essentielle de stabilisation sociale. C'est d'autant plus important qu'en vertu de son caractère non spécialisé, l'homme conserve un surplus d'énergie et est donc « plastique ». Ce surplus d'énergie est important parce qu'il fait que l'homme ne se contente pas de ce qu'il a atteint dans le présent, mais s'oriente vers la résolution des problèmes centraux de nouveaux champs d'activité, dans lesquels s'exercent sa curiosité et son plaisir à explorer. La plasticité de l'homme se remarque dans le fait qu'un grand nombre des tâches de la conservation quotidienne – de l'alimentation élémentaire au traitement des eaux usées – acquiert, à travers plusieurs organisations, routines et institutionnalisations, le statut d'un travail d'arrière-plan et que le centre de l'attention, ou de la totalité du plan de vie, se déplace. Gehlen dé-

---

[51] Arnold Gehlen, *Moral und Hypermoral,* Frankfurt/M., 1981, 4e éd., p. 9. L'esquisse – qui suit dans le texte – de l'anthropologie philosophique de Gehlen s'oriente essentiellement sur sa présentation dans *Der Mensch,* Introduction et IIIe partie, et *Urmensch und Spätkultur,* Ière partie (N. I 3).

montre, à juste titre, que l'action humaine créative n'acquiert pas seulement son impulsion d'une situation matérielle de besoin qu'il faut maîtriser. Selon Gehlen, si cette impulsion n'est pas canalisée par des institutions et orientée sur de bonnes voies, elle a des effets destructeurs pour la communauté.

Evaluer la thèse de Gehlen requiert de distinguer ses observations très pertinentes de l'idée, due à sa conception extrêmement conservatrice, selon laquelle ces institutions ne doivent être soumises ni à la critique ni au changement par les individus qui vivent dans ces institutions parce qu'elles seraient autrement condamnées au déclin. Bien qu'une certaine stabilité des institutions s'impose de fait pour maintenir la société, il n'est pas nécessaire de payer cette stabilité par l'abandon des droits individuels de toutes sortes et de la discussion critique.

Il se peut que les cultures primitives possèdent, ou possédaient, une stabilité considérable en raison de l'importance quantitative des rites et donc une formalisation de l'action humaine qui n'était pas interrompue par la réflexion. Néanmoins, cette immédiateté ne peut être conservée que pendant une durée limitée face à la réflexion critique, et elle ne saurait nullement être restaurée si, une fois confrontées à de nouvelles situations, à de « nouvelles offres de sens » ou à des doutes provenant de l'intérieur, les institutions venaient à perdre leur évidence. C'est donc plutôt la discussion critique ou la décision fondée sur l'entendement qui est en mesure de prendre la place des rituels stabilisateurs. En outre, il n'y a aucune preuve empirique du fait que, dans les cultures archaïques, la discussion, la conversation portant sur les questions controversées sur l'avenir ne jouaient aucun rôle, comme on pourrait le croire à la lecture de Gehlen[52].

Même si Gehlen ne se réfère pas explicitement à Aristote, son analyse de l'action humaine peut donner de bonnes indications permettant d'expliquer pourquoi et dans quelle mesure les hommes dépendent de leur coopération mutuelle pour survivre et pour effectuer chaque pas vers la vie bonne.

1.6. La volonté commune comme l'élément en soi et pour soi rationnel de la volonté

Une autre critique de l'individualisme se réclamant plus explicitement d'Aristote, selon laquelle l'erreur fondamentale des nouvelles doctrines du droit naturel est « de poser l'existence de l'individu comme première et suprême », n'est pas d'accord pour reconnaître le lien social de l'homme dans

---

[52] Voir entre autres les travaux de M. Taylor, Sigrist et Abendroth (N. 1, N. I 5), voir également les recherches plus anciennes de Malinowski comme, par exemple : *Crime and Custom in Savage Society*, Londres, 1940.

la conduite de sa vie, de son plan de vie, mais aussi déjà dans sa conceptualité[53].

Hegel se préoccupe plutôt de quelque chose d'absolu, *« de conceptualiser* et *d'exposer l'État comme quelque chose de rationnel au-dedans de soi »* (*Phil. du droit*, Préface ; trad. Kervégan, p. 85). L'État est une partie de la substance éthique dans laquelle se développe l'Idée de la volonté libre en soi et pour soi, dont l'existence est le droit (*Phil. du droit* § 33, § 29).

La volonté qui appartient à la détermination conceptuelle du droit n'est donc pas un arbitre simple et contingent, comme on le trouve chez Kant (*Phil. du droit* § 13 *sq.* ; trad. Kervégan, p. 108), mais une « intelligence, en tant que *pensante* » purifiée de toute pulsion, de toute sensualité, de tout ce qui est contingent et non-vrai. Elle constitue « le principe du droit, de la moralité et de toute éthicité » (*Phil. du droit,* § 21 ; trad. Kervégan, p. 113). Le droit et la liberté sont des idées et seules les idées sont réelles (*Phil. du droit* § 29, § 30, Préface). Selon Hegel, Rousseau a commis l'erreur de concevoir « la volonté générale », non pas comme « ce que la volonté a de rationnel en soi et pour soi, mais seulement comme *l'élément-commun* qui surgit de cette volonté singulière » alors que, à ses yeux, la « volonté objective est le rationnel en soi dans son *concept*, qu'il soit connu des individus-singuliers et voulu par leur bon plaisir ou non » (*Phil. du droit,* § 258 ; trad. Kervégan, p. 316).

Concrètement, cela implique, par exemple, que la législation ne devrait pas être considérée isolément, « mais comme un moment dépendant d'*une* totalité » (§ 3) essentiellement déterminée par son développement historique. Contrairement au droit naturel moderne abstrait, le droit dans la conception de Hegel inclut en plus le monde éthique. Le monde éthique s'objective dans des éléments tels que la famille, la société civile et l'État (*Phil. du droit* § 157), dont l'élément suprême est l'État – auquel tout doit être sacrifié en cas de doute (§ 294, § 324).

Sans que l'on puisse évaluer la doctrine politique de Hegel selon le cadre présent, il faut reconnaître que la prise en compte des structures qui ont émergé et des divers aspects de la vie éthique dans le traitement du droit implique certains avantages eu égard à un système inflexible de déduction du droit naturel tel qu'on le trouve chez Christian Wolff. Sa relation à une philosophie idéaliste de l'esprit absolu, selon laquelle « ceux qui tiennent le divin pour inconcevable et la connaissance du vrai pour une entreprise vaine s'abstiennent de participer à la conversation » (*Phil. du droit* § 272 ; trad. Kervégan, p. 345), limite sa pertinence dans l'État séculier. Même si cette

[53] Georg Friedrich Wilhelm Hegel, « Über die wissenschaftliche Behandlungsarten des Naturrechtes », in *Kritisches Journal der Philosophie* (1802/3), Hegel, *Werke*, Bd. I., 1831, p. 328 *sq.* ; *Grundlinien der Philosophie des Rechts*, Berlin, 1820, cité « *Phil. du droit* » dans le texte.

affirmation s'oppose plutôt au sens de la théologie irrationnelle, le caractère absolu de la prétention à la vérité, tel que le revendique Hegel, est incompatible avec la neutralité de l'État libéral face aux vérités religieuses, bien qu'elles ne contiennent qu'une « métaphysique » de l'esprit du monde.

L'ontologie particulière qui résulte du retournement de la doctrine aristotélicienne des catégories constitue un autre problème, dans la mesure où un *abstratum*, l'idée de la volonté libre en soi et pour soi et, en elle, l'État sont considérés comme des substances, alors que les individus sont plus ou moins des accidents qu'on peut laisser de côté. Une telle ontologie est en pratique fortement invraisemblable et moralement contestable en tant que construction téléologique, étant donné que, de manière générale, les hommes sont des entités concrètes existantes, alors que les États peuvent être créés et dissous par la volonté humaine[54].

---

[54] Pour Ken Westphal, la pensée de Hegel a été ici mécomprise. Il interprète l'idéalisme hégélien comme un holisme ontologique – tout à fait dans le sens usité dans le contexte de la philosophie quinienne (*Hegel's Epistemological Realism : A Study of the Aim and the Method of Hegel's Phenomenology of the Spirit*, Dordrecht et Boston, 1989, ch. 10) et fait une lecture qui le conduit à classer Hegel, du point de vue politique, parmi les libéraux (par exemple « The Basic Context and Structure of Hegel's Philosophy of Right » in *The Cambridge Companion to Hegel*, Cambridge, 1993). De plus, il voit chez Hegel de nombreux parallèles avec la position défendue ici et contexte sa proximité avec les conceptions communautaires, qui seront présentées ci-dessous.

Aussi intéressante et stimulante que soit son interprétation et malgré l'attrait qu'elle revêt pour Hegel, je ne peux la suivre jusqu'à ce point. Les raisons précises devront être exposées ailleurs – l'idée étant qu'une position idéaliste comme celle de Hegel ne parvient à comprendre l'individu concret comme valeur suprême en soi qu'au prix de constructions et cabrioles dialectiques qui font problème. Si l'interprétation de Westphal est juste, il y a ici dans le texte une interprétation typique de l'œuvre de Hegel comprenant – selon les termes de Westphal – 180 années de malentendus.

Sur la philosophie politique de Hegel, voir Manfred Riedel, *Zwischen Tradition und Revolution*, Stuttgart, 1982.

1.7. L'individuation par la socialité. Qui est le sujet qui se détermine ?

Une variante très actuelle de la conception hégélienne selon laquelle les individus ne seraient que des accidents de la substance de la vie éthique se trouve chez Michael Sandel. À en croire Sandel, l'individu ne devient « individu » que dans la communauté politique[55]. S'il s'agit par là d'affirmer que l'individu ne devient une personne unique et individuelle que grâce à une socialisation imprégnée par la communauté, avant de prendre, ensuite, dans la société, un rôle qui imprègne ses capacités cognitives et ses évaluations morales, alors cette affirmation semble tout à fait plausible. Mais, pour Sandel et d'autres communautariens, il s'agit de quelque chose de plus.

Sandel reprend la formulation de Rawls selon laquelle le sujet est premier par rapport à ses buts, et se retourne contre la conception d'un sujet transcendantal kantien et contre le sujet moral rawlsien sous le voile d'ignorance. Cette conception conduirait, en effet, à une théorie morale « déontologique », d'après laquelle l'individu peut choisir librement sa conception de la vie bonne et d'autres choses qui sont importantes en tant que préférences personnelles, aussi longtemps que cela ne limite pas la liberté de tous les autres. Sandel s'oppose au sujet « non encombré » [*unencumbered Self*]. Pour lui, ainsi que pour Mac- Intyre et d'autres communautariens, ce concept de la morale déontologique est condamné à l'échec parce que l'image de l'homme qui lui est sous-jacente est entièrement fausse (Sandel, 1982, p.14). Le sujet se donne à connaître par ses fins, lesquelles sont déterminées par les rôles sociaux. L'idée du bien que possède une personne n'est pas un objet de préférence individuelle, mais elle est constitutive du sujet et socialement médiatisée.

L'idée principale consiste à opposer un conglomérat des conceptions morales mentionnées ci-dessus à la moralité devenue étrangère au monde à la suite du manque de relations sociales. Sandel va si loin dans le sens de la théorie hégélienne qu'il propose, à son tour, « un macro-sujet communautaire[56] », qui implique les mêmes problèmes ontologiques et épistémologiques. Ce n'est pas l'individualisme libéral, mais le substantialisme implicite ou explicite de l'État qui doit faire face à la façon dont les individus – des êtres humains qui méritent d'être pris en compte au plan moral et juridique – doivent être présentés, et non pas, par exemple, leur groupe social, la couche ou la classe, ou même uniquement leurs rôles sociaux, comme leur fonction, par exemple.

L'erreur métaphysique consiste à identifier l'individu au conglomérat de ses rôles et buts, selon un sens aristotélicien, qui comprend l'homme

[55] Michael Sandel, *Liberalism and the Limits of Justice*, Cambridge, 1982, p. 65.
[56] Sandel, 1982, p. 97 *sq*. Cf. aussi Forst, 1994, p. 34 *sq*.

comme un ensemble de propriétés. Cela correspond, certes, à la manière de procéder de l'ontologie analytique – de Russell à Quine, en passant par Carnap et Nelson Goodman, mais, depuis *Naming and Necessity* de Kripke, il est possible de nommer un objet sans l'identifier à quelques-unes de ses caractéristiques[57]. Cela correspond aussi, de façon plus conséquente, à notre référence aux objets dans le langage naturel et, davantage encore, à la tradition aristotélicienne. Si je n'étais pas obligé d'identifier une personne au moyen de l'ensemble de ses rôles, si je pouvais également me référer à elle quand elle a des idées et rôles sociaux tout à fait différents, alors je pourrais affirmer que cette personne est « première » par rapport à ses buts et à ses rôles sociaux. Aristote, par exemple, resterait Aristote même s'il n'avait pas été le précepteur d'Alexandre le Grand ou le célèbre élève de Platon, mais un médecin de Stagire. Celui qui désigne une personne de cette manière, comme première par rapport à ses fins, n'a encore rien dit sur la façon dont cette personne se situe par rapport à ses buts, si elle s'identifie obstinément et de façon irréfléchie à ces derniers, ou de façon changeante, ou si elle peut changer ses buts après réflexion.

À l'ontologie problématique correspond, au plan anthropologique, une fausse appréciation du rapport que l'homme entretient avec ses rôles sociaux. Nous ne choisissons pas, en effet, ces rôles, mais les découvrons. Une réflexion voire une formation psychologique ou sociologique peuvent s'avérer nécessaires pour détecter les rôles qui sont moins manifestes.

Le « paralogisme communautariste[58] », qui, à partir de la détermination sociale de la personne conclut à l'impossibilité de la moralité, conduit, chez Sandel, à l'abandon des possibilités pour une personne de changer, du moins partiellement, quelque chose à ses rôles sociaux, dans la mesure où Sandel identifie la personne à ses rôles sociaux. Si le sujet était identique à ses rôles, alors une professeur de philosophie, monogame, hétérosexuelle et chrétienne ne pourrait que s'identifier à la signification de ces rôles et ne pourrait jamais prendre de distance et réfléchir à la possibilité de changer un de ces rôles[59]. Le but du libéralisme est d'atteindre la plus grande liberté de choix possible dans laquelle les obstacles institutionnels aux désirs de changement soient les plus petits possibles. Cela n'a d'abord à voir qu'indirectement avec la moralité des Lumières, dont les actions et les maximes d'action, mais en aucun cas les plans de vie entiers et les positions sociales, constituent l'objet d'évaluation, dans la mesure où lui correspond

[57] Saul Kripke, *Naming and Necessity*, Oxford, 2e éd., 1980 ; cf. Henning Hintze, *Nominalismus. Primat der ersten Substanz versus Ontologie der Prädikation*, Fribourg/Munich, 1998.

[58] Forst, 1994, p. 35.

[59] Will Kymlicka, *Contemporary Political Philosophy*, Oxford, 1990, p. 215. Cf. M. Friedman, 1993, p. 76.

une conception du droit « neutre » relativement aux visions englobantes du monde. Nous devrons encore examiner jusqu'où s'étend cette neutralité.

L'argumentation[60] de Charles Taylor est plus nuancée que celle de Sandel. Cependant, dans notre perspective, le problème pertinent semble analogue à celui que nous venons d'exposer. De la disparition récente de nombreux cadres d'évaluation qui avaient été jusqu'ici toujours perçus comme évidents, cadres qui nous apprenaient ce qui est absolument précieux, ce qu'est une vie bonne et ce qui confère à la vie humaine dignité et honneur, on pourrait conclure que les hommes sont capables de vivre complètement sans de tels cadres. C'est précisément ce que Taylor rejette. L'homme a besoin d'un cadre d'évaluation pour pouvoir mener une vie dotée de sens. À elle seule, l'aspiration à la liberté et à l'autodétermination ne suffit pas lorsque le sujet est vide de contenu. Aux yeux de Taylor, on ne peut pas « être libre simplement », la liberté doit être « socialement positionnée ». Il ne suffit pas de vouloir être libre pour mener une vie dotée de sens. On a, en effet, besoin au moins d'une conception fondamentale de ce qui est bien et juste pour mener une vie réussie, et le plus souvent on ne l'atteint qu'en référence à un éthos partagé. Néanmoins, cela n'empêche pas de changer éventuellement des parties essentielles de cette conception pour plusieurs raisons sans perdre, en principe, la capacité à mener une vie heureuse dans une communauté. De la même manière, les êtres humains n'écrivent pas des livres pour une liberté sans contenu, mais ils aimeraient être libres pour les écrire comme ils le veulent[61]. C'est le but que poursuivait le libéralisme, et non pas la suppression de projets de vie rationnels.

Mais les communautariens, en particulier Taylor, avaient un autre objectif. Ils reconnaissaient que le fait que chaque homme doit posséder un cadre d'évaluation qui lui explique ce qu'est une vie dotée de sens n'implique pas qu'il doive y avoir un cadre d'évaluation valide pour tous les membres d'une société. Mais combien y a-t-il de cadres d'évaluation différents et jusqu'où peuvent aller les différences entre les diverses conceptions du bien dans une société, de sorte que les hommes qui y vivent puissent se concevoir comme vivant dans la même communauté ?

De manière générale, on peut saluer les tentatives communautariennes comme une partie de l'entreprise tardive cherchant à insérer les conceptions morales de St Augustin et de Kant – spécialement sous la forme libérale universaliste dominante depuis le XIXe siècle – dans une conception aristotélicienne de la vie bonne pour la communauté de citoyens. Remplacer cette morale kantienne par une telle conception aristotélicienne semble irréa-

---

[60] Charles Taylor, *Sources of the Self*, Cambridge, Mass., 1999. Sur le communautarisme, voir également Michael Walzer, *Spheres of Justice. A Defense of Pluralism and Equality*, Oxford, 1983.

[61] Kymlicka, 1990, p. 208 *sq*.

liste et non souhaitable, surtout lorsque les mœurs, la religion ou la morale de groupe entrent en jeu. Comprendre en quoi la morale universaliste est indispensable requiert de reconnaître l'importance de la différentiation des variantes de ce qu'on a appelé « éthique » (« *ethisch* ») au chapitre I. 2 : il n'y a pas de dépendance logique entre une conception de la vie bonne et certains contenus des mœurs, de la religion ou d'un groupe, même si cette conception et ces contenus sont souvent liés. Au contraire, il n'y a pas de communauté semblable à l'État sans ne serait-ce qu'une adaptation des principes moraux comme l'impartialité et la protection de la personne.

La dimension politique de cette tentative faite pour rattacher la moralité des Lumières à la vie bonne dans la communauté mérite davantage d'être explorée. Les considérations anthropologiques présentées ici ne délestent pas cependant la théorie politique de la discussion de la nécessité de la contrainte ni de la nécessité de la limiter, comme nous l'avons développé dans la première partie. Nous trouvons déjà chez Thomas Hobbes une réponse à une telle critique : il ne doute pas que les hommes puissent vivre en communauté, mais il ne peut croire qu'ils ne le fassent pacifiquement sans toute contrainte.

Qu'apporte alors la pensée de la sociabilité naturelle de l'homme à la théorie politique (que la première partie de cet ouvrage a occultée) ? Les espoirs liés à cette observation anthropologique se regroupent plus ou moins clairement autour du concept de la communauté. Il nous reste à examiner comment se présente la communauté, sur quoi elle peut se fonder et quelles fins elle peut au juste poursuivre. Une éthique adéquate ferait l'objet d'un projet plus important.

2. Communauté politique – Communauté de citoyens

Une première approche de la définition du concept de communauté peut se faire à partir du reproche moral selon lequel une moralité qui place l'individu au centre détruit la communauté qui vit de la solidarité, de l'insertion et même de la disponibilité à se sacrifier. Il s'agit fondamentalement d'une critique de la moralité dans la perspective de la morale de groupe. En premier lieu, il convient d'objecter que l'exigence d'autonomie ne s'oppose pas à la communauté, et surtout pas à la communauté de citoyens, mais à la soumission, à « la contrainte arbitraire » d'un autre individu.

Qu'en est-il de l'arbitraire de la majorité ? Dans l'exigence des droits individuels et des droits des minorités face à la majorité, par exemple, l'égoïsme de l'individu ne réapparaît-il pas, égoïsme que l'on s'efforce de dissimuler en parlant de l'autonomie du sujet ? Avant de pouvoir fonder, dans le prochain chapitre, le lien ténu entre la règle de la majorité et l'attention que l'on doit accorder à la minorité dans le contexte de la souveraineté populaire, il convient d'examiner le concept de communauté (dans son opposition à celui de société), qui a conduit à la tendance à ignorer les problèmes susceptibles de résulter de l'apologie des idéaux de la communauté.

À cette fin, nous présenterons et discuterons d'abord quelques-uns des usages paradigmatiques du concept de « communauté ».

2.1. Le mythe de la communauté

Nous trouvons chez Rousseau deux conceptions de l'habitant de la cité : le *citoyen* et le *bourgeois*. Le premier est le membre actif du bien du peuple, d'un corps politique bien *ordonné*, d'une communauté de citoyens ; l'autre est l'individu qui ne pense qu'à ses intérêts dans une société moralement corrompue. En prenant légèrement appui sur cette opposition, Ferdinand Tönnies décrit la différence entre deux types de coexistence humaine dans son ouvrage magistral *Gemeinschaft und Gesellschaft*. Dans la communauté, écrit Tönnies, les hommes « restent liés malgré toute séparation, ils sont, dans la société, séparés malgré toute liaison[62] ».

Il reprend ainsi la signification qu'a acquise le concept de société civile depuis Aristote jusqu'à la fin du XVIIIe siècle, et qui est synonyme de communauté politique, de *civitas*, jusqu'à Hegel[63]. Dans la société civile, que Hegel oppose, d'une part, à la famille, d'autre part, à l'État, à l'administration et à l'appareil militaire, il s'agit, selon lui, du « système des besoins » (des individus), de la protection de la propriété (dans le droit privé), de la police et des soins (*Phil. du droit*, § 188), c'est-à-dire de la sollicitude envers les moins privilégiés. Le concept de société civile deviendra également le paradigme de la protection des intérêts égoïstes, un jugement repris et développé par Tönnies. Au-delà de Hegel, il recourt non seulement à « l'analyse magistrale » de Karl Marx (*Communauté et société*, p.105), mais également directement aux exemples de l'Antiquité mobilisés par Rousseau, aux traditions germaniques et aux autres traditions de peuples plus primitifs.

Mais, Tönnies s'écarte de Rousseau. En aucune façon, il ne le suit servilement. Ainsi, pour Tönnies, le contrat, le pacte n'est pas constitutif de la communauté (*ibid.*, p. 63 *sq.*), alors que le contrat social est extrêmement important pour Rousseau. Cela étant dit, les sources sont rousseauistes dans le sens du *Discours sur l'origine de l'inégalité entre les hommes*, dès lors

---

[62] Ferdinand Tönnies, *Communauté et société : Catégories fondamentales de la sociologie pure*, trad. et introd. de J. Leif, Paris, Retz-C.E.P.L., 1977, p. 81.

[63] Riedel, 1982, p. 139 *sq*.

que l'on est disposé à remplacer le contrat social par une métaphore de l'organisme dans le cas de la communauté. Une association de personnes est conçue « soit comme une vie réelle et organique, c'est alors l'essence de la *communauté,* soit comme une représentation virtuelle et mécanique, c'est le concept de la société...Tout ce qui est confiant, intime, vivant exclusivement ensemble est compris comme la vie en communauté (c'est ainsi que nous croyons). La société est ce qui est public ; elle est le monde » (*Communauté et société,* p. 47). Le problème que soulève la métaphore de l'organisme a été mentionné dans le dernier paragraphe. Tönnies continue d'être intéressant aujourd'hui parce que l'intuition qui est à la base de la critique communautarienne du libéralisme apparaît clairement chez lui.

Tönnies décrit la construction de la communauté avec des modifications plutôt insignifiantes, en se référant très fortement à l'exemple aristotélicien (par exemple, la relation mère/enfant au lieu de la relation mari/femme comme relation de base (*ibid.*, p. 51 *sq.*) de sorte que le cercle de la communauté s'élargit au ménage, au clan, au village et à la ville). La communauté naît de l'unité du sang, du lieu et de l'esprit, de la façon de pensée, en d'autres termes, de la parenté, du voisinage ou de l'amitié (*ibid.*, p. 56 *sq.*). Même l'amitié est définie de manière aristotélicienne comme la communauté de ce que l'on veut ou ne veut pas. Pour Tönnies également, elle se maintient par le même culte et la même croyance (*ibid.*, p. 58 et 77).

La communauté au sens véritable du terme se fonde sur une « compréhension non propositionnelle ». « Mais la compréhension est par nature muette parce que son contenu est inexprimable, infini, incompréhensible » (*ibid.*, p. 63).

L'idée est qu'il faut de fait une vie commune – « biens communs, maux communs ; amis communs, ennemis communs » (*ibid.*, p. 65), des évidences partagées qui créent la condition d'une compréhension commune. Chez Aristote également, et à l'époque moderne chez Rousseau, une communauté ne doit pas dépasser une certaine dimension pour demeurer une communauté vécue qui soit à la base des décisions politiques.

Dans le cas idéal, tout ménage doit pouvoir s'approvisionner lui-même dans la communauté s'il y a, en tous les cas, un système de troc. Certes, les différences demeurent dans la communauté puisqu'il y a des juges et des gouvernants, mais aussi des esclaves. Mais ces différences ne doivent pas dépasser une certaine limite, au risque de mettre en péril la structure de la communauté (*ibid.*, p. 61). Manifestement, il s'agit également ici d'un emprunt à Rousseau (*Contrat social*, II, 11).

La société est, au contraire de la communauté, la sphère de l'échange intensif, des contrats et des conventions qui permettent de rendre la valeur des objets – y compris la force de travail de l'être humain – commensurable. Le paradigme de la convention est ce par quoi le papier-monnaie qui, au fond, n'a en soi aucune valeur, acquiert sa signification et sa valeur (*Com-*

munauté et société, p. 87). La société, dans laquelle il n'est question que de l'importance quantitative de la valeur, se compose d'individus séparés qui entretiennent les uns avec les autres une relation juridique, par exemple, pour obliger les débiteurs en retard à payer (*ibid.*, p. 91). La société dans laquelle les individus sont reliés « sans action intérieure réciproque » est la sphère de la compétition, de la concurrence où « chacun est un commerçant » (*ibid.*, p. 92).

Michael Taylor (*op. cit.*, p. 26 *sq.*) propose une définition, à première vue moins pathétique de la communauté, qui elle aussi se réclame explicitement de Rousseau. Il considère que les membres d'une communauté ont des convictions et des valeurs en commun, qu'ils entretiennent des relations diversifiées les uns avec les autres et vivent dans un rapport de réciprocité, c'est-à-dire dans un rapport d'échange réciproque, qu'ils s'aident mutuellement et partagent d'une certaine manière comme des amis. Ces petites communautés égalitaires présentent une structure que Taylor considère comme la base de la coexistence anarchique, comme chez les Nuers par exemple.

Il semble peu attrayant de vouloir transformer l'organisation politique primaire de la société post-industrielle en petites communautés, dans la mesure où les petites communautés seraient surchargées par des tâches communes comme la promotion de la recherche scientifique ou la garantie des soins médicaux dont l'organisation est souvent prise en charge par l'État. Laisser ces tâches à la seule initiative privée ne serait pas en accord avec la vision de l'anarchie orientée vers la communauté présentée par Taylor.

La glorification de la prise en charge complète de l'homme dans les sociétés archaïques, par opposition aux individus concurrents, égoïstes et impassibles des sociétés de masse modernes, est une habitude d'une culture intellectuelle ancestrale qui peut avoir sa raison d'être. Néanmoins, son usage comme fondement de la philosophie politique est problématique. Premièrement, il ne faut pas mettre de côté les cruautés de ces communautés qui se manifestent en partie envers leurs propres membres, comme l'abandon des enfants et des vieillards ou la négligence morale de ceux qui n'appartiennent pas à la communauté. Aussi longtemps que la morale de groupe est encore liée de manière effective aux mœurs, les considérations humanitaires vis-à-vis des non-membres ne jouent aucun rôle ou, tout au plus, un rôle de second rang. Machiavel et Rousseau étaient conscients de cet aspect et l'acceptaient. Il n'est pas certain que des auteurs postérieurs soient toujours conscients et d'accord avec de telles pratiques. Nous examinerons, un peu plus bas, un exemple de confrontation consciente avec la morale humanitaire, avec tous les problèmes qu'elle suscite.

Deuxièmement, et surtout, les tentatives faites pour restaurer de telles situations sont régulièrement liées à des mesures d'oppression rigides, comme le prouve, par exemple, la communauté du peuple allemand dans le

Troisième Reich, même si un tel aspect ne correspond certainement pas à l'intention du socio-démocrate Tönnies.

Cela ne doit cependant rien changer au fait que des concepts comme ceux de communauté, d'amitié, d'appartenance ont une signification fondamentale pour la philosophie politique contemporaine.

2.2. La communauté engendrée à travers la distinction ami / ennemi ?

Comparée à la « communauté populaire » nationale-socialiste, la tentative de Carl Schmitt pour fixer, eu égard au couple d'opposé ami/ennemi, la politique comme un domaine indépendant de la vie humaine[64], est une version moins agressive des efforts faits pour restaurer la communauté dans une unité politique, et ceci malgré le vocabulaire martial. Pour Schmitt, est politique l'unité qui parvient à régir la décision entre ami et ennemi. L'ennemi est un « ensemble d'individus groupés [...] [,] engagé dans une lutte pour le moins virtuelle, c'est-à-dire effectivement possible » (*La notion de politique*, p. 67). Une confrontation physique qui peut aller jusqu'à l'anéantissement complet est tout à fait possible avec l'ennemi. Avec l'ennemi, il n'y a pas de jurisprudence commune, pas de législation commune.

Selon Carl Schmitt, la politique n'est pas seulement un domaine indépendant de la vie humaine, mais également un domaine essentiel, car ce n'est qu'à travers le politique que se conserve quelque chose qui est plus important que la vie humaine, ainsi le sérieux et le sens de la vie humaine. Sans la possibilité réelle du conflit armé, il y aurait encore différentes sortes de loisirs, de sports, etc., « mais il ne présenterait logiquement aucun antagonisme au nom duquel on pourrait demander à des êtres humains de faire le sacrifice de leur vie » (*La notion de politique*, p. 73). Sans cette possibilité, dans un État mondial entièrement et finalement pacifié par exemple, les hommes, et c'est important pour notre contexte, ne formeraient pas plus une communauté « que les voyageurs d'un même car ou les utilisateurs d'une même usine à gaz ne constituent une communauté » (*ibid.*, p. 100).

Nous avons ici en une version simple du problème présenté cidessus : établir dans une société égoïste une communauté politique, une morale de groupe requiert des méthodes rigides de réalisation. Machiavel les décrit, par exemple, dans son *Prince*. Même si l'on est prêt à les appliquer, on peut néanmoins se demander si l'amitié entre les citoyens, qui résulte de la vie concrètement menée en commun, peut être remplacée par la possibilité que les hommes puissent, sur l'ordre d'une même autorité, tuer et mourir.

---

[64] Carl Schmitt, *La notion de politique,* Paris 1992, 63 *sq*. Voir la recension de Leo Strauss de 1932, réimprimée dans Heinrich Meyer, *Carl Schmitt, Leo Strauss et la notion de politique. Un Dialogue entre absents*, Paris, Commentaire, Julliard, 1990.

On peut également se demander s'il est possible de supplanter l'amitié qui naît et se conserve de par le respect mutuel et personnel et grâce à des contacts personnels diversifiés par une amitié commandée par une opposition publique. Il est douteux que cela soit souhaitable. La proximité émotionnelle visible entre des hommes qui font face à une menace se perd facilement et manifestement lorsque la menace diminue. Même à l'époque de Machiavel, combattre cette perte par des guerres successives n'était réalisable que de façon limitée. Aujourd'hui, ce serait autodestructeur. On le sait, on essaie depuis longtemps de contourner cette opposition par la promotion politique et financière d'amitiés personnelles et communales et par des « partenariats » qui dépassent les vieilles démarcations amis/ennemis.

2.3. La vision anarchiste de la communauté exempte de toute domination

Même si l'œuvre de Tönnies a acquis une influence particulière dans différentes perspectives, par exemple dans le cadre de la *Jugendbewegung*, le mouvement des jeunes Allemands avant la première guerre mondiale et la fin de la république de Weimar, reste qu'on a fait divers usages du discours de la communauté. Ainsi, les anarchistes ont séparé le lien aristotélicien entre *archè* et *koinonia*, entre la domination et la communauté. Le pouvoir ne signifie donc plus le fait de gouverner et d'être gouverné comme chez Aristote, mais équivaut souvent à la domination des princes ou d'autres privilégiés. Les anarchistes ont mis en opposition la domination et la communauté, mais sans les fioritures romantiques des formes traditionnelles de domination, telles qu'on les trouve chez Tönnies. Bakounine détestait tout autant le patriarcat des communes russes que la domination de l'empire allemand, la dictature du prolétariat ou encore la démocratie représentative, qui – à son avis – aide uniquement à cimenter les rapports de pouvoir et de richesse en place.

La seule chose qu'il accepte comme association est le rassemblement libre entre des femmes et des hommes avec une possession commune du sol et des moyens de production, dont plusieurs peuvent être regroupés en fédérations. À l'intérieur de ces associations, le travail est un devoir au même titre que la participation à l'éducation des enfants.

L'être humain est un être social et non un être vivant isolé. La liberté absolue, qui est pour Bakounine autre chose que la liberté libérale des individus protégée par l'État, ne peut exister que dans une communauté, dans l'égalité la plus stricte. Même la liberté absolument autosuffisante d'un Max Stirner condamne l'individu à la solitude, à la non-existence, au nihilisme. La liberté n'est liberté véritable que lorsqu'elle est liée à l'égalité et à la solidarité.

« Tout ennemi que je sois de ce qu'on appelle en France la discipline, je reconnais toutefois qu'une certaine discipline, non automatique, mais volontaire et réfléchie, et s'accordant parfaitement avec la liberté des individus reste et sera toujours nécessaire, toutes les fois que beaucoup d'individus, unis librement, entreprendront un travail ou une action collective quelconques. [...] Au moment de l'action au milieu de la lutte, les rôles se divisent naturellement, d'après les aptitudes de chacun, appréciées et jugées par la collectivité tout entière : les uns dirigent et commandent, d'autres exécutent les commandements. Mais aucune fonction ne se pétrifie, ne se fixe et ne reste irrévocablement attachée à aucune personne. L'ordre et l'avancement hiérarchiques n'existent pas, de sorte que le commandant d'hier peut devenir subalterne aujourd'hui. [...] Dans ce système, il n'y a proprement plus de pouvoir. Le pouvoir se fond dans la collectivité, et il devient l'expression sincère de la liberté de chacun, la réalisation fidèle et sérieuse de la volonté de tous ; chacun n'obéissant que parce que le chef du jour ne lui commande que ce qu'il veut lui-même[65] ».

Max Stirner rangerait certainement Bakounine ainsi que Proudhon dans le rang des socio-libéraux qui affirment que « la société nous donne ce dont nous avons besoin, par conséquent que nous lui sommes obligés, nous lui devons tout [...]. La société dont nous tenons tout, voilà le nouveau maître, le nouveau fantôme, nouvel 'être suprême' auquel 'nous engageons notre foi'[66] ». Qu'il soit ici question – plus de quarante ans avant l'ouvrage de Tönnies – de société au lieu de communauté, ne change rien à la chose. En dépit de toute la réserve que l'on est en droit d'avoir à l'égard de l'égomanie de Stirner, on comprend parfaitement sa méfiance vis-à-vis de l'admission de devoirs sociaux qui ne sont plus contrôlables juridiquement, que Bakounine, en bon élève de Hegel, assimile à la liberté.

Si le refus des hiérarchies durables implique que la vision de gouverner et d'être gouverné qu'exige Aristote pour les citoyens doit être étendue à tous les membres de la communauté, ce refus correspond exactement au but présenté ici du développement politique. C'est une indication particulièrement importante, que nous devons prendre ici en considération, qu'en règle générale la possibilité d'éviter les hiérarchies codifiées ne s'obtient pas de soi, mais doit être institutionnellement ancré.

Le programme de Bakounine devient problématique dès que l'on se demande comment s'est formée la volonté dont disposent communément le chef et ceux qui lui obéissent. S'il s'agit du résultat d'une délibération com-

---

[65] Michael Bakounine, *L'Empire knouto-germanique et la révolution sociale 1870-1871*, Leiden, Archives Bakounine VII, 1981, p. 7 *sq.* Cf. Friedhelms Solms, *Ich will nicht Ich sein, ich will Wir sein*, in Diefenbacher (note citée ci-dessus), p. 105-128.

[66] Max Stirner, *L'Unique et sa propriété*, 1845, Paris, La Table Ronde, 2000, p. 137 *sq.*

mune, alors les ordres ne seraient pas nécessaires ou, tout au plus, seulement lorsque quelqu'un, lors de l'exécution de la décision, devient faible. Cependant, il n'est même pas entièrement certain que ce soit cette volonté qui s'accomplisse – nous discuterons ce point lorsque nous aborderons la problématique de la peine.

Par ailleurs, il semble invraisemblable que des hommes, se trouvant dans des rôles si différents, puissent avoir la *même* volonté. Même si ce n'était pas l'intention de Bakounine, la propagande de la communauté cache souvent une contrainte brutale, inavouée et donc exercée de façon entièrement incontrôlée.

Il est, par suite, parfois également difficile de juger les groupements humains, comme les grandes communes, de savoir s'il s'agit effectivement d'une vie commune et d'une coopération libre et volontaire des personnes sans hiérarchie établie ou si cette hiérarchie est seulement dissimulée d'une manière particulièrement sournoise et exerce en réalité une domination autoritaire. Dans les associations privées qui s'efforcent d'être un groupement humain exemplaire, on peut confier aux membres individuels de juger les modalités des prises de décisions aussi longtemps qu'ils ont la possibilité de ressortir de la communauté et qu'il n'y a aucune forme de terreur psychique.

Au sein d'une entité politique, il faut, au contraire, insister sur l'établissement solide des institutions, comme le suffrage libre et secret ou d'autres choses analogues, comme nous le verrons dans le prochain chapitre. Ici vaut le principe qu'en raison des observations anthropologiques – qu'on a présentées dans le chapitre I, observations en rien contestées par les anarchistes tel que Kropotkine – selon lesquelles la voie conduisant à une communauté qui soit autant que possible libre de domination, au sens d'un gouverner et d'un être gouverné réciproque des personnes libres et égales, doit être bien organisée afin qu'une minorité ne fasse pas de la disposition générale à s'insérer dans la communauté un avantage égoïste.

Il y a, depuis longtemps, et encore maintenant, une critique plus fondamentale et anthropologiquement fondée de la vision d'une association volontaire anarchiste. En réaction à l'idéologie communautaire virulente du mouvement de la jeunesse allemande, la *Jugendbewegung* susmentionnée, cette critique a été formulée par Helmuth Plessner en termes de « limites de la communauté » dont le dernier chapitre a été intitulé : « L'utopie de la non-violence et l'obligation d'instaurer un pouvoir ». Dans ce chapitre, en référence explicite à Carl Schmitt, Plessner insiste sur le fait qu'il « faut une décision [...]. Il faut une direction et cette direction d'un pouvoir d'initiative qui se met de lui-même en mouvement devient nécessairement le détenteur du pouvoir suprême, devient souverain, le maître, lorsqu'une majorité de personnes qui ont conscience de la même appartenance veulent constituer un ordre[67] ».

Dans la première partie de cet ouvrage, nous n'avons pas seulement insisté sur les problèmes théoriques auxquels sont confrontées les tentatives faites pour établir des sociétés entièrement exemptes de pouvoir, mais nous avons mis en question le caractère rationnel et nécessaire des constatations anthropologiques comme celles de Plessner. Absolument rien ne prouve qu'il doive y avoir « nécessairement » un souverain lorsque des êtres humains se constituent en une unité politique.

2.4. En quoi consiste la communauté des citoyens et entre qui est-elle instituée ?

Au-delà de toutes les questions relatives au caractère réalisable de la communauté, l'opposition entreprise par Tönnies semble tout simplement contenir quelques malentendus. C'est précisément, non pas dans la sphère des secrets, mais dans l'espace public, que se développe – déjà dans la conception aristotélicienne – la délibération sur l'utile et le nuisible, le juste et l'injuste. L'espace public forme aujourd'hui le médium de la discussion commune indispensable à la survie de l'État. C'est par la discussion, les échanges culturels, sportifs, etc., grâce au contact avec les films, livres, pièces de théâtre, spots publicitaires et événements sportifs, et non par le sang et le sol, encore moins par l'inimitié, que naît – tant s'en faut – une communauté de citoyens, un « ethos de la démocratie[68] ».

Dans une société de masse, cet espace public offre un substitut, aussi imparfait soit-il, au débat continu avec les personnes dans l'agora, sur le forum, sur la *piazza* ou dans tout endroit où peut avoir lieu un échange républicain vivant. Le but actuel du développement politique devrait être que tous les citoyens se considèrent comme participant à cette discussion et qu'il n'y ait plus de prédominance de certaines concentrations de pouvoir au plan des médias qui puissent entraver cette participation. Il est certain que nous sommes loin d'avoir atteint ce but. Néanmoins, ce n'est pas une raison pour sortir de l'espace public et chercher refuge dans des cercles hermétiques. Il est naturellement légitime, en parallèle à l'activité publique, de se mouvoir dans de petits cercles d'amis.

De même qu'aujourd'hui on parvient à peine à séparer les organisations politiques et non-politiques les unes des autres, de même est-il peu prometteur de tenter une séparation nette entre le discours politique et

---

[67] Helmuth Plessner, *Grenzen der Gemeinschaft (1924), in Gesammelte Schriften V*, Frankfurt/M., 1981, p. 7-133, ici : p. 110.
[68] Forst, 1994, p. 143 *sq*.

d'autres discours. En fin de compte, les concepts qui déterminent la discussion politique, qu'il s'agisse de concepts « classiques » comme ceux de « liberté », de « démocratie », de « tyrannie » ou de nouveaux développements comme « la protection de l'environnement » ou « le lieu économique », sont imprégnés dans leur signification respective de divers segments de la discussion publique issus des sciences, de l'économie, de la littérature, des arts, quelquefois même suite à un usage satirique. Ces domaines fournissent souvent des impulsions décisives pour la poursuite du développement de la société – comme nous le montrerons dans le dernier chapitre.

Ce concept possède certaines ressemblances avec la « société civile » et la démocratie délibérative que Rainer Forst (*op. cit.*, p. 178 *sq.*) oppose à d'autres formes de communautés, notamment au « recoupement par consensus » de Rawls, d'une part, et à d'autres variantes du communautarisme, d'autre part. L'*overlapping consensus,* par exemple, dans l'acceptation de chaque théorie « éthique » – « éthique » dans le sens d'un conglomérat spécial à partir des mœurs, de la conviction religieuse et de l'idée de la vie bonne – dans la mesure où et parce que cette théorie est compatible avec la moralité, possède une ressemblance avec la *religion civile* de Rousseau et partage avec elle certains problèmes. En réaction aux guerres civiles confessionnelles et admettant (hypothétiquement ou réellement) la nécessité d'une formation religieuse des hommes, Rousseau souhaitait réserver différentes formes de confessions religieuses à la patrie, aussi longtemps qu'elle pouvait remplir cette fonction vis-à-vis de l'État.

Le problème le plus important que soulève ce type de construction consiste en ce qu'elle présuppose, bien plus qu'elle ne fonde, une décision en faveur de la primauté de l'État sur l'Église, qui a été pendant longtemps un point décisif de controverse. Rousseau regrette également que Hobbes, le seul à percevoir la nécessité d'unir les deux têtes de l'aigle, ait été haï moins pour ses affirmations erronées que pour « ce qu'il y a de juste et de vrai » dans sa pensée, parce qu'il fait obstacle aux intérêts des prêtres (*Contrat social,* IV, 8, La Pléiade, t. 2, p. 463).

De la même manière, le concept d'*overlapping consensus* implique une décision claire en faveur du primat de la moralité, qui, certes, se justifie, mais qui n'est certainement pas plus évidente. Des représentants fondamentalistes de systèmes normatifs religieux qui considèrent leurs vérités supérieures comme des critères normatifs de la justice sur terre, rejetteraient la primauté de la moralité et attaqueraient l'ordre politique, ou même l'ordre militaire qui la défend, comme manifestations d'un impérialisme culturel.

Les théories « éthiques » au sens rawlsien, incluant certaines combinaisons dérivées des formes de la morale que le chapitre I.2 a introduites en i. (mœurs), ii. (normes religieuses) et v. (vie réussie), sont respectées dans l'*overlapping consensus*, pour autant qu'elles traitent du chemin individuel pour atteindre le bonheur ou pour devenir heureux de « manière » individuelle. Elles ne sont pas acceptées en tant que programme pour instaurer l'unité politique, comme la république islamique par rapport à la morale humanitaire, par exemple. Cette non-acceptation semble raisonnable face aux nombreuses guerres et guerres civiles menées pour la religion, pour des vérités qui, en vertu de leur statut de vérités supérieures, sont nécessairement incommensurables, indémontrables et pour lesquelles une décision de « raison » est impossible. Cela est d'autant plus vrai que l'interdiction de meurtre, l'impartialité et l'absence de préjugés valent dans tous les systèmes moraux pour un groupe déterminé et que, dans les morales universalistes, on étendait seulement la limitation de l'interdiction de meurtre et de l'impartialité à ceux qui faisaient partie du peuple, aux membres de la même religion, etc.[69].

Les différentes variantes de la morale de l'*Aufklärung* n'ont pas émergé par hasard à la suite des efforts faits, depuis la fin du XVIIe, après les guerres confessionnelles, pour transmettre le principe du droit naturel le plus universel qui soit, en reprenant néanmoins la vieille distinction souvent opérée entre Dieu comme *ratio essendi*, fondement de l'être, et l'entendement humain, comme *ratio cognoscendi*, fondement de la connaissance de ce principe. La prédominance de la moralité comme principe de justice eu égard à des vérités supérieures est tout à fait fondée, mais n'est pas pour autant évidente.

Du côté des communautariens, la réfutation antérieure et plus agressive de Carl Schmitt, le « Méphisto allemand[70] », repose sur l'argument qu'il est impossible de fonder la loyauté envers une unité politique véritablement concrète dans sa particularité et sa différence par rapport aux autres, en formulant des principes comme le *overlapping consensus* ou le patriotisme constitutionnel de Habermas. Seulement, avec la morale universaliste, dit-on, il n'est pas possible de justifier le patriotisme qui est indispensable à la stabilité d'une communauté politique, où sont souvent également nécessaires la solidarité et le sens du sacrifice. Des vertus politiques, comme la disponibilité à la participation et la soumission de l'individu au bien public, sont nécessaires à cette stabilité.

De nos jours, on soutient rarement une morale de groupe dans toute son étendue, comme l'exige par exemple Machiavel, à savoir que pour la république l'on ne doit pas seulement donner sa vie, mais aussi son honneur et le salut de son âme et prendre sur soi des actions criminelles et honteuses (*Discorsi*, III, 43). De ce point de vue, la morale universaliste demeure aujourd'hui fondamentalement incontestée, dès lors que nous choisissons la voie argumentative. Même Carl Schmitt la reprend lorsqu'il reproche cons-

---

[69] Sylvie Mesure, Alain Renaut, *La guerre des dieux*, Paris, 1996 ; Walter Reese-Schäfer, *Grenzgötter der Moral*, Frankfurt/M., 1997.

[70] Mesure et Renaut, 1996, p. 110.

tamment aux représentants du droit international universaliste d'avoir fait de l'ennemi un adversaire respectable – même s'il faut le combattre, un parasite à détruire[71].

Certes, à l'intérieur de ces limites, il est tout à fait possible de faire des emprunts à la morale de groupe. C'est ainsi que, dans la discussion publique, on peut évaluer positivement l'engagement pour la communauté, l'honorer de différentes façons et promouvoir, de cette manière, une conscience politique commune. Eu égard à l'usage plutôt large, mentionné plus haut, du terme « politique », cela ne signifie pas qu'il faut faire du secrétaire du parti le paradigme de l'homme qui a une vie bonne et heureuse, mais qu'il faut considérer et accepter certains modèles de comportement susceptibles de promouvoir l'esprit de communauté (cf. *Éloge des vertus secondaires,* ch. V).

Nous atteignons ainsi les limites de ce que l'on peut exiger en retour des individus comme influence *morale* en faveur de la communauté – au-delà des exigences juridiques *via* l'imposition, le service militaire et le service social. Sans quoi on tombe très facilement dans le tourbillon du contrôle de la pensée totalitaire. C'est ici que l'élément libéral s'avère supérieur dans la tentative, qui se trouve au cœur de ce travail, de relier les modèles politiques qui recourent à Aristote à des résultats de la discussion moderne – ce que nous avons diagnostiqué comme étant la finalité immanente de l'organisation politique moderne[72].

Certes, une telle communauté doit pouvoir prétendre à des relations émotionnelles qui proviennent de faits contingents, comme une langue commune, un dialecte commun, une même couche ou classe sociale, une même origine, une même religion, une même histoire, un même art et une même culture[73], de mêmes habitudes régionales culinaires, etc. Cependant, chacun de ces critères doit demeurer en principe ouvert et sujet à la révision, car absolutisé, chacun d'eux conduit au fanatisme funeste.

Bien que la mesure de l'hétérogénéité de la population oscille excessivement entre les États différents du présent et du passé, l'État homogène, aux plans ethnique, religieux, économique, linguistique et culturel, n'a jamais existé. Même les tentatives pour l'établir au moyen de génocides et de

---

[71] Carl Schmitt, *La notion de politique*, p. 95 *sq.* ; Matthias Kaufmann, *Recht ohne Regel ? Die philosophischen Prinzipien in Carl Schmitts Staats- und Rechtslehre*, Freiburg/München, 1988, p. 65 *sq.*, p. 126 *sq.* Sur la compatibilité de la morale et du patriotisme, lire Manfred Riedel, 1993.

[72] « Malheur aux législateurs qui voudraient réaliser par la contrainte une constitution visant des fins éthiques » écrit E. Kant dans *La Religion dans les limites de la simple raison* (AK VI 96).

[73] Sur ce point, voir Julian Nida-Rümelin, „Was ist Staatsbürgerschaft ?“, in Kurt Bayertz (éd.) *Politik und Ethik*, Stuttgart, 1996, p. 362-386, ici : p. 380.

l'exode des masses ne furent pas seulement criminelles, mais, de surcroît, n'ont obtenu qu'un succès fort limité.

Un ensemble de points communs qui, en partie se recoupent, en partie s'excluent, peut servir de base au patriotisme qui offre matière aux débats sociaux et politiques. Pour que ces débats puissent être menés de façon démocratique, les minorités doivent être protégées – à titre d'anticipation sur le traitement des droits et la justification de la décision de la majorité. Cela vaut pour ceux qui se retrouvent arbitrairement minoritaires lors d'un vote, et surtout pour les minorités structurelles aux niveaux ethniques et religieux.

2.5. Solidarité dans la communauté des citoyens

Il est assurément vrai que la société civile, qui est conçue ici de façon très vague et imparfaite comme une juxtaposition et une combinaison de systèmes de règles et d'institutions – malgré la description différente qu'en donne Hegel, ne donne d'abord que des possibilités très limitées de la manière dont les hommes peuvent organiser cette partie de leur vie où ils dépendent des autres. Pour ce faire, il faut également une organisation politique qui coordonne les différentes planifications, fixe les buts communs et se soucie de leur réalisation, éventuellement de leur correction, etc.

Il est également vrai que les engagements sociaux, qui dépassent l'inviolabilité réciproque qu'exige la morale minimale et que nous pouvons résumer par le mot-clé de solidarité, ont plutôt été traditionnellement assurés par les communautés, comme la famille, par exemple, éventuellement aussi par les syndicats pour le compte de leurs *membres* et non pour ceux qui sont dans le *besoin*. Néanmoins, et comme nous l'avons dit en introduction, puisque selon l'intuition anarchiste fortement orientée vers la communauté, une communauté politique doit transmettre à ses membres une sorte de sentiment de sécurité, cela est valable pour tous les membres et ne se rapporte pas seulement à la participation aux événements culturels et sportifs, mais, en premier lieu, à l'approvisionnement du nécessaire.

Dans cette perspective, c'est la tâche de l'État en tant que communauté de citoyens d'assurer les fonctions de la solidarité qui ne peuvent plus être exercées par les forces sociales comme la famille, les syndicats, les Églises, ou encore par les pensions de vieillesse liées aux entreprises par des critères de nécessité.

De plus, au-delà de la solidarité « véritable », liée aux situations d'urgence provisoire, l'État a la tâche de soutenir le plus durablement possible les défavorisés afin de compenser leurs désavantages naturels et sociaux, de sorte qu'ils aient des chances égales de mener une vie réussie, des activités qu'on peut ranger sous les termes de « bien-être » et de « distribution ». Et c'est même un devoir d'imposer des taxes pour contraindre les citoyens à la solidarité.

La contrainte étatique, dont nous analyserons encore une fois la légitimation dans un prochain chapitre, exige une certaine procédure d'exclusion. Puisque, d'une part, une communauté mondiale solidaire n'est réalisable que de manière très limitée, surtout dans les conditions actuelles, et que, d'autre part, la contrainte à la solidarité avec les membres d'une population dans un territoire particulier peut seulement être transmise dans une mesure limitée, il faut recourir de nouveau à la différenciation entre les droits de l'homme et les droits du citoyen. Les droits de l'homme, par exemple, à l'inviolabilité, à la libre expression de ses opinions, mais aussi au nécessaire pour sa survie, doivent être en principe respectés par tous les États modernes légitimes eu égard à tous les hommes, mais seuls les citoyens ou ceux qui ont acquitté aux compagnies leur assurance sociale possèdent les droits du citoyen à la participation politique et aux allocations sociales. On discutera, dans le troisième chapitre, de la question de savoir comment il faut comprendre le « peuple » et qui doit valoir comme citoyen et, dans le quatrième, de la distinction entre les droits de l'homme et les droits du citoyen.

Kurt Bayertz et Hartmut Kliemt[74] ont remarqué que la prise en charge des tâches de solidarité par l'État et sa bureaucratie change drastiquement la perception et le vécu de la solidarité. Dans le sens originel, la solidarité signifie, au moins en partie, une aide désintéressée ou une serviabilité envers ses semblables dans l'intérêt de celui qui bénéficie de l'aide, lors de catastrophes naturelles, par exemple. La solidarité accorde souvent aux donneurs un important sentiment d'estime de soi, une grande considération sociale et, si possible, une expérience de la communauté avec les bénéficiaires. La solidarité présente de nombreux points communs avec la vertu aristotélicienne de la générosité, en plus de la prise en compte des besoins du bénéficiaire de l'aide. Un autre parallèle entre la solidarité et la générosité consiste dans la contribution au bonheur du donateur.

Cet aspect de la promotion de la solidarité s'estompe dans la mesure où l'aide, plus ou moins spontanée, provenant de la compassion immédiate ou de l'attachement personnel, devient un secours donné selon les critères objectifs d'un service public impersonnel qui satisfait des droits à des prestations sociales. Même si les agents administratifs s'efforcent d'être sympathiques et polis envers leur clientèle, les bénéficiaires vivront la satisfaction des droits juridiques individuels par la communauté étatique comme un refroidissement social, en comparaison de la solidarité du groupe dans des

[74] Kurt Bayertz, *Staat und Solidarität*, in Bayertz, 1996, p. 305-329 ; Hartmut Kliemt, *Solidarität in Freiheit. Von einem liberalen Standpunkt,* Freiburg / München, 1995, p. 65 *sq.*

conditions marginales bien plus désagréables, comme le montrent les réactions de nombreux citoyens des nouveaux *Bundesländer* allemands.

Ce n'est pas une raison pour devenir nostalgique des situations de besoin ou de la solidarité des clans analogue à celle de la mafia, même si l'expérience des témoignages de solidarité y est beaucoup plus impressionnante que l'expérience, par exemple, des services sociaux d'une petite ville. Mais, c'est une raison pour promouvoir autant que possible le principe de subsidiarité, donc de soutenir des groupes nés d'initiatives personnelles ou sociales, comme les Églises ou encore les jardins d'enfants, les écoles, les allocations chômages, etc., qui sont soutenus par des entreprises avant de se tourner vers les subventions homogénéisantes mises sur pied par l'État.

3. La contrainte par la socialisation

La contrainte visant à mettre à disposition de l'argent en vue des prestations de la sécurité sociale, par le biais de l'imposition, a été, au début, introduite comme le premier exemple d'une situation engendrant le sentiment d'oppression chez les hommes d'une communauté. Nozick l'a comparée aux travaux forcés. Cependant, des réserves analogues ont été exprimées de différents côtés contre la contrainte exercée par le simple fait de la socialisation sans connotation cependant de politique sociale. Aussi l'absence de domination des sociétés segmentaires, que nous avons abordée à plusieurs reprises, est-elle, d'un point de vue individualiste, cher payée par l'intégration complète dans le groupe et la dépendance du groupe. Le fait qu'il ne soit même pas possible de trouver dans ces langues une expression pour le mot « individu » n'arrange pas les choses.

Le problème se pose également pour l'éthique de la « sollicitude » propagée par les féministes, car les communautés dans lesquelles les êtres humains grandissent sont de nature contingente et la sollicitude n'y est pas toujours gratifiante, mais assez souvent vécue comme étouffante. À titre d'indice du potentiel de menace pour l'autonomie, du moins dans une perspective subjective, nous pouvons attirer l'attention sur le comportement des générations entières d'adolescents « protégés ». Dans de plus grandes communautés (les clans, les voisinages), les antipathies individuelles peuvent empoisonner la vie. Certes, il y naturellement aussi des contraintes de toutes sortes vis-à-vis de l'individu dans les sociétés ouvertes. Nous discuterons une nouvelle fois de la pression exercée par l'opinion dans la perspective de la liberté.

Dans une étude récente, Roberto Esposito ramène le concept de *communitas* à celui de *munus*, de service que l'on doit rendre aux autres, de sorte que la communauté elle-même ne doit pas être comprise comme une propriété ou une possession de la vie humaine, mais davantage comme un devoir, une dette que l'on doit supporter[75].

« L'enfer, c'est les autres », avait noté Sartre. Si l'observation du fait, au premier abord trivial, selon lequel vivre avec d'autres hommes n'élargit pas seulement les possibilités d'action, mais restreint la marge de manœuvre, doit apporter davantage qu'un larmoiement, il faut diviser les scrupules envers le caractère contraignant de la socialisation elle-même en éléments séparés.

Je vais brièvement et de manière fragmentaire mentionner puis discuter trois domaines de réflexions : la violence structurelle, l'expérience de la contrainte produite par les contingences de la vie humaine et la contrainte due à l'usage du langage et à la rationalité qu'elle transmet.

3.1. Violence structurelle

Dans la tradition marxiste avant tout, et notamment chez Walter Benjamin, l'accent a été mis contre la définition classique – telle celle que l'on trouve chez Kant – de la liberté d'un autre arbitre contraignant, qui serait moins l'arbitre individuel par lequel les hommes sont maintenus dans la misère et la soumission que la structure impersonnelle, injuste des rapports de production, de la propriété avec les moyens de production.

Le capitaliste peut parfaitement avoir des convictions humanitaires, mais les mesures caritatives qu'il prend ne changent rien à l'injustice et au caractère contraignant des rapports de propriété. Au contraire, ces derniers peuvent être ainsi cimentés, parce que l'élan révolutionnaire des opprimés sera brisé. L'attitude vis-à-vis des criminels peut être tout à fait conforme aux prétentions d'un État de droit, mais elle ne change rien au fait que le droit fonctionne comme un instrument de la conservation des rapports de propriété, en partie sans que les intéressés – en raison de leur prédétermination idéologique – ne perçoivent clairement ce point. Nous évoquerons les problèmes soulevés par l'application de critères de justice importés de l'extérieur, dans le contexte des droits de l'homme.

Le constat qu'une plus grande contrainte est exercée par la structure sociale, contrainte à laquelle les individus ne peuvent échapper que de façon limitée par leur effort de volonté, est certes juste. On a considéré que c'était l'une des tâches de l'État de corriger ses structures. Pour ce faire, il faut naturellement un public précisément acquis à la discussion qui permet de déceler et de critiquer de telles contraintes ainsi que leurs justifications idéologiques

[75] Roberto Esposito, *Communitas. Origine et destin de la communauté*, Paris, PUF, 2000.

Cela étant dit, l'espoir de pouvoir corriger, une fois pour toutes, ces structures sociales injustes par une grande révolution et, à sa suite, une dictature du prolétariat, au lieu de procéder par un changement graduel, est problématique. Cet espoir est à peine comblé par nos expériences anthropologiques quotidiennes et n'indique pas accidentellement un semblable mélange de manques d'égards et d'espoir de salut, tel qu'on le trouve chez Machiavel et dans son apologie du *principe nuovo*, et qui devrait aussi se développer comme par miracle de la personne de pouvoir sans égard au souverain plein de sollicitude.

Que les effets de cet espoir soient problématiques appert dans le refus du droit de vote pour les travailleurs comme une stratégie sournoise de pacification du grand capital ou également dans la remarque de Marx que l'exigence formulée par les socio-démocrates de supprimer le travail des enfants serait réactionnaire parce qu'il détruirait le potentiel révolutionnaire que l'on trouve chez les jeunes gens[76].

3.2. Contingence et expérience de la contrainte

Chez les existentialistes surtout, on a fait valoir que l'insertion dans une structure économique particulière n'était qu'un élément par lequel l'être humain, le *Dasein*, comme le dit Heidegger, se trouve limité dans ses décisions (cf. Sartre, *Les jeux sont faits*.) Le fait que l'homme soit jeté dans la situation de l'au-delà de la vie, le fait qu'il élimine encore une palette entière de possibilités de choix futurs est une expérience fondamentale du *Dasein*, qui est encore accentuée par les conditions générales supplémentaires comme la déchéance dans le « on », par exemple lorsque les hommes se laissent conduire par des modèles de comportements courants. Heidegger dessine pour l'individu une issue ; elle consiste, par le biais de la résolution, en l'anticipation de la mort[77].

Il ne reste plus guère à la philosophie politique qu'à formuler le constat, banal de nos jours, que la communauté politique doit maintenir ouvert, pour l'individu, aussi largement que possible, le chemin lui permettant de planifier individuellement sa vie.

---

[76] Karl Marx, « Randglossen zum Programm der deutschen Arbeiterpartei » in *Marx-Engels-Werke*, vol. 19, Berlin, 1959, p. 21.

[77] Martin Heidegger, *Sein und Zeit*, Tübingen, 1979, p. 297 et p. 263. [*Être et temps*, trad. Martineau, Authentica, 1985, p. 212 et p. 192].

3.3. Contrainte et concept

Celui qui dirige le langage, celui qui, par exemple, contrôle l'interprétation des textes juridiques ou des textes sacrés qui sont politiquement pertinents, exerce un pouvoir qui ne doit pas être sous-estimé. C'est une vérité connue depuis Thomas Hobbes au moins.

En outre, on a indiqué que des concepts politiques n'ont acquis leur « sens précis qu'à travers une antithèse concrète », c'est-à-dire « à travers leur usage dans le combat politique[78] ». Certes, il est vrai que ce n'est qu'avec la connaissance des conditions précises que l'on peut déterminer les intentions d'un auteur. D'un autre côté, on ne peut rien viser sans un contenu descriptif de ce concept qui soit compréhensible par tous.

De plus, on se plaint de toutes parts de la contrainte exercée par cet ensemble de concepts, par chaque ensemble de concepts ou par la rationalité que recèlent ces concepts. Max Stirner, déjà, a attiré l'attention sur le danger de la domination par la pensée et Jacques Derrida a insisté sur le fait que « le discours est originellement violent [...] et que la guerre habite le *logos* philosophique [...][79] ».On pourrait multiplier les exemples à volonté.

Or, c'est un fait incontesté que les constructions contingentes de concepts et les développements du langage déterminent l'accès au monde ; nombreux sont ceux qui affirment que ce sont eux qui, en premier lieu, constituent la réalité[80]. Cependant, la structure plus ou moins similaire de l'organisation de la perception, chez la plupart des gens, et des objets que nous percevons, à l'aide de ces structures, semblent imposer certaines limites à la relativité ontologique.

De toute façon, on ne peut considérer la construction des concepts comme des camisoles de force que si on les considère comme immuables et pétrifiés. Néanmoins, dans la mesure où nous nous servons d'une rationalité ouverte et susceptible d'être révisée, nous sommes en principe en mesure de reconnaître et d'éliminer les absurdités ainsi que les insuffisances théoriques de nos systèmes conceptuels. Des parties de schémas conceptuels ou des schémas eux-mêmes seront, dans la mesure du possible, remplacés par d'autres, plus simples, de même que la vision du monde géocentrique a été remplacée par la vision héliocentrique.

De surcroît, se pose, dans le cadre politique, la question du *cui bono* de la rationalité. Du fait – que nous venons de mentionner – qu'il ne soit pas

---

[78] Carl Schmitt, *Hugo Preuß. Sein Staatsbegriff und seine Stellung in der deutschen Staatslehre*, Tübingen, 1930, p. 5.

[79] Stirner, 2000, p. 386 *sq.* ; Jacques Derrida, *L'écriture et la différence*, Paris, Le Seuil, 1979, p. 171.

[80] Voir, entre autres, Berger et Luckmann, *Die gesellschaftliche Konstruktion der Wirklichkeit*, Frankfurt/M., p. 1977 ; Nelson Goodman, *Ways of Worldmaking*, Indianapolis, 1978. ; W. V. Quine, *Word and Object*, Cambridge/Mass., 1960.

rare que l'on fasse usage du pouvoir que l'on possède et que l'on en abuse pour donner à l'interprétation du droit une certaine tournure, pour présenter des événements historiques et des procédures politiques actuelles de la manière la plus favorable qu'il soit aux détenteurs du pouvoir, on concluait que toute détermination conceptuelle était nécessairement un instrument d'oppression des faibles. Par suite, ces derniers devaient se débarrasser de tels scrupules et devaient même renverser grâce à la conscience mythique, peut-être portée par le mythe de la grève générale du prolétariat, ceux qui régnaient[81]. Pourtant, à un tel degré de généralité, ce verdict sur la rationalité apparaît injustifié.

En effet, dès lors que l'on place tout exercice du pouvoir en général sous l'obligation rationnelle de justification, qu'on pose donc une exigence de légitimation, il faut, premièrement, discuter quelle justification l'on est prêt à accepter, deuxièmement, examiner si les dirigeants actuels s'y conforment. La rationalité établit aussi un lien important entre gouvernants et gouvernés dans la mesure où elle exige de justifier les prétentions à dominer. Dans ce qui suit, nous analyserons quelques-uns des modèles de justification.

Avec quelle âpreté et de quelle manière de telles prétentions à la justification peuvent créer des liens demeure controversé. Karl-Otto Apel défend avec insistance l'idée que celui qui participe à une argumentation morale prétendument valide, sans considérer son partenaire de discussion comme son égal ou en essayant de l'influencer par des ordres ou des illusions, etc., commet une auto-contradiction performative et se disqualifie pour d'autres argumentations. La difficulté de cette théorie réside en ce qu'elle affirme la validité exclusive d'une interprétation – absolument pas indubitable – des rapports complexes, du point de vue d'une théorie de l'action et du langage, dans cette zone grise entre une argumentation pratique intuitivement plausible et sa nécessité logique ainsi qu'entre la relation que chacune des deux entretient avec la sphère de l'action[82].

Certes, on a l'impression qu'il y a quelque chose qui ne va pas, lorsque, dans une argumentation, quelqu'un veut faire pression sur le partenaire de dialogue. Néanmoins, on ne peut savoir avec certitude dans quelle mesure il y a une contradiction *logique,* encore moins jusqu'où des incohérences logiques dans le discours ou dans le comportement peuvent au point de vue moral disqualifier quelqu'un.

---

[81] Georges Sorel, *Réflexions sur la violence*, Paris, 1919.

[82] Karl-Otto Apel, *Transformation de la philosophie,* Tome I, Paris, 2007, *Discussion et responsabilité,* t. II, Paris, 1998. Concernant cette critique, voir Reese-Schäfer, 1997, p. 71 *sq.*

III. Qui peut contraindre ? Pourquoi ? A quelle fin et comment ? Souveraineté, légitimité, taxes, peines.

Une communauté politique qui cherche à s'approcher de l'idéal d'une coexistence sans domination et qui, malgré tout, s'efforce de conserver une certaine sollicitude envers ses membres a besoin d'une institutionnalisation politique attentive. C'est la conclusion que l'on pourrait tirer des réflexions de la deuxième partie de ce travail. Dans cette optique, il faut s'interroger sur la manière dont l'exercice du pouvoir peut rationnellement être justifié pour déterminer dans quelle mesure il peut s'exercer dans les conditions mentionnées ci-dessus et comment il peut être limité. À cette fin, il faut donc se positionner dans la discussion, essentielle pour la discussion politique actuelle, qui a trait à la souveraineté et à la légitimité. À cet égard, les différentes formes de légitimation déterminent le cadre à l'intérieur duquel on peut également aborder les questions de la souveraineté.

1. Les principes de légitimité et leur application

On parle souvent de la souveraineté dans le contexte du droit international. Un État souverain est traditionnellement un État dont le gouvernement n'est pas soumis aux indications d'une instance supérieure ; selon Thomas Hobbes, ce gouvernement n'est soumis à aucune restriction juridique. Dans notre contexte, cependant, il s'agit de la souveraineté à l'intérieur du système juridique d'un État ; de manière similaire à la souveraineté en droit international, le souverain est compris comme n'étant soumis à aucune contrainte juridique. Le vieux modèle intuitif sous-jacent est, dans les deux cas, celui du monarque absolu qui a affaire, en droit international, avec d'autres monarques également absolus.

Une première forme de légitimation du pouvoir est intimement liée à cette conception. Telle que nous l'avons présentée dans la construction anthropologique contractualiste de Hobbes, elle réside dans l'affirmation qu'il doit y avoir une instance souveraine, libre de toutes prescriptions juridiques, qui permette d'éviter l'état de nature, la guerre de tous contre tous et de garantir ainsi la sécurité juridique. Seule source authentique du droit, l'instance souveraine peut se doter d'une grande puissance, de telle sorte que son commandement soit la source du juste et de l'injuste. Cependant, une instance conçue de cette façon ne convient pas en principe à la description d'un système juridique.

La version la plus faible du souverain, que nous trouvons chez Jean Bodin (1530-1596) et, au XXe siècle, chez Carl Schmitt, est celle d'une instance pouvant assurer le maintien de l'ordre juridique mais qui, se trouvant au-dessus du droit, peut, en cas de nécessité, passer outre ; le souverain est alors *legibus absolutus*. Bien que l'on puisse plus facilement décrire une telle instance juridique de manière cohérente que la figure extrême du souverain, cette figure pose des problèmes théoriques et, en tous les cas, politiques. De plus, cette conception du souverain n'est pas compatible avec l'ordre démocratique.

Celui qui peut se permettre d'ignorer l'ordre juridique lorsqu'il l'estime requis (mais qui formule cette exigence ?), celui dont le commandement constitue le droit, ne peut se référer à l'ordre en vigueur. C'est pourquoi la question de principe qui se pose urgemment dans le contexte de la souveraineté est celle de la légitimité, qui va au-delà de la légalité des actes violant ou instituant le droit.

Par conséquent, si la question de la légitimité du pouvoir, comme élément central de la théorie politique, se pose pour la première fois chez Thomas Hobbes, cela ne résulte pas seulement de sa méthode qu'il emprunte aux sciences naturelles, mais également de la proposition logiquement indépendante de mettre fin à la guerre de tous contre tous par un Léviathan qui a juridiquement tous les pouvoirs. La forme de sa réponse demeure intimement liée à l'individualisme, qui découle naturellement de la dissolution fictive de toute organisation politique.

Avant Hobbes, mises à part des réflexions que l'on peut considérer comme insignifiantes, on s'est consacré à la question de la légitimité de la succession du pouvoir et de l'exercice légitime du pouvoir. Au souverain légitime s'opposaient, selon une distinction effectuée par Bartole, l'usurpateur qui est parvenu illégitimement au pouvoir (*tyrannus ex defectu tituli*) et le despote qui abuse du pouvoir qu'il a légitimement acquis (*tyrannus ex parte exercitii*).

Il y avait, en outre, des débats sur les prétentions au pouvoir et sur sa répartition entre la couronne et les états, entre l'Eglise et l'État ou, dans les républiques, entre les couches diversement nanties de citoyens ; mais il y en avait rarement sur la question de savoir pourquoi un pouvoir est nécessaire – la réponse à cette question semblant évidente depuis le péché originel et la chute. On trouve bien déjà chez Guillaume d'Ockham une conception fonctionnelle du pouvoir, mais elle ne jouait aucun rôle pertinent dans les discussions. C'est pourquoi on peut légitimement soutenir, dans une certaine mesure, que la discussion sur la légitimation incluant la justification de la domination en général vis-à-vis de l'individu, n'est devenue pertinente et n'a acquis sa pleine validité qu'avec Hobbes.

Naturellement, on peut douter de la possibilité et de la nécessité d'une telle justification du pouvoir envers l'individu. On objecterait que l'individu s'est « toujours » trouvé dans un ordre de domination auquel il ne pouvait absolument pas se soustraire en tant qu'être social. Nous avons discuté quelques exemples de cette conception dans la deuxième partie.

Cependant, on peut défendre la construction d'un individu rationnel, face auquel il faut présenter une justification du pouvoir, du moins comme critère heuristique de distinction entre le pouvoir légitime et le pouvoir illégitime. Toujours est-il que ce n'est absolument pas sur ce point que nous devons décider de discuter de la problématique de la légitimité.

De nos jours, la légitimité se définit comme suit[83] : affirmer ou contester la légitimité, c'est affirmer ou douter du bien-fondé d'une reconnaissance des actes de souveraineté ou des ordres de pouvoir en fonction de leur accord ou de leur incompatibilité avec des principes reconnus ou supposés dignes de l'être. Il importe donc se demander de quels principes il s'agit ici et sur quels fondements ils reposent.

On peut diviser ces principes en plusieurs types : il y a les principes qui, suite à la domination, servent à protéger ceux qui sont soumis, les principes qui constituent une forme quelconque de consentement à la condition que l'on puisse exiger de quelqu'un quelque chose en général et, en particulier, l'obéissance, et les principes qui ont pour but de déplacer les principes de justice et d'autres principes moraux dans le cadre politique. Conformément à cette partition, nous traiterons de la légitimité fonctionnelle (1.1.), de la légitimité affirmative (1.2.), c'est-à-dire de la légitimité par le consentement, et de la légitimité morale (1.3.).

Dans le contexte de la légitimité obtenue par consentement, il est également question de la forme de la souveraineté pertinente aujourd'hui, à savoir la souveraineté populaire. Comprendre le discours de la souveraineté populaire exige d'examiner les différentes significations de la notion de « peuple » en jeu ici. Si la notion de « peuple » se réfère à l'ensemble des citoyens, alors la souveraineté populaire doit être fondée, d'une part, sur la prétention de ceux qui sont assujettis à réviser la constitution, dans la mesure où celle-ci est couverte par une décision démocratique majoritaire, d'autre part, elle sert à rejeter les prétentions de domination qui ne se réfèrent pas au consentement des sujets. On retrouve dans ce contexte les questions suivantes : pourquoi la majorité doit-elle précisément dominer ? Quel rôle joue l'espace public ? La représentation du pouvoir du peuple est-elle un obstacle ou est-elle utile ?

La question de savoir quelles conséquences peut et doit avoir le manque de légitimité dépend naturellement de la conception de la légitimité présentée.

Apparaissent ici le rapport de l'État, du droit et de la morale, le devoir moral d'obéir aux lois et leurs limites morales, bref, la question de savoir quand il peut y avoir un tel droit à la résistance (1.4.).

---

[83] Voir Jürgen Habermas, „Legitimationsprobleme im modernen Staat", in *Politische Vierteljahresschrift*, Sonderheft 7, 1976, p. 39-61.

1.1. Légitimité fonctionnelle

Nous venons de rattacher la première forme de légitimité au principe que le pouvoir sert à protéger les sujets, à la formule du droit de fief reprise par Hobbes de la « *mutual relation between protection and obedience* » (*Léviathan*, ch. 21). Ainsi, le principe de légitimité s'adresse-t-il aux individus concernés et attend obéissance, parce que, normalement, dans le cas d'un taux restreint de criminalité, la vie et la santé des individus sont mieux protégées que s'ils étaient obligés de se défendre contre les attaques de leurs congénères incontrôlables.

Mais, la justification fonctionnelle du pouvoir n'était pas originalement présentée dans cette version modérée, mais était traditionnellement liée à différentes sortes de prétentions à la souveraineté.

1.1.1. Le souverain comme auteur du droit

Selon la formulation la plus simple et la plus claire de cette conception, est précisément juste ce que le souverain, donc une instance dotée d'une autorisation légale illimitée, commande sous la menace de sanction, et est injuste ce que le souverain interdit.

Les problèmes que soulève une telle interprétation du droit résultent du fait que, pour le dire brièvement, le droit se présente sous des formes trop diverses pour être entièrement saisi par une telle formule – en fin de compte, il serait difficile de décrire de cette manière une partie essentielle du droit privé ainsi que le droit coutumier et celui d'anciennes normes juridiques conservées. De plus, les droits de l'instance souveraine et les procédures de succession doivent au même titre appartenir au droit, mais ne peuvent relever des commandements, puisque ce sont eux qui, en premier lieu, définissent le droit de commander. Évoquons brièvement les malentendus conduisant à la thèse selon laquelle l'existence d'un système juridique rend nécessaire un souverain doté d'un pouvoir illimité. Ces malentendus sont les suivants[84] :

- Restreindre le pouvoir des autres organes requiert une instance supérieure.

En vérité, il suffit d'établir l'incompétence juridique de l'organe sur les points concernés.

- L'autonomie d'un système juridique requiert un souverain qui n'obéisse à personne d'autre.

[84] Cf. H. L. A. Hart, *The Concept of Law*, Oxford, 2e éd., 1994, p. 69.

Il suffit *de facto* que les règles qui établissent les droits de l'instance suprême n'accordent pas non plus une autorité sur le territoire concerné à une instance pourvue d'autorité sur un autre territoire.

- Eviter l'insécurité juridique exige une autorité légalement illimitée. Cela n'est pas pertinent, car l'autorité juridiquement illimitée est quelque chose d'autre que l'autorité suprême juridique – en fait exigible, qui, en règle générale, est entièrement limitée au point de vue juridique.

1.1.2. Le souverain comme garant du droit

Ce concept de souveraineté correspond à une conception quelque peu modérée qui remonte à Jean Bodin (*Six livres de la République,* I, 10) et que l'on retrouve également chez Carl Schmitt. Selon cette conception, le souverain possède le pouvoir de s'élever au-dessus de l'ordre juridique lorsqu'une situation d'urgence l'exige. Est donc souverain « celui qui décide de la situation exceptionnelle », car la situation d'urgence met en évidence celui qui est en état de garantir l'ordre à créer « pour que l'ordre juridique ait un sens[85] ». Le souverain ne crée pas le droit, mais il permet qu'il soit valide et, à cette fin, il peut aller au-delà de toute norme effective dont la validité est normalement reconnue.

« Dans le cas d'exception, l'État suspend le droit en vertu d'un droit d'autoconservation [...]. Le souverain établit et garantit l'ensemble de la situation dans sa totalité ». Puisqu'on ne peut jamais déterminer concrètement en quoi consiste la situation d'exception, Schmitt soutient que toute limitation des droits du souverain coupe sa possibilité de maîtriser les situations difficiles, et contredirait, par suite, l'intérêt de l'État.

Les problèmes théoriques qu'implique cette position commencent avec le fait que l'État et le droit sont à peine séparés, comme le suggère le passage cité plus haut. De plus, mettre fin aux incertitudes juridiques – la plus grande menace pour l'« état normal » – requiert une instance suprême, mais pas une instance qui ait un pouvoir juridiquement illimité. Mais si la question – qui peut prétendre à ce droit – devait se poser en cas de guerre civile, personne ne pourrait « garantir la situation dans sa totalité ». Si une partie s'impose, l'exception absolue n'existe plus ; les rapports clairs grâce auxquels les droits des instances différentes peuvent être déterminés de manière absolue, dominent de nouveau.

Cependant, le véritable point de controverse consiste à savoir si l'État libéral, avec ses limitations du pouvoir politique, est en mesure de réagir à l'état d'exception. L'État constitutionnel moderne est incompatible avec l'existence d'une instance de pouvoir quasi illimitée au plan légal, ce

[85] Carl Schmitt, *Théologie politique* (1922), Paris, Gallimard, 1988, p. 15, p. 22 *sq.*

que l'on pourrait désigner comme la caractéristique spécifique des États autoritaires. Pourtant, l'État de droit n'est absolument pas « dépourvu de moyen » devant les problèmes d'une situation d'exception. On trouve déjà chez Locke (*Second Traité*, §158-168) une justification détaillée des prérogatives de l'exécutif dans les cas de désordres dans l'État. Un pouvoir autoritaire n'est pas nécessairement mieux protégé qu'un État de droit contre la situation extrême, incluant le risque d'une guerre civile causée par les prétentions adverses au règne, fondées sur des pouvoirs plus ou moins égaux.

Cette façon d'appréhender la souveraineté est caractéristique de l'interprétation non individualiste de Hobbes. Dans la mesure où une légitimation fonctionnelle, relative au bien-être des individus, fournit un critère pour déterminer quand le souverain *n'est pas* en état d'émettre des prétentions à l'obéissance parce qu'il ne peut pas protéger ses citoyens ou qu'il les met effectivement en danger, du côté conservateur on a pris ses distances et on a adopté des formulations plus générales, des formulations qui doivent être moins prises à la lettre, comme la préservation de la paix, de l'ordre, de la stabilité ou encore la « garantie de la situation comme totalité ». On insiste tout à fait sur un aspect analogue s'agissant des obligations de l'État, mais l'on choisit une perspective plus générale sur la totalité de l'organisation politique. La stabilité acquiert, dans ce cadre, une valeur positive.

Parce que cette manière de voir « d'en haut » est en quelque mesure justifiée, nous avons choisi d'intituler ce paragraphe « légitimité fonctionnelle », afin de ne pas perdre de vue les modèles de légitimation qui importent, pour nous, aussi bien du point de vue historique que systématique, en axant sur la perspective « d'en bas », la perspective des individus. Car ce n'est pas uniquement à l'époque de l'absolutisme que l'on a justifié par le bien-être général la violation des intérêts individuels dignes d'être protégés. Ce modèle de justification n'est absolument pas limité aux États autoritaires, même s'il y est souvent plus répandu que dans les démocraties. Même dans les États démocratiques constitutionnels comme l'Allemagne Fédérale, on exige, sur la base de considérations politiques se référant au bien commun, de grands sacrifices – qui peuvent aller jusqu'au sacrifice de leur vie – de la part d'otages victimes de chantages politiques exigeant la libération de complices emprisonnés.

Sur le plan du droit international, il semble que la norme formulée, notamment par Kelsen, selon laquelle le régime qui peut détenir le contrôle effectif sur le territoire en constitue le représentant légitime[86], est toujours valide jusqu'à un certain point. Doit-on, par conséquent, complètement abandonner la légitimité fonctionnelle « d'en bas » au profit d'une légitimité « d'en haut » ?

---

[86] Hans Kelsen, *Théorie pure du droit*, Paris, Dalloz, 1962, p. 280 et 428 *sq*.

Cela ne nous semble pas recommandable dans la mesure où la paix, la stabilité, etc., ne sont dignes d'être garanties qu'en vertu de leur valeur pour les individus, et c'est seulement de cette manière que ces garanties peuvent commencer à fonctionner comme arguments de légitimation. Sans aucun rapport avec le sort des individus, la garantie de l'ordre et de la stabilité n'offre pas de critère pour distinguer l'illégitimité des régimes despotiques qui méprisent les êtres humains des autres régimes, aussi longtemps qu'ils pourront se maintenir. Hobbes s'est opposé à la distinction entre régimes dégénérés et non-dégénérés, car chacun peut appeler tyran le roi qu'il n'aime pas (*De Cive*, X.2, XII.3).

Il règne aujourd'hui un consensus sur le fait que plusieurs régimes mettent davantage en danger leurs citoyens qu'ils ne les protègent et doivent, pour cette raison, être considérés comme illégitimes. Cependant, l'exigence de ne pas mettre en danger de manière manifeste les citoyens semble faible si on doit l'accepter comme l'unique critère de reconnaissance d'un régime. Le bien commun, que l'on a coutume de prendre pour critère de la légitimation fonctionnelle de l'ingérence des autorités dans les affaires individuelles, comprenait, en théorie et dans la pratique de l'État absolutiste éclairé, bien plus que le « laisser-vivre » [*Lebenlassen*] des citoyens, comme l'amélioration des soins médicaux, l'introduction de mesures élémentaires d'hygiène et la construction d'infrastructures.

Néanmoins, dans la plupart des cas de telles formes plus ou moins absolutistes de l'exercice du pouvoir, les opposants se voient réduits au silence par la violence, et il est difficile de dire clairement si, en réalité, les actes qui émanent de l'autorité ou du système dans son ensemble ne servent pas davantage ceux qui détiennent le pouvoir que le bien commun.

1.2. Légitimité affirmative et souveraineté populaire

Un moyen pour résoudre facilement de telles controverses consiste à prendre pour critère le consentement libre, non contraint, des gouvernés et à présenter le principe juridique *volenti non fit iniuria* comme justification du pouvoir ou des actes des gouvernants. Celui qui veut quelque chose ne subit pas de préjudice lorsque sa volonté est faite. C'est l'argument qu'ont notamment développé Locke, Rousseau et Kant en réaction à Hobbes. En tant que base du pouvoir, le contrat de soumission recule devant l'accord et « le consentement mutuel de ceux qui forment la société » (Locke, *Second Traité*, XV, § 171). Chez Kant le « contrat originaire » par lequel « un système représentatif du peuple » se constitue comme le seul pouvoir légitime fonctionne comme un principe de construction de l'État dans l'idée, qui sert d'étalon factuel de l'État. Ingeborg Maus voit formulée chez Rousseau et, plus particulièrement, chez Kant, la théorie classique d'Europe continentale qui met injustement en relation la souveraineté du peuple avec les systèmes totalitaires[87]. L'appréciation historique est certainement juste.

Cependant, il devrait y avoir au-delà des mers et des bras de mer un consensus sur le fait que l'exigence de souveraineté du peuple, si elle doit avoir un sens, doit être reliée à la revendication d'un droit des dominés et des gouvernés à consentir à l'autorité et au gouvernement ou à refuser ce consentement. Que cela signifie-t-il précisément ?

D'une part, le principe de la souveraineté du peuple est tellement acquis qu'on lui doit allégeance, ainsi, par exemple, lorsqu'on veut entrer dans la fonction publique allemande. D'autre part, dans ses deux composantes, ce principe est tout sauf univoque. Qui est donc le peuple et en quel sens est-il souverain, conformément à ce qui a été dit jusqu'ici sur la souveraineté ?

1.2.1. Qui est le peuple ?

Malgré les exigences d'identification historiquement explicites, nous ne savons pas clairement « qui est le peuple ». En fin de compte, on ne peut pas considérer le peuple comme une personne existant *per se* de la même manière que l'on identifiait le monarque comme personne, que l'on soit pour ou contre lui, qu'on veuille bien le reconnaître comme souverain ou non. Le fait qu'un groupe parvienne à se désigner comme peuple sans contradiction est la preuve – relativement ténue – que les méthodes pour éliminer les contradictions et les opposants dans les « communautés populaires » – la « *Volksgemeinschaft* » était importante pour le nazisme – et dans les « démocraties populaires » du pacte de Varsovie ne nous étaient que trop connues.

Savoir ce que signifie très précisément la prétention à être un peuple, ou même celle de représenter le peuple, exige tout d'abord de déterminer parmi les significations traditionnelles du terme « peuple » celles qui sont les plus pertinentes. Quatre significations doivent être prises en considération.

Le peuple comme l'incarnation des couches inférieures, comme le *demos* ou la plèbe, opposé aux riches, tels les patriciens, et formant une force spécifique dans la communauté politique.

Le peuple comme la totalité de ceux qui ne gouvernent pas, qui, dans certaines situations, s'opposent à un régime despotique. Cet usage du mot « peuple » apparaît lorsqu'on accorde à un peuple opprimé le droit de résister contre des autorités oppressives. C'est cet usage que la raillerie de Brecht prend pour cible dans les *Élégies de Buckow,* lorsqu'il déclare que, si le gouvernement n'est pas content du peuple, il peut en chercher un autre.

---

[87] Ingeborg Maus, *Zur Aufklärung der Demokratietheorie. Rechts- und demokratietheoretische Überlegungen im Anschluss an Kant*, Frankfurt/M., 1994.

Cependant, ces deux conceptions ne correspondent pas à l'acception de « peuple » sous-jacente à la souveraineté populaire. Dans cette optique, nous devons plutôt recourir à la pensée de la nation, dont la plus pertinente a été formulée par l'Abbé Sieyès : la nation désigne le *pouvoir constituant* sous-jacent à toute organisation politique, pouvoir plus authentique et plus fondamental que tous les pouvoirs constitués des organisations étatiques concrètes[88]. C'est seulement avec cette conception du « peuple » que nous avons quelque chose qui correspond à une révolution réussie. Même ici la question de savoir qui appartient à la nation ou, comme on le dira plus tard, au peuple, donne lieu aux deux interprétations suivantes.

Le peuple comme l'ensemble des citoyens d'une unité politique déjà constituée. C'est ainsi que Sieyès comprenait la nation dans son engagement en faveur du Tiers-état.

Le peuple comme groupe d'hommes historiquement ou ethniquement constitué, hommes auxquels on refuse entièrement ou partiellement le droit de s'organiser politiquement, par opposition à leur auto-compréhension. C'est ainsi que l'on parle au XIXe siècle de la nation polonaise, que l'on exige un droit à l'autodétermination du peuple palestinien et essaye de surmonter la division de l'Allemagne et de mettre en place un droit à l'émigration des citoyens de souche allemande vivant dans les pays de l'Est. Ces deux exemples démontrent que, malgré l'actualité politique de cette interprétation, il est quasiment impossible de la saisir avec des catégories politiques actuelles. Il ne semble donc pas convenable de vouloir l'éliminer des considérations de théorie politique pour des raisons d'opportunité politique.

Mais, la conception du peuple comme l'ensemble des citoyens est déjà, dans l'usage le plus fondamental du terme, sous-jacente à la conception de la souveraineté populaire, parce que les citoyens sont certainement soumis à la constitution alors que les membres d'un peuple dans le sens ethnique peuvent, au point de vue politique, appartenir à des états différents[89].

1.2.2. Que signifie la souveraineté populaire ?

Dans la première approche, le concept de souveraineté populaire exprime la prétention à participer au régime de ceux qui sont soumis à un pouvoir. Formulé autrement, il contient le rejet de toute prétention au pouvoir qui n'est pas fondé sur le consentement des gouvernés.

---

[88] E. J. Sieyès, *Qu'est-ce que le Tiers-état ?*, Paris, 1789, repr. Paris 1982, p. 27.

[89] On trouvera une collection interdisciplinaire de travaux sur le concept de peuple dans : Harmann von Laer, *Volk und Bevölkerung*, Cloppenburg, 1992.

La question la plus pertinente ici consiste à savoir comment constater le consentement ou l'absence de consentement. Dans quelle mesure le peuple est-il souverain ?

On doit pouvoir distinguer les différents domaines, notamment l'accord avec les décisions particulières des autorités, l'accord avec le gouvernement et, enfin, l'accord avec le système du pouvoir dans son ensemble.

1.2.3. Le consentement aux décisions particulières et la séparation des pouvoirs

De nos jours, le consentement aux décisions particulières dans des situations particulières est déterminé par referendum. Cependant, dans les États de droit, le consentement est normalement présupposé dans la mesure où existent l'alternance, la contestation et la possibilité de porter plainte. Mais, ces mécanismes ne peuvent naturellement pas garantir que personne ne se sentira injustement traité, ni même que personne ne sera effectivement injustement traité. L'État peut essayer de tenir compte de l'expression du mécontentement et la prendre au sérieux ; il doit être possible de vivre avec une certaine dose d'insatisfaction, ce qui est acceptable lorsque ceux qui sont insatisfaits peuvent refuser de consentir au régime dans son ensemble.

Avec les différentes possibilités de contestation légale des mesures particulières, on touche aux recours faits aux deux autres pouvoirs qui contrôlent l'exécutif. N'est-ce pas là cependant une compréhension trop ténue de la souveraineté du peuple auquel nous appartenons tous ? Est-ce encore une véritable démocratie ?

Selon la conception courante, la souveraineté populaire implique la démocratie comme forme d'exercice du pouvoir, comme forme d'État et non comme forme de gouvernement. Le peuple détermine le législatif, la plupart du temps sous la forme d'une représentation parlementaire. Cependant, il n'exerce pas d'actions exécutives. Il y a deux raisons à cela.

Premièrement, en tant que forme de gouvernement dans laquelle une assemblée populaire réglerait les affaires (comme le cabinet chez nous), la démocratie serait difficilement praticable dans les démocraties de masse. Deuxièmement (et surtout), lors de conflits juridiques entre le gouvernement et les citoyens, il existe rarement une instance indépendante, parce que c'est toujours le peuple auquel appartient le citoyen qui est aussi concerné et qui prend les décisions, même si ce dernier n'est pas d'accord. C'est pourquoi Kant a caractérisé la démocratie comme un despotisme, car, dans ce cas, il s'agit d'un abus de la volonté générale (*Projet de Paix perpétuelle*, AK VIII 352, éd. Flammarion, Paris, 1991, p. 86 *sq.*).

Dans quelques constitutions, il y a également des formes plébiscitaires de décision démocratique comme le plébiscite (*Volksbegehren*) et le référendum (*Volksentscheid*), dont les défenseurs mettent en avant le pouvoir légitimant alors que les opposants soulignent le pouvoir de ceux qui dominent les mass-média, de ceux qui fixent les dates des élections et de ceux qui formulent les questions. Il y a, en effet, une différence fondamentale entre une décision populaire dans une démocratie qui fonctionne et l'acclamation où une masse populaire se laisse conduire par un dirigeant charismatique. Néanmoins, le passage peut être très fluide dans quelques systèmes politiques fonctionnant moins bien.

La situation n'est fatale pour les citoyens que si l'on prend en considération le premier problème d'un gouvernement populaire dans une démocratie de masse, sans considérer le deuxième, lorsque, par exemple, pour des raisons manifestement pratiques, seul un petit nombre gouverne au nom de la multitude, comme c'est presque toujours le cas *de facto*, et si ce petit nombre, en référence à cette prétendue commission du peuple ou même à son identité avec le peuple, s'ingère dans les intérêts des individus sans qu'il y ait une instance indépendante à laquelle ces derniers puissent demander protection.

On le voit, le principe de la séparation des pouvoirs de la souveraineté populaire ne comporte pas que des avantages pour l'organisation politique. Il doit assurer en même temps la protection des individus contre la superpuissance de l'exécutif et faire en sorte que ce soient les citoyens du peuple qui, par voie de la décision démocratique majoritaire, exercent le pouvoir et non un groupuscule qui présenterait ses propres décisions comme celles du peuple.

Une telle protection suppose la possibilité, pour les individus, de recourir à des tribunaux indépendants pour faire opposition aux décisions du pouvoir exécutif et du pouvoir législatif, au contrôle parlementaire du gouvernement et à d'autres mesures qui, sans la séparation des pouvoirs, ne peuvent guère être mises en œuvre. Il importe cependant que tous aient le même accès aux postes importants. La séparation des pouvoirs perd de son efficacité lorsque tous les postes pertinents importants, ne serait-ce que quelques postes-clés (ainsi Côme de Médicis régnait surtout en raison de son influence sur les autorités fiscales), sont entre les mains d'une petite couche ou de la classe dominante.

La séparation des pouvoirs et le contrôle des pouvoirs constituent un moyen indispensable pour se rapprocher, au moins un minimum, d'une société sans domination. Pour cela, l'organisation démocratique du pouvoir législatif et de son contrôle sur l'exécutif est certes également indispensable. La séparation des pouvoirs existe aussi dans des monarchies structurées en États, telle qu'elle a été proposée par Montesquieu comme élément d'équilibre dans la lutte entre la couronne et les États pour le pouvoir.

C'est pourquoi la « re-féodalisation » du droit, qu'Ingeborg Maus perçoit dans l'idée de l'équilibre des pouvoirs, qui a dominé la constitution américaine établie au XVIIIe siècle, et plus particulièrement, la version qu'en a reprise l'institution de la Cour constitutionnelle introduite par le droit de la République Fédérale allemande, selon laquelle la souveraineté populaire est castrée, peut avoir une justification historique et correspondre à quelques agissements temporaires de certaines forces politiques en Allemagne[90].

D'autre part, les expériences négatives faites avec un autre « protecteur de la constitution » dans la République de Weimar – notamment avec le président du Reich légitimement plébiscité, pour lequel Carl Schmitt a façonné ce terme de « *Hüter der Verfassung* », ainsi que la difficulté à trouver des majorités parlementaires fiables, ont tout autant été responsables de l'introduction de la Cour Constitutionnelle en Allemagne après 1945. Cela étant dit, il serait important de soumettre les juges à la critique du public pour justifier leur prétention à représenter le peuple, du moins lors de leur entrée en fonction, ou régulièrement après l'écoulement d'un certain délai – c'est ainsi que se qualifie la justice d'un État démocratique constitutionnel. Ceci permettrait précisément de garantir la condition d'une séparation efficace des pouvoirs – que nous avons désignée comme égale possibilité d'accès aux postes politiques.

1.2.4. Consentement au gouvernement et représentation

On examine, en général, le consentement au régime à l'aide de votes libres et secrets, donc à l'aide d'une décision démocratique majoritaire. Dans certains cas, le choix du gouvernement est couplé avec le choix du parlement, dans d'autres non. Toutefois, il y a presque toujours élection du parlement là où on peut parler de votes démocratiques.

Lorsque le parlement et le gouvernement sont déterminés par le vote, il ne s'agit pas seulement de la procédure la plus démocratique possible de l'occupation des postes. Dans un certain sens, le fait de voter lui-même est un procédé plutôt aristocratique. La décision serait démocratique au sens plein du terme si les postes étaient tirés au sort, comme cela a été temporairement pratiqué dans la démocratie athénienne, parce que ce procédé présuppose l'égalité de tous. La possibilité d'exprimer par une libre décision son consentement et son refus est également un argument important en faveur du vote libre et secret.

Cependant, la tâche centrale des votes est de déterminer et de confirmer les représentants politiques. Les alternatives réalistes dans la démocratie de masse sont, d'une part, la démocratie représentative, dont la théorie tient en dernière instance les députés du parlement pour responsables en leur conscience, d'autre part, la démocratie de base avec le mandat impératif, où

---

[90] Maus, 1994, p. 32 *sq.*

le député reçoit des instructions de la part de l'assemblée des représentants sur la façon dont il doit prendre concrètement des décisions.

Le désavantage de la démocratie représentative – le concept a été forgé par Hamilton à la suite des *Federalist Papers* – réside certainement en ceci qu'il n'existe peut-être pas de légitimation démocratique immédiate des décisions lourdes de conséquences prises par les députés. De plus, un député ayant un tel pouvoir de décision court toujours le danger de la corruption.

D'une manière tout à fait indépendante de la corruption, les dépenses publiques, selon des données empiriques, augmentent plus rapidement dans la démocratie représentative – ce que l'on attribue, entre autres, au lobbysme, à l'influence des groupes d'intérêt puissants sur les députés, aux pots de vins versés à des politiques relativement non contrôlées jusqu'aux prochaines élections, mais aussi à l'asymétrie de la politique conjoncturelle de l'État qui, en temps de crises conjoncturelles, augmente les dépenses, mais ne constitue pas de réserves en période de conjoncture favorable. Un certain nombre de ces facteurs semblent toutefois être de nature plus empirique qu'inhérents à la forme représentative de la démocratie, puisque la comparaison chiffrée de la démocratie directe provient, pour la plupart, d'unités administratives relativement petites. Les mesures contre la croissance rapide des dépenses publiques sont, par exemple, la limitation des prélèvements sur le volume des impôts ou les limitations de la dette, les limitations des mesures onéreuses au prorata du temps et des coûts, etc.[91].

L'avantage du système représentatif réside en ceci qu'il permet d'assurer – une plus grande continuité personnelle et donc de la responsabilité personnelle des décideurs, – l'indépendance à l'égard des assemblées de base dont la composition change et dans lesquelles les démagogues tentent leurs chances, – une plus grande indépendance également vis-à-vis des événements du jour, des mass-médias, etc. En outre, en comparaison à la démocratie à mandat impératif, qui tente de s'approcher des démocraties de base, et à la démocratie représentative qui a une rotation plutôt rapide des mandats, le poids du législatif choisi est durablement renforcé eu égard aux fonctionnaires actifs dans la bureaucratie ministérielle, grâce à une durée plus longue de la fonction des députés, auxquels la familiarité avec les affaires politiques courantes confère cependant un poids spécifique qui n'est plus légitimé politiquement.

Il s'agit ici de n'attacher ni trop ni trop peu d'importance à la « représentation ». Dans un sens très large, tous les bénéficiaires de mandats de l'État, même les secrétaires d'État nommés fonctionnaires, représentent les citoyens dont ils sont les députés, dans la mesure où ils occupent leur place lorsqu'une loi doit être votée. La spécificité de la démocratie représentative

[91] Cf. Charles Blankart, *Öffentliche Finanzen in der Demokratie*, München, 1994, 2e éd., ch. 9.

réside en ce que l'on fait confiance, dans une certaine mesure, au propre jugement des représentants choisis, du moins en théorie, même si cette confiance est fortement relativisée par des contraintes de fraction ou d'autres natures.

Il s'agit donc d'accorder en conséquence une certaine dose de faculté de juger aux députés, puisqu'ils ont été élus et doivent, par conséquent, représenter le peuple, c'est-à-dire le représenter juridiquement ; ils doivent également rendre compte de la façon dont ils remplissent leur rôle de représentant. Pour l'assemblée des députés dans son ensemble, il ne s'agit pas de représenter la dignité du peuple en apparaissant avec la conscience de sa dignité. L'image d'une assemblée consciente de sa dignité, de députés délibérant de façon indépendante et sans préjugés a été en première ligne proposée dans l'objectif de se moquer, par contraste, des parlements réels[92].

L'idée selon laquelle le parlement aurait à refléter la dignité ainsi que l'unité de l'État et du peuple ne résulte pas du concept de représentation constitutif du parlementarisme centré sur la représentation au sens juridique. Dans la réalité, les parlements devraient plutôt être un reflet des discussions publiques que viser de nouveaux résultats. C'est au monarque, dans les républiques comme la République Fédérale allemande, au président de la Fédération, que revient la tâche de donner une représentation à quelque chose de plus élevé et d'abstrait, comme la dignité de l'État, par une apparition consciente de sa dignité, comme cela se comprenait au temps de l'absolutisme, et non au parlement qui serait dépassé de par le comportement que cela exigerait.

1.2.5. L'acceptation du système, le pouvoir constituant du peuple

À quoi constate-t-on que quelqu'un consent au système dans son entier, même si bon nombre de choses ne lui plaisent pas, et qu'une grande partie de la population adopte une attitude fondamentalement positive ? Dans le cas de la décision majoritaire, on pourrait interpréter la participation au vote comme un consentement obligé aux résultats. Mais qu'en est-il alors de ceux qui ne participent pas au vote ou qui, pour une raison quelconque, ne peuvent pas (encore) voter ? Comme cela apparaîtra bientôt plus clairement, pour qu'une décision majoritaire soit obligatoire, ceux qui participent au vote doivent satisfaire à quelques conditions supplémentaires.

---

92 Cf. Carl Schmitt, *Die geistesgeschichtliche Lage des heutigen Parlamentarismus*, Berlin, 1979, 5e éd. [*Parlementarisme et démocratie*, Paris, Seuil, 1988] Sur la représentation, voir Hasso Hofmann, *Repräsentation*, Berlin, 1974, p. 36 *sq.* ; Jürgen Habermas, *Strukturwandel der Öffentlichkeit*, Darmstadt/Neuwied, 13e éd., p. 46 *sq.*, p. 69 *sq.*

Toutefois, quelques compléments s'imposent. Premièrement : le silence du peuple peut être obtenu par la crainte, ce qui serait difficile à prouver dans chaque cas. Deuxièmement, personne ne peut placer quiconque devant l'alternative de lui obéir ou de s'exiler[93]. Troisièmement, il existe plusieurs circonstances qui peuvent empêcher quelqu'un de s'exiler, l'une d'entre elles est très efficace et fréquente : c'est la pauvreté sur laquelle Hume attirait déjà l'attention dans sa critique de la théorie contractualiste. Le fait que les gens restent dans le pays ne prouve en aucun cas la légitimité du système.

Néanmoins, on peut conserver ce fait comme critère négatif et observer, qu'en plus des révoltes populaires, les exodes massifs et leur empêchement violent, comme cela a été le cas avec le mur de Berlin, sont des signes d'un manque significatif de légitimité d'un système. En revanche, il ne faut pas conclure, sans précautions, de l'absence de tels phénomènes au consentement de tous ceux qui sont assujettis à un pouvoir.

La deuxième prétention liée à la souveraineté du peuple est celle de la compétence formatrice du *pouvoir constituant* à aller au-delà de chaque *pouvoir constitué*. Si les instances concrètes rattachent leur prétention au pouvoir au consentement du peuple, elles doivent demeurer ouvertes en principe à la possibilité de changer ou, en tous les cas, de corriger et éventuellement d'amender la constitution, dès lors que, par exemple, l'accès aux postes, mentionné auparavant, n'est pas garanti. Cette prétention implique en fait un droit de résister où la résistance peut prendre, selon les situations, différentes formes, allant de la désobéissance politique à la révolution. Nous préciserons ce point lorsque nous discuterons le droit à la résistance.

Il importe de se prémunir ici contre trois malentendus.

1) Le fait de parler de la volonté du peuple comme principe de base de la légitimation de la souveraineté populaire ne doit pas conduire le peuple à se conduire comme une diva capricieuse qui change de gouvernement et de constitution selon son humeur. Un changement fondamental de la constitution ne peut être que l'*ultima ratio* dans un cas de nécessité extrême et doit être mûrement réfléchi. Dans la plupart des cas, il faut préférer la voie de « la souveraineté populaire comme procédure[94] ». Du fait que certaines procédures formelles de prise de décisions doivent être observées, y compris la limitation de ce qu'une majorité peut décider en général, il est fort peu probable que les humeurs collectives du moment puissent dominer la politique ou même la formation de la constitution – humeurs qu'au demeurant des démagogues peuvent habilement créer et canaliser.

---

93 Chaim Gans, *Philosophical Anarchism and Political Desobedience*, Cambridge, 1992, p. 51 *sq*.

94 Jürgen Habermas, *Faktizität und Geltung*, Frankfurt/M., 1992, p. 600 *sq*.

2) L'idéal de la démocratie n'est pas *l'identité des dominants et des dominés, des gouvernés et des gouvernants* comme on l'a souvent prétendu. On a parfois opposé cet idéal comme véritable principe de la démocratie et de la souveraineté populaire à la protection libérale de l'individu[95]. Seulement, ce n'est certainement pas un hasard si la traduction politique d'une telle prétention a toujours été liée à un exercice extrêmement autoritaire du pouvoir. Dans la réalité politique, tous ne sont en fait pas simultanément au pouvoir, et la suggestion que ceux qui sont au pouvoir pourraient, sans contrôle institutionnel, faire « véritablement » ce que les sujets veulent, s'est toujours révélée être une sorte de voie unique conduisant au despotisme. On peut faire en sorte qu'un groupe ne soit pas *a priori* exclu de l'accès au pouvoir, que tous aient les mêmes chances d'accéder à un poste politique, etc. Du reste la protection des dominés contre les dominants constitue une composante stable de la souveraineté populaire.

3) Puisque aucune des définitions du « peuple » ne comprend la totalité de ceux qui sont concernés par l'exercice du pouvoir politique, la souveraineté populaire n'implique surtout pas qu'on puisse faire n'importe quoi avec ceux qui n'appartiennent pas au peuple en ces temps d'interdépendance de plus en plus intense. S'il y eut un temps où les décisions prises par une unité politique ne concernaient que leurs citoyens, ce temps appartient certainement au passé.

Les voisins d'un peuple ont, à chaque époque, été naturellement concernés lorsque celui-ci se décidait à faire la guerre. Cependant, il importe également d'établir ici que les citoyens de l'État, lorsqu'ils ont été et sont associés à la prise de décision pour la guerre ou la paix – auquel cas « ils se garderont » de se précipiter dans une entreprise aussi hasardeuse (*Projet de paix perpétuelle*, AK VIII 351)[96], décident eux-mêmes s'ils veulent s'imposer ce risque ainsi qu'à leurs descendants. Pour les voisins, c'est, dans le pire des cas, même si ce n'est pas de manière normale, une sorte de phénomène naturel imprévisible, avec lequel ils doivent se débrouiller autant que possible.

Sans en arriver à cet extrême, il y a néanmoins une profusion de décisions étatiques, qui concernent avant tout les habitants du territoire qui ne sont pas comptés parmi le peuple de l'État, ensuite également les citoyens des autres États, par exemple dans la communauté européenne, l'OTAN, l'OCDE, ou ailleurs dans le monde. Une sorte d'espace public mondial cri-

---

[95] Carl Schmitt, *Théorie de la constitution*, Paris, 2008, p. 372 *sq*.

[96] Sur le fait que cette thèse n'est pas seulement l'idée d'un philosophe, mais reçoit une confirmation empirique considérable, voir Michael W. Doyle, « Liberalism and World Politics », in *American Political Science Review* 80 (1986), p. 1151-1169 ; Walter Reese-Schäfer, « Neorealismus und Neoliberalismus in den internationalen Beziehungen. Zur empirischen Überprüfung einer These Immanuel Kants » in *Gegenwartskunde* 1995, p. 449-460.

tique apparaît de plus en plus clairement, qui impose, par son contrôle, une certaine restriction à toute souveraineté étatique, y compris à la souveraineté populaire, aussi longtemps que pèse, de façon générale, le danger que cette souveraineté puisse être interprétée comme l'analogue d'un monarque absolu posant la loi de façon volontariste.

Un État démocratique moderne est astreint d'observer les droits des personnes eu égard à tous les êtres humains, de respecter les droits civiques de ses citoyens et également de protéger toutes les minorités sur son territoire. Dans le cas de minorités citoyennes, cette obligation de protection résulte, comme nous le montrerons, de la justification de la décision majoritaire. Dans le cas de non-citoyens vivant sur le territoire, le devoir de protection est l'une des parties de la défense des droits de l'homme.

Cette protection des minorités peut se rapporter soit à la garantie de la sécurité et de la liberté des individus, soit, de surcroît, au groupe en son entier auquel on accorde des dérogations permettant le maintien de sa culture (les Inuits, les Indiens, les Basques)[97].

Mais, que signifie l'obligation qu'a un État de respecter les droits de l'homme lorsqu'ils sont violés avec tellement de légèreté en tout lieu ? Ma thèse est que cet État perd sa légitimité dans la mesure où il ne respecte pas les droits de l'homme. La combinaison de la légitimation fonctionnelle et de la légitimité par le consentement représente le fondement de l'État démocratique constitutionnel, ce qu'on exige de ce qu'il convient d'appeler l'Occident comme obligation, comme base organisationnelle d'une forme de société acceptable. Ceci peut bien se justifier même si, en général, on concède une importante marge de manœuvre lorsque l'on estime les aspects fonctionnels et affirmatifs.

Il n'existe pas d'algorithme permettant d'apporter une réponse définitive à la question de la légitimation pour un système concret. Cependant, on peut introduire des aspects comme la défense de l'État de droit. Précisément, ce critère montre le peu d'univocité de ces aspects. Car, même dans des régimes admis comme légitimes, cet aspect est parfois violé. L'exemple ici serait le traitement des citoyens américains d'origine japonaise pendant la Deuxième Guerre mondiale.

D'un autre côté, il peut exister des opposants à un régime dont la légitimité doit être jugée, tels, parfois, les terroristes fanatiques et sans scrupules contre lesquels il faut protéger la population. Mais cet argument peut également être utilisé comme prétexte pour mettre hors circuit l'opposition

---

[97] Sur les différentes sortes de minorités, voir Thomas W. Merrill, “Towards a General Theory of Minority Groups: Outsider Groups, Adversity Groups and Transfer Groups”, in *Jahrbuch für Recht und Ethik* 3, Frankfurt/M, 1995, p. 69-101. Sur le problème des droits de groupe des minorités, lire Will Kymlicka (éd.) *The Rights of Minority Cultures*, Oxford, 1995.

démocratique. C'est, en dernière instance, à chacun de décider quel degré d'arbitraire et de répression est supportable dans certaines conditions.

1.2.6 Souveraineté populaire et décision démocratique majoritaire

Le consentement de la population à un système juridique ou à un régime est traditionnellement rattaché aux décisions de la majorité (voir, par exemple, Kant, *Sur le sens commun*, AK VIII 296 ; Rousseau, *Contrat social,* I, 5 et 6). Dans la mesure où ces décisions ne vont pas nécessairement de soi en tant qu'instrument de la prise décision, une brève présentation des arguments en faveur de ce type de décisions nous semble utile. On parle de décision démocratique majoritaire parce qu'il y a aussi des décisions majoritaires dans les collèges non-démocratiques, par exemple, dans le collège des princes électeurs du Saint Empire Romain médiéval. Les arguments en faveur d'une décision démocratique majoritaire sont les suivants.

i) La nécessité d'une procédure de décision

La règle de la majorité fournit – et ce, pas uniquement en démocratie – une procédure permettant de décider des questions controversées sans porter un jugement sur la justesse ou la fausseté des points de vue litigieux. Par rapport au règlement consensuel – auquel beaucoup pensent peut-être au premier abord lorsqu'il est question de la légitimité par consensus, cette procédure majoritaire présente l'avantage de garantir la capacité de manœuvrer l'unité politique, capacité facile à bloquer lors d'un règlement consensuel. Cette réflexion montre, en même temps, que ce ne sont pas seulement les régimes autoritaires, mais également les collectivités qui sont, au besoin, capables de prendre des décisions.

L'effet régulateur que possède en théorie une telle décision est rattaché au fait que les vaincus d'un vote ne sont pas détruits par la décision et que l'on ne vote pas sur la question de savoir si l'on pourra encore, à l'avenir, voter dans l'État. Cela met en évidence le fait que, dans les démocraties, l'argument décisionniste demande à être complété – ce qui requiert tout d'abord :

ii) L'équité de la procédure

Comme tous ont une chance égale d'imposer leurs idées et que les perdants ont la possibilité de corriger le résultat lors d'une décision ultérieure, la décision majoritaire peut être acceptée par tous.

Cet argument possède une certaine force de conviction capable de motiver la loyauté des perdants lors d'un vote même si, naturellement, beaucoup de décisions ne seront plus révisables en totalité ou plus du tout. Dans tous les cas, cet argument ne peut être effectif que si la continuité de la procédure du vote est garantie. L'argument procédural lui-même n'offre cependant aucun motif au parti vainqueur de s'exposer ultérieurement à un nouveau vote, duquel le parti adverse pourrait éventuellement sortir vainqueur. Une délibération de fond est donc nécessaire pour savoir pourquoi il est toujours bon de maintenir le processus de vote en cours.

iii) La discussion publique en vue de la découverte de la vérité

Brièvement formulé, cet argument présuppose qu'au cours d'une discussion publique l'un des deux membres de l'alternative, que l'on peut faire comprendre au plus grand nombre, est présumée vrai. Cela ne prouve, en aucun cas, la justesse d'une décision majoritaire concrète. De surcroît, on a laissé de côté la puissante influence des intérêts. Néanmoins, on a la conviction légitime que la discussion publique a plus de chance d'identifier les carences personnelles et les estimations erronées dues aux passions, aux idéologies et au caractère corruptible, et donc de pouvoir les maîtriser. À cette fin, il faut naturellement garantir la possibilité de participer sans crainte à une discussion publique.

En bref, appliquée aux conditions de la souveraineté populaire, cette idée offre la fondation théorique de la publicité des décisions politiques exigée depuis des siècles, la possibilité de la critique publique, de la presse libre et de tous les instruments nécessaires afin que chaque citoyen puisse autant que possible se former un jugement sur les questions en suspens.

Aristote a déjà répondu à l'objection selon laquelle différentes personnes possèdent des compétences extrêmement différentes : la masse comme totalité sait mieux que les individus excellents parce que chacun, sans être excellent, peut apporter sa contribution (*Politiques*, III, 11).

On peut contrer l'objection persistante selon laquelle il s'agirait pour bien des hommes non pas du bien commun mais d'avantages particuliers, et défendre la décision majoritaire en soulignant :

iv) L'effet stabilisateur

Ce que la majorité décide profite normalement à la majorité des intéressés. On atteint ainsi une stabilité de l'État relativement grande, puisque beaucoup sont davantage satisfaits qu'insatisfaits. Deuxièmement, on s'approche plus de l'idéal selon lequel le plus grand nombre possible de personnes doit être heureux. Lu de façon très rigide, l'argument attire naturellement la critique qui fait valoir que les intérêts des individus perdants sont ignorés. Pour être acceptable, cet argument doit être complété par une protection effective des minorités. De manière intéressante, John Stuart Mill, qui a aperçu ce problème et exigé que des mesures soient prises à son endroit, a été considéré par différents commentateurs comme un idéologue de la bourgeoisie et un ennemi du prolétariat.

Un modèle, dans lequel ces problèmes sont mis entre parenthèses, construit :

v) La volonté générale

Ce modèle remonte à Rousseau (*Contrat Social*, II, 4, IV, 2) et se ramène à l'idée que, lorsque la congruence d'intérêts est la plus large possible, l'application de la décision majoritaire ne pose pas de problème. Dans une telle situation, l'autodétermination et la décision majoritaire sont compatibles, dans la mesure où tous les participants au vote sont concernés de la même manière par le résultat et où personne ne doit s'attendre à des décisions inacceptables. Dans les termes de Rousseau, la volonté générale et la volonté de tous coïncident. Dans ces conditions – et dans ces conditions seulement, on ne me demande pas lors du vote si je veux ceci ou cela, mais ce qu'est, selon moi, la volonté générale. Si je suis minoritaire, cela signifie que je me suis trompé sans que cela ait des conséquences négatives pour moi.

Les interprètes de Rousseau ne seraient peut-être pas d'accord avec le fait que la clause – selon laquelle il s'agit de choses importantes pour tous – contient implicitement des domaines significatifs pour le bien commun. Toujours est-il que cette clause est importante. Pour donner un exemple banal, les intérêts de la plupart des hommes sont remarquablement congruents eu égard aux soins corporels, mais leur comportement diverge considérablement. Bien des hommes, à cet égard, percevraient comme une mise sous tutelle inutile et comme une surcharge pour l'État une régulation qui irait au-delà de la régulation des besoins hygiéniques (protection contre les infections et les insectes).

Le problème de la construction de Rousseau réside naturellement en ceci que de tels intérêts homogènes n'apparaîtront quasiment jamais. Des jugements de valeur extrêmement différents existent, on le sait, sur les tentatives faites pour augmenter l'homogénéité économique. En tous les cas, les exigences rigoureuses de Rousseau indiquent que, dans des conditions normales, il n'est pas conseillé d'identifier d'emblée les décisions de la majorité et les décisions justes. Certes, les arguments précédents montrent qu'il est préférable pour une communauté politique de recourir à la décision démocratique majoritaire que de se soumettre au pouvoir d'un individu ou d'une minorité. Seulement, ici aussi, il convient de faire attention à l'imposition, par la violence, de décisions controversées.

D'autre part, la construction de Rousseau permet d'attirer l'attention sur un minimum d'homogénéité relative au désir de la plupart des hommes de biens fondamentaux, comme l'inviolabilité, la liberté de mouvement et la liberté d'expression, de telle sorte que les décisions majoritaires, qui garantissent cette homogénéité, ne paraissent pas extrêmement problématiques.

1.3. Légitimité morale et écologique

Il y a des buts, c'est le cas d'une conviction partagée par la majorité des hommes, par exemple, pour lesquels il faut s'engager, même lorsqu'ils ne sont pas prescrits pas l'ordre juridique ou lorsque l'opinion publique ne les approuve pas. Les buts religieux sont souvent mentionnés dans ce contexte. Eu égard à une foi qui n'est pas accessible à tous dans l'État séculier, ces buts ont le désavantage de ne pouvoir constituer le contenu du système juridique qui oblige tout le monde, du moins, sans un important degré de pression physique sur les « infidèles ». Un droit à une évangélisation libre et réciproque pourrait tout au plus être exigé.

Il en va tout autrement avec l'imposition dans la réalité de l'idéal de la justice accepté « en principe » dans la plupart des cultures. En font partie – sous la prémisse depuis largement acceptée d'une large égalité des hommes dans le domaine politique pertinent : les mouvements d'émancipation face à la discrimination raciste et sexuelle, l'engagement en faveur de rapports sociaux justes (même s'il existe des divergences sur la question de savoir ce que sont des rapports sociaux justes) et l'engagement en faveur du cadre écologique de notre action, dont nous sommes également responsables pour les générations à venir.

Bien que, de manière générale, on reconnaisse depuis longtemps, du moins verbalement, dans les pays occidentaux, les efforts d'émancipation, les féministes, par exemple, attirent légitimement l'attention sur le fait qu'on peut toujours observer des discriminations sur les plans social, économique, en partie même sur le plan juridique. C'est également valable pour les désavantages liés à la race et pour d'autres désavantages, à un point tel que, malgré de nombreuses améliorations, il n'y a aucune raison d'être satisfait. En outre, il y a eu, ces dernières décennies, de violentes controverses au sujet des « problèmes de la légitimation » de l'État de constitution démocratique, en ce qui concerne la réalisation de la justice sociale, mais également la possibilité de légitimer des grands projets contestés, au point de vue écologique, par la décision de la majorité[98].

Au vu des expériences faites au XXe siècle avec des systèmes politiques, qui avaient pour programme une imposition directe de la justice sociale, des efforts de ce genre ne doivent jamais remplacer la combinaison de la légitimation fonctionnelle avec la légitimation affirmative, lesquelles doivent se compléter dans la mesure où elles ne sont pas directement contenues là, comme l'exigence du suffrage universel ou celle de l'approvisionnement en denrées de base, afin d'éviter le despotisme, la « terreur » prétendue nécessaire à la réalisation de la justice.

Au-delà des mesures politiques censées supprimer la discrimination sexiste, raciste ou même religieuse, l'instrument le plus important pour la réalisation de la légitimité morale est l'impôt – qui sera présenté, en ses

---

[98] La première dans les années soixante et soixante-dix, les dernières depuis les années quatre-vingt. Cf. Habermas, *Legitimationsprobleme im Spätkapitalismus*, Frankfurt/M., 1973 ; Bernd Guggenberger, Claus Offe (éd.), *An den Grenzen der Mehrheitsdemokratie*, Opladen, 1984; Andrew Dobson, Paul Lucardie (éd.), *The Politics of Nature*, London/New York, 1993.

principes, dans le paragraphe suivant. Cette mesure est efficace aussi bien dans le domaine social – où on la nomme souvent « redistribution » – que dans le secteur écologique.

Dans le contexte de la redistribution, il faut prendre en compte le fait qu'il peut être question de procédures différentes, qui ne relèvent pas toutes du domaine de la légitimité morale. À un niveau très élémentaire, c'est le droit et la tâche de l'État de prélever des taxes pour garantir l'existence des gens socialement faibles, comme Kant le remarquait déjà (*Métaphysique des mœurs, Doctrine du droit*, § 49, Rem. C, AK VI 325 *sq.* ; trad. Renaut, p. 132 *sq.*). D'après ce que nous avons dit, cela constitue un élément de la légitimité fonctionnelle qui se trouve essentiellement à un niveau plus fondamental de la fondation de l'État.

L'image extrêmement négative que l'on dépeint souvent de la redistribution reviendrait à confisquer la totalité des biens et à les distribuer de façon égale à tous les citoyens. Premièrement, cette redistribution ne serait absolument pas réalisable à long terme dans un État démocratique constitutionnel, qui sert ici de condition fondamentale à la légitimité morale, ni dans une dictature. Deuxièmement, une telle redistribution ne serait pas juste parce que les différents besoins ne seraient pas pris en considération.

Une autre conception serait celle de l'égalité des chances, la fiction d'un point de départ identique, duquel partiraient tous ceux qui participent aux valeurs des biens à acquérir. Les meilleurs réussiraient indépendamment de la façon dont leurs talents sont acquis. On oppose traditionnellement à cette conception l'idée que l'on ne mérite ni les facultés naturelles ni celles qui sont socialement transmises. C'est en ce sens que John Rawls (*Théorie de la Justice*, § 17) défend le principe de l'*égalité démocratique*, d'après lequel la société doit compenser les désavantages naturels, sociaux et historiquement conditionnés – le fait d'être physiquement et intellectuellement moins doué, les désavantages qui résultent de la couche sociale dans laquelle on est né ou de la compréhension des rôles, cultivée pendant des siècles et partiellement intériorisée.

Puisque ce principe n'est pas d'emblée réalisable dans une société démocratique acquise à l'économie de marché et que, d'un autre côté, une économie planifiée qui insiste sur l'égalité totale s'est avérée incapable d'approvisionner la population – sans même parler de l'insuffisance de la production de l'égalité, Rawls consent à une certaine inégalité sociale aussi longtemps que ceux qui sont les plus mal lotis seront mieux lotis que dans une situation d'égalité totale. Il faudrait naturellement voir ici, si cela doit être compris de manière instantanée, si cela impliquerait un prélèvement à un taux de 80% sur les hauts revenus, comme on l'a calculé[99], ou bien si , à long terme, une plus faible taxation, conduirait à plus de productivité, à

[99] Blankart, 1994, p. 220. Sur les théories économiques distributives, voir ch. 5.

moins de niches fiscales, à moins de refus de s'acquitter de l'impôt et à moins de fraude fiscale – ce qui, si l'on s'en tient au principe de l'égalité démocratique, devrait avantager les plus défavorisés.

D'un autre côté, d'après la logique rawlsienne, il faut utiliser la distribution pour augmenter la productivité de ceux qui sont désavantagés, de telle manière que ceux qui sont le plus lourdement imposés en profitent à long terme.

Avec la taxe écologique, il s'agit tout d'abord de taxer des activités qui entraînent des coûts pour la communauté par une surcharge de l'environnement, en vue de contribuer à la compensation de ces coûts.

Cependant, pour certains projets, il n'est pas possible de compenser financièrement les dommages que subiront les générations futures – c'est pourquoi il n'y a absolument pas lieu de permettre ces activités.

La discussion sur la légitimité des actes de souveraineté, des régimes et des systèmes de pouvoir conduit bien évidemment à la question de savoir quelles conséquences doit avoir une illégitimité présumée. C'est particulièrement valable lorsqu'il n'y a plus de moyens juridiques de révision, parce que les pouvoirs législatif, exécutif et judiciaire « font bloc », si l'on en croit le jugement de ceux qui sont désavantagés. Quelle mesure violant la légitimité doit avoir de telles conséquences ? En d'autres termes, qu'en est-il aujourd'hui du droit à la résistance ? Dans la double mesure où la justification du droit à poser des actes de résistances se fait moyennant des arguments moraux et où, pour l'instant, des limites précises ne sont pas tracées entre la morale et le droit naturel, il faut l'examiner dans la perspective du rapport de l'État et de la morale et, dans la mesure où le droit peut être désigné comme une instance de médiation, du droit et de la morale.

1.4. État et morale

Le rapport du droit à la morale peut être déterminé de deux manières : on peut d'abord se demander si l'action de l'État peut et doit être jugée moralement, si, ensuite, l'individu est moralement contraint à l'obéissance et quelles sont les limites de cette contrainte.

1.4.1. Le jugement moral du droit : à quel point l'État libéral est-il neutre ?

Selon une tradition intellectuelle qui remonte au plus tôt à Hobbes, on ne peut soumettre le droit étatique à aucun examen rationnel d'après des critères moraux. Cela repose en partie sur le fait qu'il n'y a pas de distinction entre bien et mal en dehors de l'État, indépendamment des décisions du souverain, sauf dans le sens purement subjectif où l'on appelle bien ce à quoi l'on tend et mauvais ce que l'on évite (*Léviathan*, ch. 6). Dans la mesure où cette thèse s'avère intenable lorsque l'on observe l'usage du langage – on établit *de facto* les exigences morales les plus diverses qui vont bien au-delà du désir et de l'aversion individuels, il ne peut s'agir ici que d'une exigence – peu prometteuse – d'une standardisation et d'une révision de l'usage du langage.

Cependant, ce n'est pas encore le dernier mot qui ait été prononcé sur le rapport entre l'État, le droit et la morale. Hans Kelsen reconnaît tout à fait qu'il existe des devoirs moraux et juridiques, donc des normes moralement et juridiquement fondées de comportement pour les individus, mais il met l'accent sur une séparation très rigoureuse de ces deux types de devoir. Il défend clairement et rigoureusement la soi-disant thèse de la séparation du droit de la morale. Au niveau du droit, il est exclusivement question d'une connaissance scientifique qui prétend être universellement valable alors que la morale diffère régionalement et culturellement. Il n'y a même pas un consensus minimal eu égard à l'exigence de la paix. De plus, la morale est toujours liée à la croyance en des êtres surnaturels et à des vérités supérieures[100].

Manifestement, il faut répondre différemment à la question du lien entre le droit et la morale, entre l'État et la morale pour les différentes formes de morale. Nous avons déjà parlé dans le chapitre I.2 des mœurs qui existent de fait, des systèmes de normes fondés sur la religion, de la *pursuit of happiness*, une morale de groupe et d'État et de la morale minimale des Lumières fondée sur la non-violation et l'honnêteté, l'impartialité et l'absence de préjugés. Les trois premières relèvent du domaine de l'éthique.

Les exigences qui sont exclusivement fondées sur la religion ont peu de chances d'être acceptées comme instance de correction du droit positif parce qu'elles demeurent liées à des vérités non vérifiables, qui ne sont pas universellement acceptées. Le verdict de Kelsen se dresse contre de telles exigences fondées sur la religion ; ce qui explique aussi l'attractivité de la théorie juridique de Kelsen auprès des juristes libéraux et des théoriciens du droit dans des sociétés à orientation fortement catholique.

Les mœurs demeurent constamment liées *de facto* aux normes juridiques dans la double mesure où elles peuvent être influencées à long terme par des normes juridiques et où de nombreuses régulations légales en tiennent compte. Mais elles peuvent davantage modifier que provoquer la réalisation des changements juridiques. Elles peuvent souvent requérir des corrections, par exemple, dans le cas d'habitudes racistes et sexistes, d'habitudes cruelles dans l'abattage des animaux ou la manière de se comporter envers les enfants.

---

[100] Hans Kelsen, *Théorie pure du droit*, Paris, Dalloz 1962, p. 80 *sq*.

Il en va, toutefois, autrement avec la soi-disant moralité dite des Lumières, acquise aux principes de l'impartialité et de l'absence de préjugés et qui nous vient de la tradition du droit naturel. Cette morale minimale porteuse d'exigences très poussées, telles que la non-violation d'êtres doués de sensation et l'honnêteté envers des congénères, est beaucoup plus appropriée pour juger les systèmes juridiques et les actions de l'État.

Cependant, un problème se pose : ces exigences demeurent si générales qu'elles sont capables de donner lieu à différentes interprétations au regard des questions politiques controversées. Dans un État constitutionnel démocratique, on suppose qu'avec la discussion publique et les possibilités de recours, la décision majoritaire qui observe la protection des minorités promeut une décision moralement acceptable.

Dès lors que l'on reconnaît que tout homme est digne de respect, il est difficile de défendre une morale de groupe dans une unité politique qui n'est absolument pas disposée à accepter des critères d'évaluation du comportement de l'unité politique à l'extérieur, mais aussi à l'intérieur. Seul celui qui est disposé à prendre sur lui-même, au nom de la patrie, le crime, le déshonneur et la damnation éternelle, peut être, d'après Machiavel, un authentique patriote (*Discours*, III, 43). Il faut tenir compte de ces implications que l'on retrouve chez Carl Schmitt, qui rejette la critique humanitaire des décisions de l'unité politique en faveur de la guerre et de la paix, parce que la véritable compréhension est liée à la « communauté existentielle d'intérêts et d'action[101] », lorsque les communautariens, tel MacIntyre, favorisent de nouveau la morale de groupe.

Ceci ne signifie pas qu'il n'est pas possible de justifier des exigences particulières de loyauté envers le pays dans lequel on a grandi, on a été socialisé et/ou dans lequel on profite des institutions. Il existe, comme nous l'avons exposé plus haut, de multiples possibilités de développer l'attachement émotionnel des citoyens à leur pays – et un État fait bien d'en tirer profit. Seulement, cette exigence d'abandonner la neutralité éthique de l'État en vue d'une meilleure disposition vis-à-vis du groupe, lorsque l'on considère pour eux-mêmes et l'on absolutise les éléments singuliers qui peuvent composer l'*ethos*, s'avère extrêmement problématique au point de vue moral.

Le souci d'une attitude morale des citoyens incombe de toutes les façons à l'État, dans la mesure où il doit mettre à disposition suffisamment d'institutions éducatives et où il doit s'occuper d'une prise en charge qualifiée des enfants. On peut aussi chercher à améliorer l'attachement émotionnel des citoyens à leur pays grâce au financement de la culture.

Quoi qu'il en soit, la question la plus pertinente, du point de vue politique et éthique, concerne le devoir d'obéissance dans ces cas où l'on

[101] Carl Schmitt, *La notion de politique,* Paris, 1992, p. 65.

considère une loi (comme, par exemple, les personnes qui s'opposent à l'avortement) ou même un certain régime comme immoral. Pour l'État démocratique constitutionnel, il est évident que l'on peut toujours exprimer une critique morale des décisions politiques, que ce soit de celles de la majorité ou de celles des dernières instances judiciaires. Mais que peut-on en dire de manière générale ?

1.4.2. Le droit à la résistance ?

Comme nous l'avons indiqué à plusieurs reprises, tant que l'on admet des obligations morales, il y a un devoir moral d'obéissance au droit en général, même si ce devoir n'est pas inconditionné. Ce n'est donc pas la tâche de l'État d'examiner les motifs pour lesquels les citoyens obéissent au droit – entreprise qui s'avérerait difficile et dangereuse dans la mesure où l'État humilierait ceux qui seraient surveillés et où cela ouvrirait les portes toutes grandes à l'arbitraire du surveillant. Une décision moralement juste est essentiellement qualifiée comme telle parce qu'elle a été prise librement – un contrôle au moyen du droit et même du droit pénal serait tout à fait incompatible.

Le devoir moral d'obéir trouve ses limites là où l'obéissance est uniquement possible lorsque les autres devoirs moraux essentiels sont violés (cf. Kant, MM, *Doctrine du droit*, § 49). C'est à chacun de décider quand un tel cas peut se présenter, car il s'agit d'une décision éminemment morale. Il existe néanmoins des critères objectifs d'évaluation ou, en tous les cas, publiquement discutables qui empêchent un repli trop rapide dans la conscience individuelle.

Sur ce point, on assiste à un déplacement historique de la discussion grâce à la construction de Thomas Hobbes. Alors que, pour Thomas d'Aquin, la révolte, *seditio*, est strictement interdite, bien qu'un exercice despotique du pouvoir du monarque représente également une sédition et légitime de ce fait la défense, également violente, contre lui (IIa IIae qu. 48), il n'existe plus, pour Hobbes et les auteurs qui l'ont suivi, d'ordre juridique général qui lie le monarque et le peuple et qui, lors d'une rupture unilatérale de la fidélité, justifie des mesures de rétorsion. Le droit est ce que le souverain a décidé comme tel. Ceci vaut également et d'un point de vue positiviste, surtout du XIXe siècle, lorsque le souverain est le peuple. Cela ne prépare en aucun cas la voie au despotisme. Comme nous l'avons affirmé dans le contexte de la séparation des pouvoirs et comme l'a tout particulièrement montré Ingeborg Maus[102], appartiennent à la souveraineté du peuple tous les droits-libertés individuels (voir ci-dessous, ch. IV).

---

[102] Maus, 1994, p. 238.

Les défenseurs actuels du droit de résistance et du droit à la désobéissance civile se situent plus, comme Locke et les pères de la constitution américaine, dans la tradition médiévale du droit de résister que dans celle des fondements hobbesiens de l'État libéral. Toutefois, cela tient essentiellement aux faiblesses de la théorie hobbesienne et des théories positivistes ultérieures elles-mêmes. Au niveau descriptif, il n'est pas possible, comme nous l'avons dit, d'expliquer le concept du droit avec celui du commandement du souverain. D'autre part, la séparation du droit et de la morale, conçue par Hobbes et tenue en haute estime par les positivistes, ne peut pas être maintenue de manière conséquente[103]. C'est pourquoi il est tout à fait rationnel de recourir à la tradition médiévale face à la menace constante d'abus de pouvoir exercés par des organes de l'État, y compris dans l'État constitutionnel – alors que l'existence d'un tribunal constitutionnel, perçue par Maus comme la racine du mal[104], joue un rôle plutôt marginal. Cependant, il importe de mettre cette théorie de la résistance en relation avec la logique de l'État moderne, comme nous le ferons dans ce qui suit.

L'obligation d'obéir à la loi découle pour chacun du fait, premièrement, que le droit permet à tout un chacun de mener, sans obstacle, la vie qu'il veut – *the pursuit of happiness*, deuxièmement, que l'on présuppose *prima facie* le consentement à des décisions juridiques sous la condition de la libre participation et de la possibilité d'objection, troisièmement, qu'un système juridique qui fonctionne représente la condition sous laquelle la justice sociale et l'inviolabilité écologique en général peuvent être atteintes. Par conséquent, même du point de vue moral, les critères de légitimité exposés ci-dessus sont des fondements d'obligation.

De manière correspondante, le devoir moral d'obéir est lié à la capacité d'un système juridique concret à fournir les prestations de légitimité, et le droit moral à résister aux mesures à prendre est lié au poids des manques de légitimité. Mais, pour commencer, de quelles mesures s'agit-il ?

1.4.3. Les formes de résistance

On peut présenter la classification suivante des formes de résistance, lesquelles ne sont pas, cependant, rigoureusement séparables les unes des autres :

i) Le « tyrannicide »

Il consiste dans la suppression ou, éventuellement, la mise à mort de quelqu'un qui abuse, en dictateur et pour ses propres besoins, d'un pouvoir reconnu comme légitime ou qui remplace un ordre légitime par un pouvoir

[103] Voir Kaufmann, 1996, ch. A II, III.

[104] Maus, 1994, p. 239.

autocratique violent. À l'origine, on part d'une monarchie qui est rétablie après la suppression de la tyrannie. L'entreprise qui légitime le tyrannicide, par la suppression d'une ou de quelques personnes, et qui permet de rétablir un pouvoir conforme au droit, par où elle se distingue d'un complot motivé par des avantages personnels (voir Machiavel, *Discours*, III 6), de l'attentat d'un malade mental ou d'un putsch à l'intérieur d'une junte militaire, ne vaut aujourd'hui encore que dans des cas exceptionnels.
Cependant, une clause est prévue pour le « coup d'État d'en haut » dans l'article 20 (§ 4) de la loi fondamentale allemande[105].

ii) La révolution

La révolution est, pour la plupart, la suppression violente d'une couche au pouvoir par la modification simultanée du programme dominant et des critères de légitimation (par exemple de la monarchie à la bourgeoisie, de la république représentative bourgeoise à une république de conseils, du régime du Schah à l'État religieux islamique, du régime du parti unique à la démocratie pluripartite, etc.) Il s'agit, par conséquent, non seulement d'un remplacement – non autorisé juridiquement – de quelques fonctionnaires, comme le pense Hart[106], mais encore d'un changement partiel des critères de l'institution et du modèle de justification. En même temps, le pouvoir est généralement, au moins nominalement, installé sur une base sociale plus large et éveille ainsi l'espoir d'une amélioration des rapports.

iii) La désobéissance civile

La désobéissance civile est, en règle générale, une résistance non violente aux actes de l'autorité publique, qui peut être dirigée aussi bien contre des pouvoirs violents que contre les démocraties reconnues sur la base de leur justification. Relèvent de la désobéissance civile la grève de la faim, les blocus, les marches de protestation non permises et des actions similaires qui nous sont connues grâce aux exemples historiques de Gandhi, Martin Luther King, de la révolte tchèque contre l'écrasement du Printemps de Prague, ou encore de certains événements de l'histoire de la République Fédérale allemande. Les représentants de l'ordre établi sont contraints, par des violations conscientes du droit et par l'état d'exception juridique ainsi provoqué, de recourir à des mesures pénales désavantageuses pour leur image sur le plan public, pour revenir sur certaines décisions, pour provoquer le changement de la situation sur le plan juridique (par exemple, les Afro-américains aux États-Unis) ou pour déstabiliser un régime considéré illégitime.

---

105 Günther Jakobs, *Strafrecht. Allgemeiner Teil*, Berlin/New York, 2e éd., 1993, p. 441 *sq.*
106 Hart, 1994, p. 114.

iv) Le terrorisme

Bien que le terrorisme contienne toutes les formes de résistances violentes, il n'est pas à même, dans le cas classique de la faiblesse, de mettre en danger la continuité d'un système. Un terroriste se distingue d'un simple bandit par le fait qu'il possède un programme politique qu'il faut plus ou moins prendre au sérieux, comme il en existe, par exemple, dans le Hezbollah ou le Hamas, c'est-à-dire dans les organisations fondamentalistes islamistes, mais pas dans les diverses structures mafieuses, bien qu'elles fonctionnent parfois dans les mêmes endroits et, en partie, avec les mêmes moyens.

La délimitation du terrorisme par rapport à un mouvement révolutionnaire peut être, en partie, une affaire de succès militaire ou surtout de propagande. Qu'on pense à la carrière de l'OLP.

En revanche, la délimitation du terrorisme et de la désobéissance civile se fonde sur la question de savoir jusqu'à quel point la violence criminelle est *organisée* et n'apparaît pas à première vue comme un phénomène spontané. Mais, c'est cependant, avant tout, une question morale et juridique qui exige une définition de la violence, laquelle peut changer avec le temps.

Dans la République Fédérale d'Allemagne, les discussions ont amené la question de savoir si une grève sur le tas doit être considérée comme une action violente, et a conduit le Tribunal constitutionnel, en 1995, à réviser une ancienne décision et à refuser de considérer ce genre de grève comme une action violente.

1.4.4. Qu'est-ce qui est moralement justifié ?

À la différence de la poursuite d'avantages personnels par des comploteurs et à la différence d'une antipathie individuelle contre les détenteurs du pouvoir, la tentative pour justifier l'attitude de la résistance est commune à toutes les formes de résistance politique – ce n'est que de cette manière que l'on peut espérer le consentement de la partie considérée comme la partie essentielle de la population. Il résulte, par conséquent, de la systématisation entreprise ici, la relation suivante entre un manquement moral de la part de l'État et le droit de résister.

Eu égard à un État qui menace activement la vie de quelques-uns de ses citoyens ou, en tous les cas, qui ne crée pas d'institutions destinées à les protéger, il peut y avoir, dans les cas extrêmes, un droit moral à une résistance violente si cette dernière a pour but la restauration d'un État de droit irréprochable. Il faut en même temps tenir compte des dommages commis vis-à-vis de tiers[107]. Cela étant dit, il faut évaluer la gravité des actes de violences par rapport aux chances de succès. Un terrorisme brutal contre des personnes non concernées dans le seul objectif de manifester son mécontentement est, dans tous les cas, inacceptable.

Lorsque les possibilités de participer politiquement ou d'influencer la recherche des décisions politiques sont partiellement ou entièrement refusées, les moyens de la désobéissance civile – peut-être serait-il mieux de dire : les moyens d'une désobéissance politique – sont moralement justifiés. On justifie la violation du devoir d'obéissance en invoquant qu'un État qui refuse à ses citoyens le droit à la participation politique ne considère manifestement pas ses citoyens comme des sources de possibilités d'arguments rationnels, méconnaît par conséquent le respect qui leur revient en vertu de leur humanité selon la morale minimale des Lumières. Un régime qui traite en principe ses citoyens comme des mineurs, même si cela se fait au nom de la sollicitude, est l'incarnation, aux yeux de Kant, du despotisme (MM, *Doctrine du droit*, § 49, AK VI 317 ; trad. Renaut, p. 132)[108].

L'affirmation que, tant qu'il n'y a pas de soulèvement ou d'émigration massive, on peut présupposer un consentement de principe de la population au régime a déjà été rejetée. Premièrement, d'autres raisons, telles que la très grande pauvreté, peuvent expliquer que l'on ne parte pas. Deuxièmement, aucun régime n'a le droit de placer ses citoyens devant l'alternative d'obéir ou de quitter le pays.

La résistance violente serait inquiétante si les citoyens – exception faite du refus de la possibilité de participer – étaient bien approvisionnés et bien traités, parce qu'elle pourrait probablement détériorer la situation de la plupart des personnes concernées et même éventuellement conduire à des situations de guerres civiles. Cela ne signifie pas que chaque forme de résistance soit inappropriée. Il existe plusieurs voies pour se défendre contre des régimes injustes, comme l'assistance aux persécutés, la non-participation à la persécution[109]. Le choix ne se fait pas uniquement entre souffrir le martyr et une collaboration totale.

Dans des cas exceptionnels, l'utilisation de la désobéissance politique en vue de poursuivre des buts qui vont plus loin, l'instauration de la justice sociale et l'amélioration des conditions écologiques, peut être justi-

---

[107] Jakobs, 1993, p. 442.

[108] Sur le fait que le rapport de Kant au droit de résistance soit extrêmement plus compliqué qu'il ne peut paraître en raison de son refus univoque de la résistance dans le § 49, rem. A de la *Doctrine du droit* (AA VI 318 *sq.*), voir Maus 1994, ch. 3, et Kenneth Westphal, "Kants on the State, Law and Obedience to Authority in the Alleged 'Anti-Revolutionary' Writings, in *Journal of Philosophical Research* 17, 1992, p. 383-426.

[109] Guillaume d'Ockham, *Dialogus* (choisis et traduit par J. Miethke), Darmstadt, 1992, p. 72.

fiée lorsque les possibilités de recours légales sont épuisées et qu'il y a des indications concrètes de comportements négligents ou corrompus des responsables politiques. La justification de la violation du droit repose, dans ce cas, sur le fait que la capacité d'un système juridique d'accomplir *in concreto* l'une de ses exigences – à savoir, créer la base du bien-être des personnes concernées maintenant et à l'avenir au moyen de décisions politiques – a été limitée voire interdite par les instances politiques.

Dans cette situation, la désobéissance civile ou, mieux, selon la terminologie utilisée par Chaim Gans, « la désobéissance politique » vise plutôt la stabilisation du système grâce à l'amélioration que la déstabilisation. Les demandes de ceux qui résistent s'adressent, dans ces cas, à l'espace public afin de démontrer que leurs buts sont moralement qualifiés[110].

Cependant, il faut, premièrement, bien examiner si le but central est réellement le bien-être général et non le ressentiment personnel ou le fanatisme borné. Deuxièmement, il faut être prêt à accepter la peine, aussi longtemps que la procédure à laquelle on est soumis satisfait aux critères de l'État de droit et que l'on a épuisé les possibilités légales de recours. Cela ne signifie pas que l'on a renoncé au droit de porter un jugement critique sur les décisions problématiques et de protester contre elles.

Néanmoins, les mesures violentes que justifient de tels buts sont moralement intolérables dans un système juridique plus ou moins intact, car on remet en cause la sécurité juridique des personnes qui y vivent sans pouvoir véritablement espérer l'amélioration de la situation de la manière souhaitée.

Seules sont acceptables ici les violations du droit fondées au niveau humanitaire – c'est ainsi que l'on peut exprimer le fond des réflexions que nous proposons ici. En tant qu'exigences de fondation de telles actions dirigées contre le droit positif, seuls valent les arguments qui sont liés *de façon non contingente* à l'existence du système juridique.

2. Les méthodes de la contrainte étatique : l'impôt et la peine

La peine judiciaire est l'un des principaux instruments d'exécution du système juridique de l'État qui sont utilisés à l'encontre de ceux qui violent le droit ; cet instrument restreint les libertés individuelles et, à son propos, les considérations de justice jouent un rôle central. Des discussions perdurent sur ce qu'il faut entendre par peine, pourquoi il faut punir, en quelle proportion, pourquoi et dans quelle mesure les peines doivent s'appliquer... Ces questions méritent d'être présentées dans leurs grandes lignes.

---

[110] Gans, 1992 ; Habermas, *Die neue Unübersichtlichkeit*, Frankfurt/M., 1985, p. 79 *sq.* ; Rawls, 1971, § 55 et § 57.

À première vue, il peut paraître étrange d'introduire un parallèle entre la peine et l'impôt comme mesure de contrainte étatique. En fin de compte, dans un État de droit démocratique, il s'agit avec l'impôt, au moins en théorie, des dépenses auxquelles contribuent tous les citoyens en vue d'avantages liés à l'existence de la communauté, dont profitent tous les citoyens, au moins virtuellement.

D'un autre côté, l'imposition est traditionnellement vécue par ceux qui sont en bas de l'échelle comme un instrument d'oppression et est exercée comme instrument de pouvoir par le haut. Aussi dit-on de Côme de Médicis qu'il aurait usé, au lieu du glaive habituel de son temps, de son influence sur l'administration fiscale pour achever ses opposants à l'intérieur de Florence. Dans d'autres situations, l'imposition des revenus élevés et des grandes fortunes est vécue par les propriétaires comme une persécution injuste de la part de la masse. Beaucoup d'auteurs mettent l'impôt au même plan que le brigandage, le vol et le chantage.

Dans cette optique, l'imposition est l'un des moyens centraux d'influence dont dispose le pouvoir politique ; quelle que soit la manière dont on la conçoit, elle fait naturellement partie des réflexions sur la légitimité et la souveraineté. En outre, la fraude fiscale est punissable, ce qui justifie de manière purement formelle qu'elle soit reliée à la discussion sur la peine. Dans l'ensemble, l'imposition est un moyen politique au moins aussi important que la peine. Alors que la peine sert, en premier lieu, à garantir la légitimité fonctionnelle de l'État à travers la protection de ses citoyens, les impôts permettent de financer, en plus de l'exécution des peines, l'organisation des procédures de consentement et des mesures de distribution, de la protection de l'environnement et beaucoup d'autres choses encore. Les questions de savoir quel usage on fait des impôts, mais aussi qui doit être imposé et selon quels critères, constituent, dans une importante mesure, l'objet de la discussion politique. Concernant la seconde question, nous nous proposons de développer ici quelques considérations fondamentales.

2.1. Les principes de l'imposition

La question de savoir pourquoi il existe des impôts est étroitement liée à celle de savoir pourquoi il y a un État. Toutefois, comme la liste grossièrement esquissée des usages de l'impôt le donne à voir, la nécessité de recourir à la contrainte pour protéger les individus les uns des autres ne constitue qu'une partie de la justification. Tout aussi importants sont les différents projets et tâches de l'utilité collective, que les individus ne peuvent assumer ou accomplir seuls et qui exigent un effort commun et une coordination.

D'un point de vue philosophique, trois questions semblent pertinentes : premièrement, selon quels critères doit se faire l'imposition, égale ou même différente, des individus ? Doivent-ils être tous imposés selon ce que l'État leur apporte ou selon leur capacité de contribution ? Deuxièmement, eu égard à l'imposition, doit-on comprendre l'État comme un dictateur extérieur et bienveillant ou comme une entité égoïste impliquée dans la lutte sociale pour l'argent ? Troisièmement, selon quels principes doit-on décider de ce qui devrait être imposé ?

2.1.1. Principes de la détermination des impôts

À la question de savoir quelle distribution des charges fiscales est juste, on peut répondre simplement, du côté des recettes de l'État, selon le degré d'imposition des imposables, par *le principe de la puissance* ou, autrement en considérant le côté des dépenses, par le *principe de l'équivalence*[111].

Conformément au principe de la puissance, comme critère du montant de la taxe qu'une personne doit payer, c'est la capacité de l'individu à payer qui prévaut (« *ability to pay* », J.S. Mill, *Principles of Political Economy*, 1848, V, ch. II, § 2). L'indicateur de cette capacité est normalement le revenu duquel sont défalqués les frais de publicité, les prélèvements sociaux et d'autres facteurs. Les considérations de justice entrent ici en jeu de manière horizontale, dans la mesure où les mêmes revenus sont taxés de la même façon. Ce qui permet d'écarter les impôts arbitraires.

Hautement plus problématique est la justice verticale, donc la question de savoir dans quelle proportion la charge fiscale doit augmenter avec le revenu afin que la charge reste, par exemple, identique ou que l'imposition permette d'entreprendre une certaine redistribution. À ce sujet, il existe différentes théories et pas de réponse univoque. Il faut, en outre, tenir compte également des facteurs comme la réalisabilité politique, la tendance à la privation d'impôt en évitant de produire, l'exil fiscal conditionnel, le détournement d'impôt, etc.

Aussi attrayante que puisse être cette pensée relative à l'imposition en vue d'une distribution en faveur des plus faibles socialement, elle possède cependant cet autre désavantage qu'elle conduit à accepter l'idée que, du côté des dépenses, tout est en ordre, d'une certaine façon, dès lors que l'on ne présuppose pas un ordre étatique idéal ou quasi-idéal. En réalité, la théorie de l'impôt ne livre pas de limite à la charge d'imposition susceptible d'être influencée par les données économiques aussi longtemps que les riches payent davantage que les pauvres.

---

[111] Voir Blankart, 1994, ch. 10.

Le principe de l'équivalence (K. Wicksell, 1896) exige de limiter l'imposition, d'une part, par le vote de ceux qui sont imposés, mais aussi par le rapport aux taxes et aux performances de l'État. Pour les biens privés offerts par l'État, on peut établir cette équivalence par une taxe. En ce qui concerne les biens publics, en revanche (aussi longtemps que les revenus ne sont pas égaux, auquel cas une capitation personnelle suffirait), il faudra voir lesquels sont en première ligne profitables aux hauts revenus – ainsi peut-être la sécurité interne, et, par suite, devraient être progressivement imposés, et ces autres dont les avantages sont indépendants des revenus ou profitent principalement aux plus faibles, pour lesquels il n'y a aucune progression eu égard aux positions sociales, et où il y a éventuellement même régression, de sorte que les pauvres ont plus à payer.

L'inconvénient de ce principe d'imposition est, d'abord, qu'une redistribution est difficilement possible ; en tous les cas, dans la mesure où les pauvres utilisent les installations publiques financées par les riches. De plus, il est extrêmement compliqué de trouver pour les biens divers et pour leurs utilisateurs des taxes convenables.

2.1.2. Principes de l'organisation des impôts

À un second niveau, il importe de se demander où situer l'État eu égard aux différentes théories de l'imposition (par État, nous entendons ici un gouvernement qui existe dans une société civile)[112].

Dans la perspective d'une *imposition maximisant le bien-être et l'aide sociale (welfare)*, l'État, ou l'instance qui détermine l'impôt, se trouve à l'extérieur ou au-dessus de la société, dans la mesure où il (ou elle) peut faire prévaloir ses décisions sans problème et en n'ayant en vue que le bien-être des personnes concernées. Cette instance doit donc tenter de collecter les sommes nécessaires à l'exécution du budget et de maintenir dans des limites acceptables la surimposition, appelée également *excess burden.* Il s'agit, pour le dire grossièrement, des charges que l'imposition fait peser sur la vie économique ; en effet, l'imposition, creuse un « fossé entre l'offre et la demande », en raison du fait que les marchandises imposées et même les salaires, par exemple, deviennent plus élevés qu'il ne le faut, ce qui réduit la demande. Dans ces conditions, les contribuables se rabattent sur les biens moins imposés, dans les cas où l'État prélève de manière sélective des taxes sur la consommation. Il doit, en même temps, faire attention à ce que l'impôt sur le revenu, par exemple, qui représente une imposition sélective sur la consommation future, ne se rabatte pas sur un bien difficilement imposable comme les loisirs. L'un des moyens d'imposer en même temps les loisirs est

[112] *Ibid.*, ch. 11.

de prélever des taxes forfaitaires, sous la forme de capitation par exemple, qui apparaissent comme injustes sur le plan social.

Naturellement, l'idée de la justice sociale joue un rôle très important, et ce essentiellement en matière d'impôts sur le revenu. Pour parvenir à une distribution des revenus en faveur des pauvres, on accepte un excédent d'imposition relativement élevé. C'est une tâche difficile de fixer dans quelle mesure cet excédent d'impôt peut être augmenté sans nuire au but principal de la distribution, c'est-à-dire manquer l'amélioration absolue de la situation de ceux qui sont désavantagés au plan social suite à une faiblesse conjoncturelle.

De plus, dans la mesure où le but poursuivi est de percevoir le plus possible de recettes, l'État doit faire attention à ce que, par exemple, les taxes sur les biens indispensables demeurent élevées et qu'en revanche les taxes sur les biens qui ne peuvent pas être vendus restent basses. Sur ce point également, la plupart des États se comportent différemment pour des raisons de politiques de distribution et de stabilité. Il faudrait viser la base d'imposition la plus large possible pour ne pas laisser échapper des sources de recettes.

La présupposition selon laquelle l'État se comporterait avec le plus de prudence possible en ce qui concerne l'imposition des citoyens est naturellement importante. Mais que ce soit une présupposition fondamentalement fausse, c'est ce que démontre la *théorie de l'imposition* du *Léviathan*[113]. Selon cette théorie, tout État vise la maximisation du budget, c'est pourquoi il ne laisse échapper aucune possibilité d'augmenter le volume des taxes. Brennan et Buchanan sont entièrement prêts à concéder un minimum d'État de droit, mais le contrôle exercé par les citoyens à travers le vote n'est pas assez efficace pour maîtriser la tendance du gouvernement à maximiser le budget. Il faudrait par conséquent une restriction constitutionnelle de la mainmise de l'État sur le patrimoine des citoyens. Une assemblée constituante doit, par conséquent, restreindre la base de l'imposition en rapport aux dépenses attendues de l'État et faire, en même temps, en sorte que soient déjà prises en compte certaines mesures contre le gaspillage.

On peut reprocher à cette théorie qu'elle ne prend pas en considération les attentes d'optimisation du bien-être et les comportements déviants des citoyens en matière d'évasion fiscale, de fraude fiscale et d'économie parallèle (Blankart, p. 199). Cette théorie est assurément censée corriger les présupposés idéalisateurs de l'économie du bien-être contre laquelle elle fait intervenir la réalité empirique du comportement politique, la déperdition due aux frottements, pour ainsi dire. D'un autre côté, elle n'est pas sans faire

---

[113] G. Brennan, M. Buchanan, *The Power to Tax*. 1980. R. Musgrave, P., Musgrave et L. Kullmer, *Die öffentlichen Finanzen in Theorie und Praxis*, vol. I. Tübingen, 1994, 6e éd., p. 143 *sq*.

preuve d'un certain ressentiment à l'encontre de l'extension de l'État social. C'est pourquoi elle exige beaucoup moins de réalisme relativement au comportement d'évasion des contribuables.

La théorie démocratique de l'impôt repose sur l'intuition selon laquelle un contrôle de l'imposition par le peuple, moyennant un référendum par exemple, maintiendrait les coûts dans certaines limites. Afin d'éviter des décisions *ad hoc* à court terme, on pourrait de manière générale déterminer la structure de l'imposition sur le plan constitutionnel, et le niveau des taxes chaque année par rapport aux dépenses à réaliser.

L'espoir de pouvoir limiter les dépenses de l'État par cette voie est certes justifié. Les expériences des démocraties plébiscitaires nous font légèrement douter du fait que la structure de l'imposition soit juste au sens, suggéré par Rawls, où elle profite aux plus mal lotis. Elle semble pourtant présenter ici quelques avantages. Il y a, en effet, des partis qui s'engagent en faveur des démunis, des partis qui eux-mêmes ne peuvent atteindre la majorité des couches moyennes dans une démocratie, mais qui peuvent peser un certain poids dans la création de la majorité.

Une autre difficulté à laquelle est confrontée la théorie démocratique de l'imposition consiste dans l'improbabilité d'une réforme constitutionnelle qui prévoirait un référendum en vue d'autoriser le budget, car cette réforme irait contre les intérêts des politiciens des différents partis. D'un autre côté, aussi plausible que puisse paraître la possibilité de conférer au souverain véritable, au peuple, ce droit suprême, auquel même le souverain absolutiste ne pouvait pas prétendre, il est difficile de prévoir ce qu'il adviendrait des promesses financières faites par les gouvernements, si la proposition de budget était rejetée par le plébiscite, etc.

Finalement, la *théorie évolutive de l'imposition* montre seulement que le pouvoir du Léviathan en matière d'impôt demeure toujours contenue dans des bornes, et que les citoyens sont en mesure de se soustraire à un mode ou à un autre d'imposition. Les méthodes illégales, selon cette théorie, sont la fraude fiscale, l'économie souterraine fondée sur l'échange des produits du sol et des espèces, dans certains cas également la fuite fiscale par transfert. On le sait, les tentatives faites pour empêcher cette dernière ont conduit les gens à s'accommoder de risques considérables pour échapper au système fiscal. La possibilité, relativement simple et avantageuse, de sortie et de transfert représentait, d'ailleurs, pendant une période considérable, une limite naturelle de l'imputation de la politique fiscale dans les petits États allemands. La méthode légale persistante du refus de se soumettre à l'impôt consiste à éviter l'impôt en recourant à des biens difficiles à imposer comme, par exemple, le temps libre.

Chaque gouvernement doit tenir compte de ce rapport, diversement décrit, entre le taux d'imposition et la disposition effective à payer les impôts, qui conduit à ce constat qu'à partir d'un taux d'imposition déterminé les recettes fiscales semblent plutôt baisser –les tâches qu'il s'agit de financer avec les recettes fiscales sont tout aussi égales qu'importantes et justes.

Indépendamment de la manière de concevoir aujourd'hui les tâches à financer par les impôts, les responsables politiques devraient, en outre, tenir à une forme d'imposition aussi simple que possible et dont on puisse facilement saisir toute l'étendue. Les règles d'imposition compliquées facilitent les voies légales et illégales pour éviter l'impôt, elles suscitent chez tous ceux qui sont imposés le sentiment d'être particulièrement désavantagés, elles procurent l'impression d'être livré à une bureaucratie, et que c'est plutôt une peccadille, voire un point d'honneur de frauder.

2.1.3 Que *doit-on* taxer ?

Puisqu'il n'est naturellement pas possible ici de dresser la liste des biens individuels imposables et de les comparer les uns aux autres, on mentionnera les deux critères qui doivent valoir comme les arguments les plus importants en faveur de l'imposition d'un bien ou d'une activité. C'est, d'une part, le fait que quelque chose garantisse à l'État les recettes les plus élevées, ainsi lorsque de larges couches sont imposables, comme c'est le cas avec l'impôt sur le salaire et le revenu, mais aussi avec les taxes à la consommation, comme, par exemple, les taxes sur les hydrocarbures, ou lorsqu'il y a lieu d'espérer des sommes élevées, comme c'est le cas avec les impôts sur les sociétés, sur le chiffre d'affaires et la TVA à l'importation.

Il s'agit ici tout particulièrement de parvenir à l'équilibre entre la justice sociale et la réalité économique d'une manière que l'on puisse justifier. D'un côté, il apparaît d'emblée que les plus aisés et les acheteurs aux plus hauts revenus doivent davantage contribuer au bien public. De l'autre côté, la motivation ainsi que la possibilité d'échapper à l'imposition grâce à l'une des manières mentionnées sont naturellement, dans ce domaine également, particulièrement prononcées. On doit donc également considérer le fait qu'un tel comportement ne recoure pas trop à une légitime défense justifiée contre l'État trop puissant, sans quoi aucune limite morale n'existerait plus pour un tel comportement nuisant à la communauté.

L'autre critère de l'imposition consiste dans le fait qu'un certain comportement engendre des coûts élevés pour la communauté, que l'imposition doit harmoniser. Cet argument en faveur de l'imposition vaut en partie également pour la taxe sur les hydrocarbures, mais avant tout cependant pour les taxes sur le tabac et les alcools et les différentes versions des taxes environnementales planifiées, qui offrirait en même temps une possibilité de diminuer la charge fiscale du travail salarié.

2.2 Principes de la théorie pénale

2.2.1. Le concept de peine

Il est facile de dresser une liste des caractéristiques principales des peines infligées par l'État ; ces recherches, d'une certaine manière, sont transposables à d'autres formes de punition. Ceci conduit toutefois aisément à la tentation de continuer de définir, les problèmes qui se posent, par exemple, dans le contexte de la justification de peines, en faisant référence à la définition du concept. Il convient donc de garder clairement présent à l'esprit le caractère toujours provisoire, inscrit dans un certain cadre, des usages de ce terme.

Les caractéristiques suivantes du concept de la peine sont relativement peu controversées[114].

i) Seules des personnes autorisées peuvent punir. Il faut, d'une part, qu'elles soient légalement autorisées, d'autre part, qu'elles connaissent les conséquences de leurs actions. Le lynchage n'est pas une peine ; les lions qui, à Rome, déchiquetaient les chrétiens rétifs, ne sont pas des exécuteurs de la peine, y compris du point de vue de ceux qui considéraient cela comme juste.

Même si cela ne fait pas partie de la définition de la peine, un principe commun s'est formé à partir de différentes traditions : seul le peuple, par le biais de ses représentants, est autorisé à juger l'accusé. C'est valable d'abord dans le cadre de la conception de l'Europe continentale, comme chez Kant (« le peuple par les représentants qu'il a lui-même élus », *Doctrine du droit* § 49, AK VI 317 ; trad. Renaut, p. 134) ; c'est valable ensuite pour la variante démocratique en vigueur dans les pays anglo-saxons : l'accusé peut exiger « *to be judged by his peers* ».

ii) Peuvent uniquement être punies des personnes au sens véritable du terme, qui sont responsables de leurs actes. Dans le cas de personnes auxquelles on ne peut pas imputer la responsabilité de leurs actions, on parle de rétention ou de thérapie. Il y a d'autres méthodes de redressement du comportement : par exemple, le conditionnement et l'hypnose, donc des procédés qui contournent ou écartent consciemment l'aptitude à répondre de ses actions.

iii) La peine consiste en un mal, en une souffrance consciemment causée à la personne qui est punie par celui qui punit ou par l'organe chargé d'exécuter la peine. Peut-être doit-on ajouter, avec plus de retenue, que la

---

[114] H. L. A. Hart, *Punishment and Responsability*, Oxford, 1968, p. 4 *sq.* ; Maximilian Forschner, *Mensch und Gesellschaft*, Darmstadt, 1989, p. 119 *sq.* ; Jakobs, 1993, p. 4.

peine comporte une dimension de souffrance, car certains pourraient être d'avis qu'elle sert en général le bien-être de ceux qui sont punis.

iv) La peine est décidée et exécutée à la suite d'une infraction réelle ou supposée de celui qui est puni. Le préjudice conscient porté par les autorités aux innocents n'est donc pas une peine. Ce préjudice pourrait être inévitable pour n'importe quelles raisons, mais il ne s'agit pas de peine.

v) Puisque l'infraction punie représente la violation d'une norme, la peine correspond à une réaffirmation de la validité de la norme violée par la personne punie – ne serait-ce que de l'exigence d'obéir aux instances qui font autorité.

2.2.2. La peine, l'autodétermination et le déterminisme

Il importe, à ce stade, de rependre une partie particulière de l'anthropologie politique et de l'anthropologie juridique, notamment la question de savoir si les êtres humains sont responsables de leurs actes ou s'ils sont biologiquement et socialement tellement déterminés qu'il faudrait recourir à d'autres méthodes que la peine pour les influencer.

Notre pratique pénale, suivant laquelle nous nous conduisons d'une manière particulière envers les délinquants irresponsables, présuppose, comme l'indique la définition, que les autres sont responsables de leurs actes, donc étaient libres d'agir autrement qu'ils ne l'ont fait. Si on établissait que les êtres humains sont en général incapables d'agir selon des principes, parce qu'ils sont déterminés par la structure de leurs impulsions, on aurait une raison suffisante pour les contrôler davantage par le dressage et le conditionnement ou par la thérapie que par des lois et des menaces de sanction. Tous les systèmes juridiques qui nous sont connus, libéraux ou totalitaires, fonctionnent *aussi* avec des menaces de sanction et présupposent, par conséquent, un degré important de maîtrise de soi de la part de l'être humain. Dans quelle mesure des présuppositions métaphysiques inavouées quant à la liberté de la volonté sont-elles « introduites en contrebande » dans la pratique politique et juridique ?

Il est intéressant de constater que les réflexions sur la capacité humaine à s'autodéterminer ne se retrouvent pas seulement dans le contexte du droit pénal. Lorsqu'on débattait du thème de l'imputation et de l'imputabilité (*imputatio, imputabilitas*) dans le droit naturel de l'époque de l'*Aufklärung*, on recourait directement ou indirectement aux analyses fondamentales d'Aristote sur la spontanéité (*Ethique à Nicomaque,* III, 1 *sq*., V, 1 *sq*.) et de Thomas d'Aquin (qui s'appuie, en partie, sur Aristote) sur le libre arbitre. Thomas définit la volonté en tant que désir rationnel comme *appetitus rationalis* (*Somme Théologique* II, Ia IIae qu. 6, art. 2 ad. 1) ou comme *appetitus intellectivus* (*Somme Théologique* I, qu. 83, art. 3 co. ; Aristote, *Ethique à*

Nicomaque VI, 1139a 30 *sq.*). À la différence des animaux, l'homme n'est pas seulement mû par *l'appetitus sensitivus*, par le désir produit par les sens, il peut s'écarter de cet appétit et se laisser mouvoir à un autre comportement par d'autres bonnes raisons. À la différence des animaux, il est capable d'une connaissance complète du but visé et de ce qu'il faut pour atteindre ce but ; il peut également réagir en vue d'élargir cette connaissance (*Somme théologique* I, qu. 81, art. 3 co ; qu. 83 art. I co ; Ia IIae qu. 6, art. 2 co).

Selon cette conception, la volonté est la capacité d'agir d'après des raisons, une capacité que, croyons-nous, les malades mentaux ainsi que les enfants ne possèdent que de façon limitée. Nous supposons alors que la conduite est causée par des facteurs génétiques, par le 'dérangement' et par le caractère. La capacité de décider librement est, dans ce cas, la faculté de délibérer (*Somme théologique* I, qu. 83, art. 1 co, art. 4 co).

La conception qui remonte à Augustin insiste plus fortement sur l'autonomie de la volonté ; selon elle, la volonté[115] est en même temps une faculté de l'âme intellectuelle, même si elle diffère de l'entendement : c'est la faculté de prendre une décision après avoir effectué une réflexion, donc une décision qui n'est pas entièrement incluse dans une considération rationnelle.

Les éléments essentiels du point de vue du droit ont été ainsi mentionnés. On présuppose une volonté libre chez des êtres que l'on considère capables de décider selon des principes. Selon que leurs décisions sont en accord ou en conflit avec des règles pertinentes, ces êtres sont considérés comme responsables, c'est-à-dire loués ou blâmés, tenus de rendre des comptes ou récompensés.

Les êtres humains peuvent même faire ou modifier les règles elles-mêmes ; c'est ce qu'implique la faculté de délibérer (*concilium*). Ce ne sont pas toutes les actions dont nous sommes responsables qui sont précédées d'une réflexion complète. Il suffit que l'intéressé(e) ait pu agir autrement. Celui qui remplit ces conditions est considéré comme une personne. De plus, nous concédons aux personnes le droit au respect de leurs décisions juridiquement obligatoires et conformes à la loi, par exemple un testament, même lorsque les autres ne semblent pas pouvoir les comprendre. Elles peuvent prétendre que leur décision doit être prise au sérieux.

Par conséquent, la question du déterminisme revient à savoir si les hommes peuvent agir selon des principes ou s'il s'agit seulement d'un leurre, notre conduite étant en réalité déterminée de manière causale. Nous avons souvent l'impression au quotidien que nous aurions pu décider ou agir autrement. Nous savons que nous pouvons nous tromper. Mais la thèse du déterminisme affirme beaucoup plus que le fait que nous nous trompions de temps en temps.

---

115 Albrecht Dihle, *Die Vorstellung vom Willen in der Antike*, Göttingen, 1985, ch. 6.

Ainsi, lorsque nous nous éprouvons comme des êtres agissants confrontés à certaines conditions exigeant de nous des décisions, lorsque nous sommes loués ou critiqués pour nos actions, nous présupposons, d'une façon tout à fait triviale, une possibilité de décision. Du point de vue des sciences naturelles et sociales, on essaie, en revanche, d'expliquer l'homme et sa conduite conformément à des lois causales.

Nous ne pouvons pas discuter ici de la question décisive de la compatibilité de la stricte légalité causale avec la liberté de décision dans le domaine pratique. Toutefois, pour le domaine politique comme pour le domaine du droit pénal, la réflexion suivante, plutôt simple, s'avère suffisante[116].

En aucune façon, nous ne faisons habituellement l'expérience de notre monde comme s'il était entièrement déterminé et explicable selon les sciences naturelles. Nous vivons plusieurs choses comme le fruit du hasard, comme l'expression du destin, c'est-à-dire comme conduites par la volonté d'un pouvoir imprévisible. Cela ne vaut pas seulement pour notre comportement et celui de nos congénères, mais également pour la nature vivante et non vivante qui nous entoure. Cette hypothèse, selon laquelle il doit exister pour tout événement une explication causale fondée sur les lois de la nature, est plutôt un principe consciemment accepté. De même que dans le cas d'autres négligences envers notre monde d'expérience, lorsque nous pratiquons la science ou encore lorsque nous voulons épargner aux hommes la peur des fantômes, nous nous référons raisonnablement à ce principe. Cependant, nous pouvons aussi le laisser hors-jeu lorsque nous nous occupons de nos actes et de ceux d'autres êtres humains.

Le déterminisme est nécessaire comme maxime heuristique ; mais, comme affirmation générale sur la structure du monde et des hommes, il représente plutôt une affirmation métaphysique qui jusqu'à présent n'a pas été vérifiée. Les sciences naturelles et sociales sont ainsi loin de pouvoir expliquer sans faille toutes les actions humaines ou même de les pronostiquer, de sorte que l'idée selon laquelle cela se réalisera dans un futur prévisible, relève plus de l'idéologie que d'une théorie rationnellement fondée.

Face au déterminisme qui argumente scientifiquement d'après les lois causales, la présente réflexion procède donc en renversant la charge de la preuve : celui qui affirme que la faculté que nous supposons quotidiennement en nous et chez les autres – et que nous pouvons aussi observer à un certain degré – n'est qu'apparence et tromperie, est invité à prouver son affirmation de façon appropriée. Jusque-là, nous pouvons nous en tenir à l'expérience quotidienne. Face à l'ancienne variante du déterminisme, à la conception selon laquelle l'homme serait déterminé par la volonté de Dieu, nous pouvons nous en tenir à la libre décision (même en connaissant

[116] Voir Hilary Putnam, *Reason, Truth and History,* Cambridge, 1981, p. 31.

l'imperfection humaine) aussi longtemps qu'elle est pertinente pour le droit pénal, et en confier l'évaluation à la décision de Dieu lors du Jugement dernier.

Ces réflexions sont importantes, car différentes variantes du déterminisme ont conduit à formuler l'exigence politique d'un remplacement de la peine par d'autres formes de traitement. Elles ont toutes en commun l'idée que le comportement déviant du droit ne relèverait pas de la responsabilité individuelle de l'acteur, mais des « conditions sociales » et des déterminations biologiques. Du côté anarchiste, on a exigé, par conséquent, le remplacement de la peine par des mesures de thérapie sociale ; la partie adverse a réclamé des interventions chirurgicales forcées, et d'autres formes de conditionnement.

Contre la deuxième position, on peut objecter que l'obligation de se soumettre à une intervention chirurgicale, comme, par exemple, la stérilisation ou la castration forcée, contredit la dignité humaine. Or, la dignité humaine est accordée à tout être humain dans l'État de droit moderne, y compris à celui qui a commis un crime.

L'argumentation à l'encontre de la critique anarchiste de la peine paraît plus délicate, et il faut bien souligner qu'il s'agit en *principe* de la négation de toute peine et pas seulement d'une critique de la pratique pénale, qui peut vraiment être améliorée et qui en a besoin. Face à l'augmentation significative de la fréquence des crimes méritant la peine capitale dans les couches non privilégiées, des changements de conditions sociales seraient manifestement nécessaires pour diminuer leur fréquence. Mais, premièrement, ils ne sont pas plus faciles ni plus rapides à réaliser et, deuxièmement, parce qu'il y a également des criminels dans d'autres couches de la population, ces changements ne suffiraient pas à rendre totalement superflues les mesures punitives.

2.2.3. Justifications de la peine

On peut classer les théories de la justification de la peine en théories qui recherchent l'argument justifiant la peine à l'extérieur de celle-ci –dans l'amélioration de la personne punie, dans le salut de son âme, dans la dissuasion des criminels potentiels ou dans la stabilisation du droit en général – et en théories qui considèrent la peine comme juste ou recommandée en elle-même. Les premières seront rassemblées sous la dénomination d'« utilitaristes » suivant la distinction anglo-saxonne, les secondes sous celle de « rétributivistes ».

Dans la tradition allemande, les dernières sont appelées théories pénales absolues et les premières théories relatives. Parmi les théories absolues, on distingue encore les théories de la rétribution des théories de l'expiation. Parmi les théories relatives ou les théories de la prévention, on distingue encore à la suite d'Anselm Feuerbach les théories de la prévention particulière, l'effort fait pour empêcher le criminel de commettre d'autres actes criminels, de la prévention générale, la tentative de prévenir absolument d'autres crimes[117]. De plus, on connaît depuis longtemps les théories dites « de synthèse » qui tentent de coupler prévention et rétribution. Face à la distinction anglo-saxonne entre théories rétributivistes et utilitaristes, qui font allusion aux théories philosophiques qui leur sont sous-jacentes, les distinctions usuelles contenues dans la tradition allemande sont soit trop générales et vagues (absolues – relatives), soit si différenciées qu'elles tendent à suggérer que des décisions théoriques seraient nécessitées par les concepts mêmes.

L'élément essentiel des justifications utilitaristes de la peine est d'abord la dissuasion, ensuite, la séparation du criminel de la société. L'aspect de l'éducation seule ne semble pas suffisant parce que, premièrement, le succès n'en est pas garanti – la peine conduit même peut-être à l'endurcissement et à l'indocilité, et, deuxièmement, parce que d'autres méthodes d'éducation pourraient être plus efficaces. Ce genre de réflexions prévaut surtout en théorie pénale des mineurs lorsque des peines sont commuées en services d'assistance, en thérapies, etc.

Les théories de la rétribution sont convaincues que la peine a sa valeur en elle-même, qu'elle ne *doit* être exécutée que parce que quelqu'un a commis un crime et que, dans ce cas, on est *obligé* de l'exécuter parce que le criminel (Kant, MM, *Doctrine du droit* § 49, rem. E, AK VI, 331 *sq.* ; trad. Renaut, p. 151 *sq.* ; Hegel, RPh, § 100) y a droit et parce qu'autrement la société civile se fait complice. Parce que les efforts faits pour éduquer et améliorer le criminel, premièrement ne sont pas suffisants, deuxièmement sont contestés, les principales alternatives qui restent, à savoir la théorie de la rétribution ou du talion et la justification utilitariste de la peine par la protection de la société moyennant l'isolement du criminel et la dissuasion de nouveaux candidats, se retrouvent l'une face à l'autre.

Comme on peut le supposer, il existe à l'encontre des deux conceptions des objections, dont nous allons à présent exposer la justification et les limites.

---

[117] Jean-Claude Wolf, *Verhütung oder Vergeltung*, Freiburg/München, 1992, p. 38 *sq.*, p. 46 *sq.* ; U. Neumann/U. Schroth, *Neuere Theorien von Kriminalität und Strafe*, Darmstadt, 1980, p. 11 *sq.* ; Hans H. Jescheck, *Lehrbuch des Strafrechts*, *Allgemeiner Teil*, Berlin, 1988, p. 62 *sq.* ; Jakobs, 1993, p. 15 *sq.*

2.2.4. Pour et contre la rétribution

Selon la conception des théoriciens de la rétribution, un criminel doit être puni « parce qu'il a commis un crime » et cela signifie précisément seulement s'il a commis un crime. Des considérations relatives à l'effet dissuasif ou à l'effet de re-socialisation de la peine peuvent jouer un rôle complémentaire. Ces considérations ne doivent et ne peuvent pas être utilisées pour justifier véritablement la peine, parce qu'elles ne reflètent pas la relation nécessaire entre la peine et le crime, mais contiennent des éléments contingents, empiriques, comme les chances de succès de la dissuasion ou l'adéquation factuelle de l'exécution de la peine à une resocialisation.

L'inconvénient des critiques des théories de la rétribution est qu'elles n'apportent absolument aucun argument expliquant le pourquoi de la punition des criminels ou pourquoi elles recourent plus ou moins à des arguments conséquentialistes (cf. Wolf, 1992, ch. p. 4-7 ; Jacobs 1993, p. 16 *sq*.). Cependant, cette image de la théorie de la rétribution est probablement une construction due à ses adversaires. Chez l'un des plus importants défenseurs de la théorie de la rétribution, chez Kant en l'occurrence, la justification de la peine coïncide avec celle de l'État et du droit en général[118]. Cette justification n'est naturellement pas complètement indépendante des conséquences qui seraient impliquées au cas où le droit serait absent. Il semble donc qu'on peut se demander si une théorie pénale « absolue » de la rétribution, qui ne prend absolument pas en compte les conséquences, est en général possible.

La construction d'une telle théorie ne va absolument pas dans le sens de l'intérêt des grands théoriciens de la rétribution. Il s'agit plutôt d'une justification d'après laquelle la régulation sociale passe normalement par la menace de sanctions et la punition, et non par d'autres formes de régulation des comportements comme l'hypnose de masse, le conditionnement ou autres choses semblables, ou encore par la terreur. Avec la punition, un être humain est pris au sérieux en tant que personne.

C'est seulement lorsqu'il y a des indications concrètes qu'il ne remplit pas ou lorsqu'il ne remplit que partiellement les critères définissant la personne qu'il y a des circonstances atténuantes.

De plus, si l'on part de la distinction opérée par H. L. A. Hart entre les questions suivantes : savoir pourquoi il ne faut pas du tout punir, qui doit être puni au cas où il y aurait punition, et quelle doit être la proportion de la peine, les théoriciens de la rétribution, comme Kant et Hegel, répondront

[118] La simple idée d'une constitution politique entre les hommes implique déjà une justice pénale qui incombe à l'État. (MM, *Doctrine du Droit*, « Additions destinées à expliciter les concepts du droit pénal », AK VI 362. Cf. Jeffrey Murphy, *Retribution Reconsidered*, Dordrecht, 1992, p. 24 *sq*.)

qu'il faut seulement punir parce qu'il y a crime. Il s'agit du refus sans compromis de toute tentative de traiter comme un simple moyen l'homme qui va être puni, soit dans un but dissuasif ou à cause de la raison d'État, du refus de toute instrumentalisation de l'être humain, comme on le dirait aujourd'hui, même s'il s'agit du bien-être de la totalité. Kant s'oppose, par exemple, à la rémission d'une peine en faveur de ceux qui se mettraient à disposition pour des expériences médicales (AK VI 332 ; trad. Renaut, p. 153), idée qui n'a rien d'étrange selon nos critères actuels.

Un premier résultat pour le troisième domaine de questions que nous venons de mentionner, celui de la fixation du quantum de la peine, serait ainsi atteint. Un principe qui n'a pas été depuis controversé s'énonce ainsi : pour les mêmes délits, il faut appliquer les mêmes peines ; les différences de situation, de sexe, de race, etc., du coupable et de la victime ne doivent en soi jouer aucun rôle. Les particularités individuelles ne doivent tout au plus être prises en considération que lorsqu'elles justifient des doutes sur la personnalité et donc sur la responsabilité du coupable.

L'une des procédures, si ce n'est la procédure traditionnelle de la détermination de la proportionnalité de la peine, consiste à tenter d'infliger au coupable exactement ce qu'il a fait à la victime. On sait depuis longtemps que cela n'est pas possible dans les cas de plusieurs crimes, et on prend le plus souvent le viol pour exemple. Même dans le cas où, pour Kant, il faut rendre l'égal par l'égal, à savoir dans le cas du meurtre, on ne peut guère établir une égalité de la douleur subie.

On rencontre cette difficulté d'une manière appropriée, non pas à travers la différenciation des procédures légales de meurtre, mais, lorsque dans une justice moderne, on a banni ou, au moins, réduit l'idée d'une rétribution égalitaire et que l'on a plutôt entrepris une détermination proportionnelle de la gravité du crime et de la sévérité de la peine. Cette proportionnalité se heurte à une limite supérieure lorsque celui qui est puni n'est plus accepté comme personne, comme fin en soi, mais rabaissé au rang de moyen, comme cela se produit dans le cas de la torture. De telles procédures pénales sont incompatibles avec l'exigence de légitimation émise par l'État, les conditions d'un juste État de droit à créer.

La proportionnalité de la peine ainsi que l'idée que certaines formes cruelles de punition ne sauraient être fondamentalement acceptables sont, au premier abord, l'avantage de la théorie de la rétribution, puisqu'une argumentation qui se réfère aux effets attendus avec la peine, aux effets à attendre et aux effets réalisés doit emprunter quelques détours pour atteindre le même résultat[119].

---

[119] Voir Hart, 1968, p. 24 *sq.*, p. 171 *sq.* ; Sharon Byrd, "Kant's Theory of Punishment : Deterrence in its Threat, Retribution in its Application", in *Law and Philosophy* 8, 1989, p. 151-200.

Même les mesures de resocialisation, c'est-à-dire une partie de la prévention spéciale elle-même, peuvent être davantage justifiées par l'idée que, sans elles, la proportionnalité de la peine pour des crimes moyennement graves ne serait pas garantie, que par les conséquences de cette resocialisation pour la société qui, eu égard aux coûts plus élevés et à un taux assez significatif de récidives, ne sont souvent jugées que négativement.

La question du degré de responsabilité du coupable, du caractère répréhensible de ses intentions, etc., fait également partie de la classification proportionnelle de la gravité du crime. En tous les cas, ces aspects semblent s'être ajoutés à l'idée archaïque de vengeance, sans pour autant l'avoir remplacée dans les systèmes juridiques occidentaux, et constituent certainement les sources historiques de la théorie de la rétribution.

La persistance de la pensée de la vengeance se reconnaît à l'évidence avec laquelle les représentations de dédommagement (qui, dans plusieurs cas, ne vont pas de soi) continuent d'être transportées. Même s'il n'est plus utilisé, l'ancien « œil pour œil, dent pour dent » du deuxième livre de Moïse (ch. 21, verset 24) qui, pour sa part, exige déjà de *limiter* la soif de vengeance au dommage égal chez le coupable et la victime, ainsi que les témoignages que l'on rencontre chez Aristote (*Ethique à Nicomaque*, VI), Kant ou Fichte[120] sont sans équivoque. Faisant immédiatement suite à la vengeance du clan, indispensable à la conservation du groupe à l'extérieur, la question de la justification de la peine sombre dans une pratique tenue pour évidente. Plus tard, comme le signale Kant, elle est devenue une partie de la justification du droit en général.

En revanche, la question de la culpabilité individuelle, par opposition avec la condamnation rigide de toute personne qui a porté préjudice à un membre du groupe de celui qui juge, sera formulée au cours de l'évolution culturelle. Malgré ses efforts pour échapper à la prédiction de l'oracle de Delphes, Œdipe n'a eu aucun problème moral à tuer l'inconnu sur le chemin forestier. Ce n'est que lorsqu'il a commencé à chercher, en tant que roi de Thèbes, le « meurtrier » de Laïus, dont les motifs ne l'intéressaient absolument pas, que le conflit tragique a éclaté. Le drame du mythe vit du sens accru de la responsabilité dans l'imputation. On retrouve un procès comparable dans la subjectivation et dans l'individuation au XIIe siècle lorsque, dans une aire culturelle notamment dominée par le droit tribal germanique, l'idée d'intention (*intentio*) a occupé une place de plus en plus importante. C'est finalement la progression de l'aristotélisme dans les réflexions au XIIIe siècle sur le libre-arbitre et l'imputabilité, qui forment, à travers des voies détournées, la base des distinctions que nous faisons aujourd'hui dans notre droit pénal.

---

120 Fichte, *Grundlage des Naturrechts*, in *Fichte-Gesamtausgabe*, Stuttgart-Bad Cannstatt, vol. I, 3, p. 428 *sq.*

Lorsqu'il est clairement établi qu'une personne a commis un acte contraire à la loi, on examine s'il est possible de l'en rendre responsable. Cela signifie qu'elle doit avoir commis l'acte volontairement et intentionnellement, ou consciemment ou par négligence. Les trois derniers points sont résumés sous le titre de *mens rea*. Dans le cas des critères mentionnés, si la volonté – ce qui signifie simplement que la personne aurait pu aussi ne pas agir ainsi – et la *mens rea* coïncident, alors une personne est légalement capable de culpabilité.

La perte complète ou partielle de la responsabilité à la suite de la non-imputabilité partielle ou complète de l'action équivaut en droit pénal à une excuse ou à une atténuation de la peine. En revanche, un acte normalement punissable destiné à sauver une vie humaine peut se justifier[121].

Le principe, déjà mentionné au début, selon lequel une personne peut être punie pour chaque délit dont elle est responsable, mais aussi et uniquement pour les délits dont elle est responsable, est également appelé 'principe de responsabilité'. Il joue un rôle important dans le débat opposant les défenseurs de la rétribution et les utilitaristes, dans la mesure où un doute subsiste depuis toujours eu égard à la question de savoir si, du côté utilitariste, le principe de la responsabilité en droit pénal peut être justifié.

2.2.5. Utilitarisme et responsabilité

Pour l'utilitarisme classique, la peine est justifiée parce qu'elle constitue, certes, un mal, mais que la somme totale du mal dans le monde est moins importante avec l'institution de la punition qu'avec sa suppression[122]. Cela est valable, premièrement, parce qu'on protège la société contre les criminels et qu'on corrige éventuellement ces derniers. Mais surtout, on attend, deuxièmement, de la peine qu'elle ait un effet dissuasif sur les coupables potentiels, de telle sorte que le mal fait à celui qui est puni soit justifié par le mal évité aux victimes potentielles d'autres coupables ou du même coupable.

Le point décisif, qu'on a traditionnellement critiqué de la théorie utilitariste de la peine, consiste en cela qu'elle ne pourrait apparemment pas tenir compte du principe de la responsabilité et qu'elle estimerait justifiée la punition d'innocents.

L'une des lignes traditionnelles de défense des utilitaristes met en avant que le mal dont l'État dispose envers les innocents n'est pas par définition une punition. Un tel préjudice peut être nécessaire parce qu'il faut aussi

---

[121] Hart, 1968, p. 13 *sq.* ; Jakobs, 1993, p. 351 *sq.* ; Joachim Hruschka, „Verhaltensregeln und Zurechnungsregeln", in *Rechtstheorie* 22, p. 449-460.

[122] Jeremy Bentham, *An Introduction to the Principles of Morals and Legislation*, 1789, éd. W, Harrison, Oxford, 1948, p. 281 ; Wolf, 1992, p. 38 *sq.*

s'occuper, par exemple, des victimes d'une catastrophe naturelle, y compris contre la volonté du propriétaire d'un immeuble, mais que cette mainmise sur la propriété ne constitue pas une punition.

Les critiques répondent qu'on ne peut pas échapper à des difficultés théoriques par des définitions. Aussi longtemps que les utilitaristes n'adopteront pas le principe de responsabilité, il n'y aura aucune raison dans leur théorie de distinguer la punition des autres mesures étatiques contraignantes. Le reproche de Bentham, selon lequel la punition d'innocents est une multiplication inutile de la douleur, est réfuté par la remarque que la punition peut également être légitimée par le bien commun.

C'est pourquoi on s'efforce de trouver du côté utilitariste une justification au principe de responsabilité. Cette justification se fonde sur l'idée qu'on ne peut s'attendre à un effet dissuasif de la peine à long terme s'il n'est pas rattaché d'une manière relativement prévisible aux actions. Face au succès dont peuvent faire montre des régimes imprévisibles de terreur, y compris pour dissuader des « criminels » ordinaires, cet argument n'est valide que si l'on présuppose l'évidence de certains droits tels le principe de l'*habeas corpus*, la protection contre les emprisonnements arbitraires, que si l'on présuppose donc le droit à un procès équitable. Il appert également que la justification utilitariste de l'institution de la peine s'achève avec la fondation de la nécessité du droit en général.

À la critique de la déduction du principe de responsabilité à partir de la plus grande efficacité à cause de la meilleure prévisibilité de la peine – il s'agirait d'une liaison purement externe, empirique, non nécessaire de la relation entre crime et peine, les utilitaristes répondent qu'il n'y a pas de séparation claire entre les relations empiriques et nécessaires. De plus, ils estiment que leur argument serait la seule véritable justification du principe de responsabilité, qui n'est ni absolument évident ni nécessaire comme l'attestent un certain nombre d'exemples issus des cultures archaïques[123].

Il est vrai qu'il n'est pas possible de distinguer aussi clairement les arguments nécessaires des arguments empiriques qu'on l'a cru pendant longtemps. Il est également vrai que la plus grande prévisibilité de la peine grâce à l'application du principe de la responsabilité, sur la base des prémisses mentionnées, renforce l'effet dissuasif de la peine. Néanmoins, on peut douter que cela soit le seul argument en faveur du principe de responsabilité. Deux exemples ont été donnés du développement – presque naturel – du principe de responsabilité, à partir d'une culture de la peine et de la vengeance destinée à la simple compensation. Cela étant dit, l'expérience quotidienne, et donc quasi *a priori,* doit être également importante pour savoir qu'il y a une différence entre le fait que des personnes sont bien ou mal disposés à mon égard – c'est pourquoi je fais bien de juger différemment un

[123] Wolf, 1992, p. 90 *sq.*

préjudice que l'on m'a causé sans mauvaise intention et même éventuellement sans culpabilité, et un préjudice causé par méchanceté. La dissuasion prévisible est, par conséquent, une partie de la tentative faite pour organiser la coexistence des hommes de telle sorte qu'ils puissent poursuivre leurs buts, leur *pursuit of happiness*, avec la plus grande confiance possible dans le caractère prévisible du comportement de leurs congénères.

Dans la mesure où l'on peut quasiment admettre le principe de responsabilité comme un principe anthropologique, il est raisonnable de le prendre comme fondement de la proportionnalité de la peine. On pourrait relier les avantages que présentent les deux théories en associant une justification utilitariste globale de la peine avec des considérations de rétribution, lors de la détermination de la proportion de la peine[124].

2.2.6. Que punit-on ?

John Stuart Mill plaidait, avec insistance, dans *De la Liberté*, pour que seuls soient punis les actes susceptibles de porter préjudice à autrui. Sont seuls considérés comme préjudices les atteintes portées à l'inviolabilité du corps et à la propriété puisque, en fin de compte, chaque action humaine touche, d'une certaine façon, au domaine vital d'autrui. L'autodéfense est le seul motif qui justifierait l'application de la violence. L'État s'occupe amplement de la protection des citoyens à l'aide du droit pénal aussi longtemps que cela est nécessaire, mais il devrait abandonner toute autre intervention, surtout celles qui restreignent les voies inhabituelles et excentriques de la poursuite du bonheur personnel. C'est ce que l'on peut considérer aujourd'hui comme la position libérale utilitariste classique.

Les tâches supplémentaires du droit pénal ont été définies dans trois directions principales. Premièrement, on exige de pouvoir contraindre les citoyens à des comportements moralement justes au moyen du droit pénal ; deuxièmement, les outrages publics doivent pouvoir être supprimés, troisièmement, un certain nombre de personnes estiment que l'État doit, en cas de nécessité, empêcher le citoyen (dans plusieurs circonstances) de se porter préjudice, si besoin est, contre sa propre volonté. On appelle cette dernière mesure le paternalisme de la loi.

Finalement, concernant le premier point, celui de la contrainte à des comportements moralement justes, la conception de Mill s'est imposée, notamment parce qu'elle est, de toute façon, compatible avec la morale minimale désignée comme morale des Lumières.

Les exigences d'observation contrainte de la morale par le biais du droit pénal se fondent souvent sur des conceptions de la vie juste, qui sont

---

124 Forschner, 1989, p. 135 *sq.*

parfois résumées sous le concept d'*ethos* et qui, cependant, ne peuvent prétendre dans un État séculier à une validité universelle. En Angleterre, on a discuté âprement du droit de la société, revendiqué par Lord Devlin dans les années soixante, d'imposer ses croyances morales par le biais du droit pénal – Devlin se référant à l'interdiction de la prostitution et de l'homosexualité. Dans les années quatre-vingt et quatre-vingt-dix, on a revendiqué, du côté communautarien, le droit de la communauté face à l'isolement individualiste. Ronald Dworkin a avancé contre Devlin que le discours sur un droit moral de la société conduirait à l'erreur, puisque les droits moraux seraient des revendications des individus en vertu de leur statut de personnes vis-à-vis de l'État, qui ne pourraient pas être d'emblée transposées à une opinion majoritaire contingente (Dworkin, 1978, § 10). En effet, une fois qu'ils sont admis, les droits moraux prépositifs ou droits de l'homme représentent une protection des individus contre les exigences de l'État et d'autres individus. À ces droits correspond un devoir d'obéissance général prépositif vis-à-vis du droit positif. Un droit subjectif prépositif « de la société », c'est-à-dire concrètement le plus souvent d'un groupe de gardiens des mœurs autoproclamées, vis-à-vis de l'individu est en fait, de ce point de vue, une construction étrange voire dangereuse.

Le droit pénal joue un certain rôle intermédiaire entre le droit individuel au libre épanouissement et la conception selon laquelle la constitution d'une forme de vie commune implique également une communauté dans les convictions de la vie bonne. Ce rôle consiste à empêcher les outrages à la vie publique, qui se dirigent contre une représentation ou une réalisation *publique* d'activités, que la majorité considère comme immorales. On mentionnera ainsi la diffusion de représentations pornographiques dans les médias financés par des fonds publics ou encore les tapages nocturnes provenant d'établissements récréatifs dans des zones résidentielles. Pour interdire de tels actes, on se réfère au droit des autres personnes à ne pas être importunées par des représentations considérées comme insupportables ou à ne pas voir leur repos nocturne perturbé. De telles interdictions sont considérées comme justifiées, y compris aux yeux des théoriciens réputés libéraux. Dans la mesure où ce que l'on considère comme outrage public dépend largement de la culture, de données temporelles et de la couche sociale, on fait bien de limiter les poursuites pénales aux cas d'activités qui rabaissent la dignité des autres ou qui limitent la poursuite de la vie qu'ils ont choisie d'une manière déraisonnable. Le principe suprême demeure qu'une interdiction exige une justification, et non simplement le souhait de ne pas être ennuyé par les interdictions.

Le paternalisme de la loi, mentionné comme troisième restriction possible du principe d'autodéfense, part du fait qu'un État qui accepte une responsabilité sociale a aussi le devoir de protéger ses citoyens des formes de préjudices qu'ils peuvent s'infliger eux-mêmes, ce qu'ils ne peuvent manifestement faire que s'ils sont limités dans leur capacité et donc dans l'exercice de leur personnalité. Appartiennent à ces domaines : la disposition à se laisser éventuellement tuer pour de l'argent dans un duel ou, sans aller trop loin, la consommation de drogue dures, l'infraction au port obligatoire du casque pour les motards… Un tel paternalisme présuppose le devoir d'assistance aux individus de la communauté, dont l'organisation politique est l'État, et est rejeté de façon conséquente par les opposants capitalistes radicaux, comme, par exemple, David Friedman (Friedman, 1989, p. 89 *sq*.).

C'est l'un des points les plus problématiques où la thèse de l'anarchie éclairée défendue ici doit faire ses preuves ; elle veut d'une part prendre au sérieux, le besoin d'autonomie de l'individu ; d'autre part, elle revendique aussi le devoir d'assistance de la communauté et, troisièmement, l'idée de l'attente de comportements des hommes. Pour ce point, il ne peut pas y avoir de solution *a priori* de tous les cas particuliers, mais seulement une maxime d'action principielle. Dans la mesure où les régulations paternalistes restreignent la liberté de décision des citoyens, il faut, en effet, soigneusement peser la liberté de l'individu à poursuivre son bonheur et le degré de préjudice pour les individus avec les conséquences négatives possibles pour l'ensemble – que ce soit les délits commis pour se procurer de la drogue ou les coûts élevés de l'assurance santé.

2.2.7. La communauté a-t-elle le droit de tuer ?

Nous avons déjà attiré l'attention sur la problématique d'un droit dit prépositif de la « communauté ». Cette problématique se retrouve dans la discussion portant sur la question délicate de savoir si la peine de mort est justifiée ou non. Deux conceptions majeures de l'éthique s'affrontent sur cette question. La peine de mort a été largement défendue et attaquée, et ce autant par les défenseurs de la rétribution que par les utilitaristes. Comme on peut le penser, les justifications sont simples. Les théoriciens de la rétribution attirent l'attention sur le fait que le meurtre ne peut être compensé que par la mise à mort du coupable. Les utilitaristes insistent sur le fait que l'effet dissuasif de la peine de mort est considérable.

On rencontre déjà les deux principaux arguments contre la peine de mort chez Cesare Beccaria, dans son ouvrage *Dei delitti e delle pene,* publié pour la première fois en 1765 (§16)[125]. Le premier argument soutient que personne, pas même l'ensemble de la société ou semblable, ne peut obtenir le droit de tuer un autre homme en dehors des situations d'autodéfense et de guerre. La raison en est que l'individu, dans le contrat social, n'a pas le droit de transférer à un autre la décision sur sa vie, parce que le droit à la vie est

[125] Cesare Beccaria, *Dei delitti e delle pene, Torino 2007.*

un droit inaliénable. À la base du premier argument de Beccaria, il y a, par conséquent, l'idée de l'inaliénabilité des droits de l'homme et non ce que Kant a appelé « la sensibilité sympathisante d'une humanité affectée » (*MM*, AK VI 334 *sq.* ; trad. Renaut, p. 157 ; *OP* III, p. 605).

Cette ligne d'argumentation conteste à l'État le droit d'ôter la vie à ses citoyens en temps de paix. Le deuxième argument de Beccaria attire l'attention sur le fait que la peine de mort pourrait ne pas avoir assez d'effet dissuasif pour parvenir à détruire l'idée qu'il est mauvais de tuer ou de torturer des hommes. Lorsque l'État tue quelqu'un à des fins dissuasives, la mise à mort n'a certainement pas juridiquement et moralement la même signification que l'homicide d'un citoyen par un autre. L'espoir que tous les intéressés aient compris cette distinction pourrait être vain. Si l'on prend le cas des exécutions publiques, toutes les expériences suggèrent plutôt qu'elles ont pour effet de rendre les hommes brutaux et non pas celui de les dissuader. L'exécution de François Damiens, l'auteur de l'attentat contre Louis XIV, le 28 mars 1757, aboutit à une véritable fête populaire. Les gens payèrent des sommes considérables pour louer des chambres d'où ils pouvaient observer la place de Grève et voir comment les bras et les jambes du criminel étaient ouverts et remplis de plomb liquide...[126]. Au demeurant, tous les supplices de Damien ne l'ont pas amené pour autant à dénoncer ses complices.

Le message transmis est qu'il n'est pas mauvais en soi de torturer des êtres humains et qu'il suffit seulement d'être du bon côté. Celui qui aime torturer, doit faire en sorte qu'il ait, avec ses actes de cruauté, le droit, en tous les cas, l'apparence du droit de son côté. La société applaudit souvent lorsque des parents de victimes de criminels tuent ou blessent l'assassin. Mais comprendre un acte commis dans la douleur et le désespoir, c'est autre chose que justifier d'une manière universellement valable une autorisation publique de mise à mort rituelle.

De plus, il faut prendre en considération le fait que l'effet dissuasif de la peine de mort, lorsqu'il est effectif, peut éventuellement engendrer de nouveaux crimes. Un criminel, qui veut échapper à la mort, aura encore moins de scrupules à éliminer des témoins gênants que celui qui considère que sa vie n'est pas menacée.

---

[126] Pour une description plus précise de l'exécution, voir Michel Foucault, *Surveiller et punir*, Paris, 1975.

IV. Les limites de la contrainte : les droits.

Après avoir démontré, dans le chapitre I, la nécessité de la contrainte exercée par l'État sur les individus – et ce, en vue de leur propre protection – et la nécessité de limiter cette contrainte, après avoir exposé, dans le chapitre II, le double aspect de la protection propre à la communauté humaine et du resserrement des individus qu'elle opère, et après avoir pris pour objet de recherche, dans le chapitre III, les exigences institutionnelles relatives à une communauté politique, laquelle maximise la protection et la sécurité et minimise la contrainte et l'étroitesse, il nous faut maintenant changer de perspective et considérer la situation du point de vue de l'individu.

Pour les individus, tout se passe comme si leur protection et leur sécurité au plan politique étaient formulées, produites et garanties pour l'essentiel sous la forme de droits subjectifs. Cela conduit nécessairement à la question du statut de ces droits : sont-ils simplement attribués aux individus par l'État dans lequel ils se trouvent ? Si c'est le cas, pourquoi cet État ne peut-il pas alors simplement les invalider ? Sont-ils d'une nature pré- ou supra-étatique ? Mais alors quelle est leur origine et qui devrait se préoccuper de les faire observer ?

La première section de ce chapitre traitera donc de la question de savoir de quel type de droits il s'agit et comment il est possible de les comprendre. À cette fin, nous mettrons l'accent sur les droits de l'homme et du citoyen et, selon une autre distinction, sur les droits défensifs, les droits de participation et les droits sociaux, plutôt que sur les droits subjectifs en général : nous évaluerons leur statut ontologique et les structurerons de manière plus précise.

Les revendications juridiques de nature soi-disant ou effectivement pré-étatique, que l'on fait parfois valoir parmi ces droits, peuvent être distribuées à bon droit entre les domaines de la liberté, de l'égalité et de la propriété – que nous examinerons par la suite, en dépit de certains recoupements inévitables, dont celui, par exemple, avec la distinction que nous avons d'abord opérée entre les différentes formes de droits. Alors que la liberté et l'égalité peuvent être comptées assez clairement parmi les droits de l'homme – même si l'on ne sait pas exactement ce que cela signifie, on discute depuis longtemps de la question de savoir si le droit à la propriété fait partie des droits que l'on doit observer indépendamment du droit positif et objectif.

1. Droits du citoyen, droits de l'homme

1.1. Réserves au sujet des droits de l'homme

Lorsqu'on aborde aujourd'hui, dans le discours public en général, les questions liées à la théorie du droit, ce sont le droit subjectif, la prétention juridique, donc des individus par rapport aux autorités étatiques, qui sont au centre de la discussion. C'est pourquoi il convient de faire remarquer que l'on peut observer depuis longtemps chez les théoriciens du droit et les philosophes politiques un degré élevé de refus ou, du moins, de réserve à l'égard de l'acceptation des droits naturels. Le verdict de Bentham au sujet des droits naturels subjectifs est célèbre : il s'agit d'une « folie montée sur des échasses[127] ». Pour lui, comme auparavant pour Pufendorf et, après lui, pour bon nombre d'utilitaristes, le discours sur les droits subjectifs peut être ramené au discours sur les devoirs envers les autres.

À l'opposé, H. L. A. Hart a adopté un discours sur les droits qui ne les réduit pas à des devoirs, discours où l'octroi de droits individuels produit un certain champ d'autonomie au sein duquel, il ou elle peut décider de quelle manière les utiliser. L'individu détermine dans ce cas quels sont les droits dont la prise en compte doit être imposée à ses semblables[128]. Il y a probablement d'autres exemples de droits auxquels ne correspond aucun devoir pour les autres. Peut-être est-il possible de revaloriser les droits qui, en principe, sont réductibles à des devoirs pour les autres, lorsqu'ils peuvent être revendiqués en tant que droits.

Il a été question jusqu'ici de la réductibilité *logique* du discours sur les droits, avec en arrière-fond le consensus sur le fait que l'individu doit être protégé non seulement contre l'agression de ses semblables, mais avant tout contre celle des autorités étatiques.

C'est précisément contre ces prémisses individualistes et vraisemblablement égoïstes que s'est exercée et s'exercera toujours la critique d'inspiration morale et ce, de la part de camps supposément opposés au plan politique. D'un côté, on retrouve Carl Schmitt qui, dans son plaidoyer pour une démocratie « césarienne », insiste sur « l'opposition insurmontable entre la conscience libérale de l'individu et l'homogénéité démocratique ». Avec la même irritation, Karl Marx, ennemi mais aussi modèle pour Schmitt, s'en prend, dans *La question juive*, à l'interprétation française des droits de l'homme selon laquelle « le *citoyen* est déclaré le serviteur de l'*homme* égoïste, [où] la sphère, où l'homme se comporte en qualité d'être générique, est ravalée au-dessous de la sphère où il fonctionne en qualité d'être partiel,

[127] Jeremy Bentham, „Anarchical Fallacies", in A. I. Melden, *Human Rights*, Belmont, 1970, p. 32.
[128] Michael D. Bayles, *Hart's Legal Philosophy*, Dordrecht, 1992, p. 141 *sq*.

et [selon laquelle] enfin c'est l'homme en tant que *bourgeois*, et non pas l'homme en tant que *citoyen*, qui est considéré comme l'homme 'vrai' et 'authentique'[129] ». Il était relativement fréquent aussi de mettre en lumière dans les droits de l'homme un moment de destruction de l'ordre objectif et rationnel du monde par la pensée égoïste du pouvoir.

Il existe une longue tradition, toujours vivante, qui consiste à rejeter les droits de l'homme parce qu'ils mettent en danger l'État et la communauté, laquelle tradition conçoit ces droits comme une dérive historiquement contingente de la culture occidentale[130].

Nous allons maintenant aborder la contingence historique de l'émergence des droits de l'homme et leur élaboration systématique. Dans cette optique, il importe, tout d'abord, de remarquer que l'on se limite ici à l'Occident. À la fin du XXe siècle, les droits de l'homme sont parfois étiquetés comme une nouvelle variante de l'impérialisme occidental au service de la répression idéologique des autres cultures. À ce sujet, il est surprenant de constater à quel point les formules employées à cette fin par nombre de potentats asiatiques ou africains recoupent, jusque dans le choix des termes, celles par lesquelles on rejetait, il y a soixante ans, la critique adressée aux violations des droits de l'homme comme étant « non aryenne[131]» ou encore, il y a trente ou vingt ans, comme ne s'appliquant pas aux hommes de la péninsule ibérique ou de l'Amérique du Sud. Bertrand Russell, que de nombreux philosophes perçoivent aujourd'hui encore comme un quasi-contemporain, s'est attiré beaucoup moins de haine, au sein du monde académique anglophone, en refusant d'accomplir son service militaire lors de la Première Guerre mondiale qu'en prenant position en faveur du droit de vote pour les femmes. En « Occident » également, peu importe ce que l'on comprend sous ce terme, les droits de l'homme sont loin d'être considérés comme un bien culturel traditionnel. Au contraire, lorsqu'ils sont respectés, ils ont été conquis après de fortes luttes.

---

129 Schmitt, *Die geistesgeschichtliche Lage des heutigen Parlamentarismus, Vorw. Zur 2. Aufl.* (1926), Berlin 1979, p. 23 ; Marx, *Zur Judenfrage,* in MEW, T. I, Berlin, 1956, p. 366. (Souligné dans l'original.)

130 MacIntyre, 1985, p. 67 *sq.*

131 Voir l'opinion de Carl Schmitt selon lequel l'identité de la race et le commandement du *Führer*, les principes de l'« État total commandé par le *Führer* », ne peuvent être jugés adéquatement que par celui qui « participe à la communauté qui crée le droit, en une manière qui découle de son être (*seinsmäßig*), déterminée par la race (*artbestimmt*) » alors que celui « qui est étranger à la race (*Artfremder*) a beau faire le critique et se donner de la peine de façon perspicace, il a beau lire et écrire des livres, il pense et comprend autrement, parce qu'il est d'une autre race » (*État, mouvement, peuple. Organisation triadique de l'unité politique* (1933), Paris 1998, p. 62). Ce passage est représentatif puisque des passages semblables tirés de cet ouvrage ont servi textuellement dans le commentaire portant sur la législation raciale.

À la lumière de ces parallèles étonnants, on peut faire porter la confrontation argumentative sur les objections habituelles à l'encontre des droits de l'homme et faire ressortir certaines questions intellectuellement intéressantes pour la comparaison des cultures entre elles[132].

1.2. Les origines historiques

Une façon classique d'argumenter contre les droits de l'homme consistait à les historiciser et, de ce fait, à les relativiser, en faisant référence en particulier au contexte, pour ainsi dire suspect, dans lequel ils ont émergé. Il s'agissait souvent d'en retracer l'usage chez les auteurs du XVIIe siècle liés à l'« individualisme possessif ». On a alors supputé qu'une « révolution sémantique » du concept de droit s'était déjà accomplie chez Guillaume d'Ockham (1285-1347), puisque sa définition, guidée par la métaphysique nominaliste, du *jus* en tant que *licita potestas*, en tant que pouvoir légitime, donc en tant que compétence, a transformé la question du caractère juste du droit en une question de pouvoir et d'imposition[133].

Le discours sur les droits individuels et subjectifs semble effectivement être contingent au plan historique et constituer un phénomène relativement tardif. On retrouve ainsi le terme *jus subjective sumtum* chez Achenwall[134]. Mais on peut supposer que son origine remonte au XIIe siècle, après que le terme *jus* et les expressions équivalentes dans d'autres langues ont été employés dans le sens d'un ordre objectif, ce qui ne signifie naturellement pas que les droits subjectifs ne faisaient pas auparavant l'objet d'une forme de respect. Le contexte social de cette genèse conceptuelle est lui aussi différent de ce que l'on suppose généralement.

Il semble que l'on retrouve, dans la glose du droit canon du douzième siècle relative au *Decretum Gratiani*, un déplacement sémantique du concept de droit naturel, qui passe d'un ordre universel régissant tout à une capacité spécifiquement humaine à distinguer ce qui est juste de ce qui ne l'est pas. Les préceptes généraux ne possèdent plus alors une signification fondamentale, mais ils constituent plutôt une utilisation dérivée du *jus natu-*

---

[132] Sur le fait que des idées de comparaison existaient également dans la tradition chinoise, voir Gregor Paul, « Kulturelle Identität : Ein gefährliches Phantom ? Eine kritische Begriffsanalyse », in Tadashi Ogawa, Michael Lazarin et Guido Rappe (éd.), *Interkulturelle Philosophie. Philosophische Beiträge zum interkulturellen Gespräch*, Berlin, 1998.

[133] Leo Strauss, *Naturrecht und Geschichte*, Frankfurt/M., 1977, p. 188 *sq.* C.B. MacPherson, *Die politische Theorie des Besitzindividualismus*, Frankfurt/M., 1973, p. 13 *sq.*, p. 172 *sq.*, p. 250 *sq.* ; Michel Villey, *La formation de la pensée juridique moderne*, Paris, 1968, p. 248 *sq.*, p. 261, 267.

[134] G. Achenwall, *Prolegomena Iuris Naturalis*, Halle, 3e éd., 1767, § 44.

rale, qui se retire pour ainsi dire derrière un troisième usage du terme dans le sens des nécessités vitales que l'homme partage avec les animaux[135].

On commence alors déjà à parler du droit subjectif comme d'une « zone autonome », comme un domaine au sein duquel on peut se décider de manière tout à fait libre – dans la mesure où cela est permis – à faire ou à ne pas faire quelque chose. On retrouve ce discours dans la troisième forme d'expression du droit naturel divin, ce qu'on appelle les *demonstrationes*, les « indices » que l'on peut trouver parallèlement aux commandements et aux interdictions. Les « indices » révèlent ce qui est bien et permis, comme, par exemple, la propriété commune à tous et la liberté naturelle de tous. À la différence des interdictions et des commandements, le droit positif peut s'y superposer.

La liberté tout comme la participation à la propriété commune – peut-être en vertu d'une tendance générale à la subjectivisation propre au XIIe siècle – ont progressivement constitué une revendication naturelle. Il faut y ajouter une transposition du devoir de charité imposé aux riches par l'ordre naturel en un droit naturel des pauvres au *surplus* des riches et ce, même en l'absence de droits de propriété susceptibles d'être invoqués devant un tribunal[136].

La disposition à accorder à tous les hommes un droit subjectif, du moins en arrière-fond, se manifeste par exemple dans la reconnaissance de la non-culpabilité de celui qui, en cas de besoin, prend ce qui est indispensable à sa survie. De même, selon la conception propre à certaines gloses, celui qui a été libéré de sa servitude ne possède pas une liberté nouvelle, il ne fait que recouvrer celle dont il était provisoirement privé en vertu du droit positif.

Il est également question de prétentions juridiques particulières, tel le droit du Pape à exercer une influence, lors de son élection par les cardinaux (*jus potestatis eligere*). Dès le début, on retrouve donc dans le droit subjectif une double signification : d'une part, en tant que prétention reconnue à une chose quelconque en vertu d'un quelconque ordre – ou en tant que pouvoir accordé de disposer de quelque chose en vertu de cet ordre – et, d'autre part, en tant qu'autorisation à garantir son existence et sa liberté, éventuellement valide à l'encontre du droit positif.

---

[135] Pour ce qui suit, consulter avant tout B. Tierney, „Origins of Natural Rights Language : Texts and Contexts", p. 1150-1250, in *History of Political Thought*, 10, p. 615-646 ; R. Weigand, *Die Naturrechtslehre der Legisten von Irnerius bis Accurius und von Julian bis Johannes Teutonicus*, München, 1967 ; Richard Tuck, *Natural Rights Theories*, Cambridge, 1979 ; Kaufmann, 1996, p. 120 *sq*.

[136] On retrouve également ce point chez John Locke : « God the Lord and Father of all, has given no one of his children such a property in his peculiar portion of the things of this world, but that he has given his needy brother a right to the surplusage of his goods; so that he cannot justly be denied him, when his pressing wants call for it » (*First Treatise*, § 42).

Cette double possibilité d'usage se prolonge dans les différents contextes de discussion selon les combinaisons les plus diverses. Guillaume d'Ockham et Jean Gerson jouent ici un important rôle de médiation ; ils font également ressortir l'idée de la liberté évangélique de tous les chrétiens, dont la signification sera si importante pour Luther.

Les auteurs de la scolastique espagnole, de Vitoria à Suárez, en passant par Molina, qui ont influencé Hugo Grotius, longtemps considéré comme le père du droit naturel moderne, ont joué un rôle décisif dans la transmission de la tradition juridique du Moyen-Âge et de l'Antiquité au sein de la pensée moderne du droit naturel. Dans la mesure où ils ont été préoccupés – de manière apologétique ou critique, en raison des politiques espagnole, portugaise ou hollandaise en Amérique latine ou ailleurs, par les questions liées à la justification de l'esclavage et à la possession d'esclaves, mais aussi par celle de la propriété des territoires occupés ou conquis, ces auteurs ont développé des théories qui ont exercé une influence considérable sur la théorie moderne des droits de l'homme inaliénables comme sur la discussion relative à la propriété. Il convient maintenant de présenter brièvement les distinctions systématiques qui en ont résulté.

1.3. Droits subjectifs et droits de l'homme

Dans la mesure où l'insistance sur les droits naturels individuels est souvent étiquetée comme étant antidémocratique et, sur la base de la compréhension de la démocratie ici sous-jacente, comme étant immorale, il semble approprié d'examiner les distorsions conceptuelles sur l'arrière-fond desquelles une telle évaluation peut apparaître comme plausible.

Pour ce faire, il importe de distinguer soigneusement le discours sur les droits de l'homme de celui sur les droits subjectifs en général. Ce dernier est compatible, de façon non problématique, avec les formes extrêmes de privilèges accordés selon l'appartenance à un groupe ou selon le statut. En principe, un droit à la possession d'esclaves pour tous les Blancs ainsi qu'un droit à la domination du père de famille sur les femmes, les enfants et les domestiques peuvent être revendiqués conformément à la sémantique, en expliquant que cela est « naturel » – ce qui s'est effectivement produit. Marx cite, en effet, la plainte d'un Américain du sud des États-Unis, qui considérait en Angleterre comme une limitation posée à sa liberté le fait de ne pouvoir frapper ses esclaves noirs (*L'idéologie allemande*, OC, t.3, p. 191).

Lorsqu'il est question au contraire des droits de l'homme, le concept donne à entendre, en premier lieu, qu'ils appartiennent à l'homme en tant qu'il est homme, sans autre qualification et, à vrai dire, à *tout* homme, sans égard au sexe, à la couleur de la peau, à la race ni au statut et, en deuxième lieu, qu'ils ne peuvent être abandonnés arbitrairement et qu'on ne peut y renoncer. On possède ces droits parce qu'on est homme et, cela, aussi longtemps qu'on l'est.

Cette idée centrale de l'inaliénabilité a son origine dans le rapport entre la discussion sur la justification de la traite des esclaves et le problème de la légitimation de l'État. Dans le débat sur la traite des esclaves, on en est venu à une opposition entre, d'un côté, des privilèges et, de l'autre, des droits qui appartiennent à tous, à une opposition également entre, d'un côté, le droit, propre à tous les hommes, à la libre volonté, à la liberté de disposer librement de soi-même et, de l'autre, la limitation de ce droit par le fait que l'on n'est pas autorisé à vendre sa propre liberté, laquelle est propriété de Dieu. Alors que Francisco Vitoria et d'autres dominicains refusaient à l'homme le droit de déterminer le prix de sa propre liberté, puisque celle-ci, créée par Dieu, appartient à ce dernier, des penseurs comme Molina s'attachaient à inclure la propriété de cette liberté elle-même dans le droit de l'homme à la liberté de sa volonté. C'est pourquoi celui-ci serait également libre de se vendre (Tuck, p. 49 *sq.*). Selon ces précurseurs des libertariens, se vendre pour un collier de perles constitue donc une action juridiquement valide.

Que cela soit le fruit d'une coïncidence ou d'un calcul idéologique, il n'en reste pas moins que la poursuite de ce débat, important dans notre perspective, prend place en un pays, l'Angleterre, qui est le rival des plus importants États esclavagistes : l'Espagne, le Portugal et les Pays-Bas. C'est précisément parce que, dans sa célèbre construction qu'est le *Léviathan*, Hobbes ne fait aucune différence entre le droit du maître sur ses esclaves et celui du Prince sur ses autres sujets, qu'il place, de manière étonnante, le débat sur les droits naturels et leur inaliénabilité en rapport direct avec la question de la légitimité de la domination en général – qu'il traite de la manière que nous avons indiquée dans le premier chapitre. Il en va autrement chez John Locke, qui reprend finalement l'approche de Vitoria et voit en fin de compte une différence considérable entre les citoyens et les esclaves. Il nie ouvertement que quelqu'un puisse avoir le droit de se vendre comme esclave, puisqu'il vendrait alors ce qui ne lui appartient pas, mais qui est plutôt propriété de Dieu (*Second Treatise*, IV, p. 22).

Chez Rousseau, la réduction à l'esclavage des prisonniers faits au cours d'une guerre légitime, jusque-là acceptée, est rejetée, puisque la guerre ne représente pas une relation entre des personnes privées, mais une relation d'État à État. La guerre ne confère que le droit de détruire l'État ennemi, non pas de tuer ses habitants une fois qu'ils ont déposé les armes ; elle ne confère pas non plus le droit de les réduire à l'esclavage (*Contrat social*, I, 4) puisque, comme cela a déjà été établi (*Contrat social*, I, 3), la force ne fait pas droit.

Rousseau fournit également deux arguments non théologiques pour justifier l'impossibilité de renoncer aux droits liés à sa liberté. Le premier s'énonce ainsi : « *Dire qu'un homme se donne gratuitement,* c'est dire une chose absurde et inconcevable ; un tel acte est illégitime et nul, par cela seul que celui qui le fait n'est pas dans son bon sens. (…) La folie ne fait pas droit » (I, 4).

Deuxièmement, renoncer à sa liberté, c'est renoncer à son humanité. « Une telle renonciation est incompatible avec la nature de l'homme, et c'est ôter toute moralité à ses actions que d'ôter toute liberté à sa volonté. » (*Ibid.*)

On ne peut admettre que quelqu'un qui renonce à sa liberté soit responsable de ses actions et que ces dernières puissent lui être imputées, de telle sorte qu'un contrat de ce genre ne peut exister en son principe même. En outre, on n'a pas le droit de se déclarer non responsable de ses actions futures ni de se libérer de ses devoirs futurs. On déroge donc à l'essence de l'homme en tant que personne, en tant qu'être moral, lorsqu'on fait de quelqu'un un esclave, même lorsqu'il s'agit de soi-même. Dans cette optique, cela n'est certes pas valable pour un contrat de droit privé, mais il ne peut, en fait, exister aucun contrat par lequel on se soumettrait sans condition à un souverain.

Le paternalisme à l'œuvre dans cette argumentation – toujours valable – de Rousseau est plutôt faible, dans la mesure où – à la différence des exemples fournis dans le contexte du droit pénal – il n'implique aucune peine en cas d'infraction, mais se contente d'affirmer l'incapacité juridique de l'homme à conclure certains contrats.

Il existe bien sûr de nombreuses possibilités de classification et de distinction des droits subjectifs. La plus importante, celle que l'on vient de présenter, consiste à distinguer les revendications qui, en principe, sont attribuées à tous les hommes ou à tous les citoyens, de celles qui, d'après leur essence, contiennent des privilèges.

La distinction traditionnelle entre les droits civiques, dont le respect incombe à l'État à l'égard de *tous* ses citoyens, mais également seulement à l'égard de *ses* citoyens, et les droits de l'homme que l'État doit effectivement observer à l'égard de tous les hommes, est également importante. Le droit de vote notamment fait partie des premiers tandis que la protection immédiate de la vie relève des seconds. Une autre approche consiste à distinguer les droits de l'homme en droits défensifs vis-à-vis de l'État, en droits à la participation politique et en droits à la considération sociale[137]. Lorsqu'on compare ces deux schémas, il est évident que les droits défensifs sont d'abord des droits de l'homme, que les droits participatifs sont davantage des droits civiques et que les droits à la considération sont en partie attribués

---

[137] Peter Koller, „Menschen- und Bürgerrechte aus ethischer Perspektive" in *Jahrbuch für Recht und Ethik*, 3, 1995 ; Georg Lohmann, „Menschenrechte zwischen Moral und Recht", in G. Lohmann/St. Gosepath (éd.), *Philosophie der Menschenrechte*, Frankfurt/M., 1998.

à tous les hommes, au sens où il en va de la garantie de l'existence de ceux qui se trouvent sur le territoire d'un pays en mesure de l'assurer et où ils sont liés en partie à un système déterminé de cotisations – système qui s'est d'ailleurs effondré à la suite d'une extension effrénée de celles-ci, comme l'assurance vieillesse.

1.4. Droits de l'homme et démocratie

Ces divisions permettent de constater à quel point, au-delà des lieux communs, démocratie et droits de l'homme ne se développent que s'ils sont liés, ou du moins qu'ils ne peuvent exercer pleinement leur effet, séparés l'un de l'autre, et que les deux concepts sont étroitement liés l'un à l'autre.

Ce n'est qu'au sein d'une démocratie que les droits participatifs sont possibles, si tant est qu'ils le soient. On admet aujourd'hui qu'au sein d'une démocratie tous les hommes vivant sur un territoire où s'exerce un pouvoir doivent être impliqués au moins indirectement dans l'exercice de ce pouvoir et le demeurer.

L'usage lexical actuel s'écarte des parallèles historiques que suggère le terme de démocratie. Il s'écarte en particulier de l'interprétation antique de la démocratie comme le pouvoir du *demos*, soit le pouvoir des couches inférieures du peuple, mais également de la démocratie athénienne telle qu'elle a réellement existé – cela en vertu de différences sociologiques, économiques et juridiques. La tradition intellectuelle, souvent désignée comme démocratique, qui remonte au Moyen-Âge et aux débuts de la Modernité – incluant les États-Unis à l'époque de l'esclavage, doit davantage être désignée, selon les critères contemporains, comme républicaine que comme démocratique – au sens où, dans la compréhension actuelle, l'élément de participation générale est indispensable.

Cette nécessité résulte, en partie, du fait que l'on admet – et c'est une caractéristique de la modernité – que les hommes sont *prima facie* égaux ou, du moins, qu'ils ne sont pas à ce point différents, en ce qui concerne les capacités pertinentes à la formulation d'avis et à la prise de décisions politiques, que l'on devrait exclure de façon permanente certains groupes du pouvoir ou rendre possible à d'autres un accès privilégié à celui-ci. Nous devrons bientôt soumettre cet argument à une thématisation plus approfondie.

Comme nous l'avons expliqué dans le chapitre précédent, la participation nécessaire de tous découle en droite ligne du principe de la légitimité spécifiquement démocratique. À la différence d'une conception purement fonctionnelle de la légitimité, centrée sur la paix et l'assistance, ce principe est celui de l'adhésion de ceux qui sont concernés par une décision, l'adhésion de ceux qui composent le peuple.

La démocratie présente également des avantages évidents en matière de droits défensifs vis-à-vis de l'État, car, si ce n'était pas le cas, nous n'accorderions pas, en fin de compte, à une si grande majorité le droit à la vie, le libre choix de ses opinions ainsi que d'autres droits élémentaires. Une monocratie ou une oligarchie, qui n'est pas contrôlable démocratiquement, peut certes respecter les droits de l'homme à l'égard de ses sujets, mais, mal utilisées, ces formes de pouvoir peuvent à tout moment nier ces droits, de telle sorte que ces derniers ne possèderaient pas le caractère propre aux droits, mais seulement celui de faveurs consenties. Une démocratie se maintient seulement inchangée en tant que forme de pouvoir lorsque des mécanismes de contrôle et un équilibre des pouvoirs sont introduits. Pour être ce qu'elle est, une autocratie devrait pouvoir neutraliser, du moins dans les situations exceptionnelles, tout mécanisme constitutionnel de contrôle. Un tel système peut difficilement s'accommoder de la garantie de droits défensifs.

Les avantages de la démocratie sont moins évidents eu égard aux droits à la considération sociale. Les formes autocratiques de pouvoir ont même souvent été plus efficaces que les États qui se déclaraient démocratiques concernant l'assistance accordée en matière de nécessités vitales à la grande majorité de la population. Sur ce point, il faut d'abord établir qu'un certain niveau d'assistance sociale relève simplement du minimum auquel tout homme s'attend de n'importe quelle forme de pouvoir. Assurer la paix et l'existence de l'ensemble des habitants du territoire qu'il domine constitue la fonction élémentaire de tout pouvoir politique, la condition fondamentale de la légitimité qui doit en premier lieu être remplie indépendamment de l'organisation de la prise de décision politique. Selon les règles terminologiques qui sont ici proposées, un pouvoir exercé par la majorité, sous lequel l'assistance pour tous en ce qui concerne le nécessaire vital n'est pas acceptée comme un droit, du moins en principe, ne peut être désigné comme une démocratie. Cela découle également de l'établissement des principes de la légitimité, auquel nous nous sommes livrés dans le chapitre précédent.

D'un autre côté, une démocratie offre dans le domaine économique la possibilité de créer au moyen d'un débat public – qui peut beaucoup plus difficilement se produire sans contrainte au sein des autocraties – des possibilités de médiation entre les revendications sociales et les possibilités opérationnelles de la communauté étatique au plan économique. Cela augmente la probabilité que des mesures souhaitables et socialement nécessaires ne soient ni bloquées ni mises en œuvre d'une manière économiquement ruineuse. C'est précisément dans le domaine de la régulation et du contrôle de l'utilisation des impôts que la souveraineté du peuple prend toute son importance, même lorsque la manière de délimiter les tâches qui reviennent à l'État n'est pas encore évidente.

L'idée des droits de l'homme introduit ainsi dans la discussion politique et juridique un élément d'égalité invariable. Cet élément n'est contenu ni dans le concept de droits subjectifs ni dans la tradition souvent désignée comme « démocratique », mais qui est en vérité simplement « républicaine », tradition qui s'étend de l'Antiquité, en passant par des auteurs comme Marsile de Padoue et Machiavel, jusqu'à Rousseau, où elle se lie alors, comme nous l'avons montré, au programme des droits de l'homme inaliénables (*Contrat social*, I, 6, II, 1, II, 4). Ces courants de la tradition fusionnent chez Spinoza, Rousseau et Kant. On peut s'imaginer que c'est seulement grâce à la liaison du mode de pensée républicain – axé sur la participation au pouvoir et la protection des citoyens – avec la tradition des droits de l'homme, couvrant en principe les mêmes revendications minimales universelles, qu'on a abouti à une démocratie satisfaisant à peu près les exigences modernes. Il est entre-temps devenu évident que, pour pouvoir reconnaître comme légitime un pouvoir politique, la participation à la formation politique de la volonté, la garantie de conditions de vie acceptables pour tous ainsi que la liberté de tous doivent être assurées dans une certaine mesure. Comment les droits concédés aux hommes par les glossateurs du Décret de Gratien ont pu se transformer en revendications politiques, cela ne semble pas avoir été expliqué clairement. On peut présumer qu'une voie passe par la sécularisation du droit à la liberté évangélique proclamée par Ockham, Gerson et Luther pour aboutir à la liberté politique à l'époque de la Réforme.

L'utilisation, chez des auteurs comme Hobbes et Pufendorf, de la méthode résolutive-compositive des sciences de la nature a certainement constitué la seconde pierre dans la construction de l'édifice des droits de l'homme. Dès que l'on admet l'égalité des hommes en tant qu'atomes irréductibles de l'État, donc l'égalité de leurs devoirs, une conclusion s'impose : ceux qui ont les mêmes devoirs doivent avoir les mêmes droits. John Wise et d'autres précurseurs de la Révolution américaine ont, à cet égard, mobilisé Pufendorf aux côtés de Locke[138].

Les droits revendiqués à l'encontre du pouvoir absolutiste par des citoyens animés d'une pensée républicaine ont également joué un rôle important ; ils ont également été considérés, au départ, comme des privilèges réservés à certains groupes pour, par la suite, être étendus à l'ensemble de l'humanité, dont l'égalité avait plus ou moins volontairement été reconnue. Les discussions portant sur la légalité de l'esclavage, que nous avons déjà abordées et qui se sont poursuivies jusqu'au dix-neuvième siècle, ont également joué un rôle dans ce contexte. Le recours à l'idée des droits de

[138] H. Welzel, *Naturrecht und materiale Gerechtigkeit*, réimp. Göttingen, 1990, p. 142 *sq*. et, plus circonscrit, D. Kippel, *Politische Freiheit und Freiheitsrechte im Deutschen Naturrecht des 18. Jahrhunderts*, Paderborn, 1977, p. 79 *sq*.

l'homme a d'abord procuré au camp étatique, longtemps distancé par son opposant monarchique, un succès de propagande décisif et durable, qui s'est transformé par la suite en succès politique.

Pour qu'une idée comme celle des droits de l'homme puisse acquérir une efficacité juridique, elle a besoin d'un regroupement politique qui tente de se l'approprier et qui soit en mesure d'exercer suffisamment d'influence pour la rendre évidente. Dans les cultures non européennes, ce n'est nullement l'élaboration intellectuelle de concepts similaires qui faisait défaut, mais plutôt la présence d'un regroupement politique influent qui en aurait fait son programme.

Ce n'est qu'au cours du XXe siècle que les droits de l'homme ont été globalement reconnus, lorsqu'on a rappelé aux puissances coloniales les principes au moyen desquels elles avaient légitimé l'emploi de soldats provenant des colonies lors des deux Guerres mondiales. C'est donc la marque d'une ironie subtile lorsque ces droits sont décrits comme une nouvelle variante du colonialisme.

De la même manière, l'identification – à laquelle nous avons procédé dans les chapitres précédents – de la démocratie avec l'État constitutionnel démocratique, d'après le modèle occidental, ne relève pas d'une prétention « anhistorique » ou liée à un « impérialisme culturel », mais plutôt d'un manque d'alternatives. Les justifications des dictatures, relevant du fascisme ou de la démocratie populaire, qui tentent de les faire passer pour « véritablement » démocratiques, ont entre-temps été reconnues, dans leurs effets comme dans leur fondement théorique, comme un cynisme à peine voilé.

Dans une démocratie, nous l'avons dit, tous les hommes vivant sur un territoire où s'exerce un pouvoir doivent être impliqués dans l'exercice de celui-ci et le demeurer. À titre d'alternative à l'État constitutionnel démocratique – dont la forme d'organisation permet dans le détail un large éventail de possibilités pourvu que certaines garanties soient accordées aux citoyens, il ne resterait donc plus que le principe du consensus ou la décision à la majorité des participants, illimitée dans ses effets. Or, l'expérience nous apprend que les organisations dans lesquelles le principe du consensus n'est pas seulement une façade formelle dissimulant un exercice autoritaire du pouvoir[139], mais est réellement mis en œuvre, sont très difficilement gérables.

Qu'un État constitutionnel démocratique ne puisse pas être déclaré moins démocratique qu'un pouvoir illimité de la majorité résulte déjà des arguments introduits précédemment en faveur de la légitimation de la déci-

[139] Au sujet des rares individus qui, lors des élections dans les démocraties populaires, étaient « assez rusés et têtus pour découvrir comment il est possible de donner son accord au moyen d'un 'non' », voir Konrád et Szelényi, *Die Intelligenz auf dem Weg zur Klassenmacht*, Frankfurt/M., 1981, p. 249.

sion majoritaire elle-même, lesquels arguments présupposent la protection des minorités. Il n'est donc pas obligatoire, mais pleinement rationnel de nos jours – et tout nous y invite – d'identifier la démocratie avec l'État constitutionnel démocratique.

1.5. Existe-t-il des droits naturels ?

On ne peut répondre à la question de savoir s'il existe des droits naturels de la même manière que l'on répond à la question de savoir si les tigres blancs existent ou s'il y avait des bactéries avant qu'on en découvre l'existence. On ne se met pas à la recherche de droits pour éventuellement les découvrir à un certain moment. Ces droits naturels n'existent pas non plus de la même manière qu'il y a une infinité de nombres premiers. En effet, l'affirmation de leur non-existence ne conduit pas à des contradictions dont l'évidence pourrait être démontrée aux yeux de tous.

Si l'on accepte les principes de l'association politique, tels que nous les avons développés dans les derniers chapitres et de la manière dont ils sont répandus dans de nombreuses cultures, si l'on accepte les observations anthropologiques triviales, introduites dans le premier chapitre, alors il est légitime d'obliger ceux qui prétendent dominer les autres, en particulier ceux qui exercent le pouvoir dans leur propre pays, à certaines actions et préoccupations à l'égard de ceux qui doivent obéir, tout comme le fait le droit positif effectif dans les cas particuliers, et de les combattre de manière appropriée lorsqu'ils ne respectent pas ces considérations. Nous aborderons la question de savoir quelles mesures de représailles sont adéquates dans les cas de violation de la légitimité, lorsque nous traiterons du débat sur la légitimité.

Les exigences de considération adressées à celui qui exerce le pouvoir peuvent être désignées soit comme des droits naturels, des droits de l'homme, soit comme des droits civiques. Le mode d'existence des droits de l'homme n'est pas celui des licornes, des sorcières[140], des spectres ou du phlogiston, donc d'êtres de légendes ou de constructions théoriques devenues superflues. Ces droits constituent les conditions de légitimité auxquelles on peut et doit confronter les systèmes politiques.

Il est possible de définir les droits défensifs à tout le moins comme des revendications de la part de l'individu, d'appartenir à un ordre mondial légitime[141]. On peut ainsi expliquer plus adéquatement pourquoi chaque homme possède eu égard à l'État un droit au nécessaire vital, dans la mesure

---

[140] MacIntyre, 1985, p. 69.

[141] Matthias Kettner a attiré l'attention sur ce point dans un exposé sur la fondation des droits de l'homme selon l'éthique de la discussion dans le cadre du projet de conférences sur la philosophie des droits de l'homme à l'université de Karlsruhe.

où ils sont tous deux des parties constitutives de cet ordre mondial, qu'on l'interprète comme un État fédéral ou comme une fédération d'États. L'inconvénient consiste évidemment dans le fait qu'on ne dispose pas (encore) de destinataires directs auxquels adresser ces exigences, mais simplement de quelque chose de comparable à une opinion publique mondiale organisée de manière plutôt diffuse.

La question de savoir si les droits de l'homme possèdent un caractère juridique ou bien moral, qui a fait l'objet d'une controverse entre Ernst Tugendhat et Jürgen Habermas[142], perd ainsi de son acuité. Selon le chapitre précédent, les conditions de légitimité que nous avons mentionnées entretiennent un rapport étroit avec le principe, central pour la doctrine morale des Lumières, selon lequel tout homme est en même temps une fin en soi, un principe qui, de son côté, trouve son origine dans les tentatives faites pour découvrir les principes ultimes du droit naturel. Les systèmes juridiques conformes à l'État de droit contiennent, d'un autre côté, des principes formels tels que des exigences en matière de publicité, d'universalité et d'impartialité des régulations juridiques, exigences qui, conjuguées à l'affirmation de l'égalité des hommes, ont entraîné de l'extérieur une moralisation du droit.

Que leur nature soit morale ou juridique, les droits de l'homme doivent toujours être conquis de haute lutte dans les organisations politiques totalement ou partiellement illégitimes. Si l'on souhaite toutefois s'assurer de la possibilité de poursuivre en justice les tortionnaires d'une dictature une fois celle-ci tombée, il semble plus facile de supposer que ceux-ci ont agi à l'encontre de règles juridiques déjà valides.

2. Liberté

On a, en partie du moins, relié le devoir moral d'obéissance à la possibilité de la libre participation. La liberté constitue, en outre, évidemment l'un des concepts centraux de la discussion politique de la modernité. Cependant, la signification de ce terme si fréquemment employé et avec tant d'insistance n'est absolument pas claire. Même en se limitant au domaine politico-juridique, atteindre une certaine clarification requiert de procéder à certaines distinctions.

Cela est d'autant plus vrai que la liberté, si elle a été perçue pendant des siècles comme une chose noble et digne d'être recherchée, n'a absolument pas été considérée à l'instar des autres droits subjectifs comme un droit appartenant à tous. Christian Thomasius considère encore qu'elle fait partie

---

[142] Voir Ernst Tugendhat, *Vorlesungen über Ethik*, Frankfurt, 1993; Habermas, 1992 ; Lohmann, 1996.

des biens liés aux privilèges. Chez les glossateurs du Décret de Gratien que nous avons évoqués tout comme chez Ockham, elle est certes considérée comme un droit universel de l'homme, mais elle est d'un genre si faible qu'elle recule habituellement face au droit positif et qu'elle n'est prise en compte que dans les situations de répression extraordinairement sévères. Ce n'est qu'au dix-huitième siècle que la liberté devient peu à peu un droit inaliénable réclamé pour tous les hommes.

La liberté donne lieu à de nombreuses interprétations différentes, et les diverses tentatives de définition proposées dans l'histoire, dont chacune est en soi éclairante, sont loin de suivre des chemins parallèles. Il apparaît donc important de les présenter de manière conjointe ou, à tout le moins, parallèle.

Rappelons d'abord l'affirmation – souvent répétée dans ce type de clarifications conceptuelles mais néanmoins importante – selon laquelle le mot « libre », à la différence des mots « lune », « sphère », « argenté », « études en enseignement de l'éthique fondamentale » ou « connexion ADSL », n'a pas une signification claire d'emblée car le jeu de langage qu'il implique nous est familier, mais seulement si l'on complète ce jeu en déterminant qui ou quoi est ou doit être libre, libre de quoi ou/et à quelle fin. Cela peut signifier qu'une place publique est libre de toute ordure, qu'un montant d'argent est d'utilisation libre, qu'une femme s'est libérée de la tutelle de sa mère ou que les filles sont libres aujourd'hui dans leur choix de carrière. Cela ne signifie pas cependant que l'on peut à chaque fois utiliser uniquement l'une des deux combinaisons, mais que l'une est chaque fois dominante dans un contexte concret d'utilisation.

Cette opposition permet d'expliquer la distinction fondamentale pour la théorie politique entre liberté positive et liberté négative, introduite récemment par Isaiah Berlin[143]. En ce qui concerne la liberté positive, il s'agit, selon le mode de discours présenté plus haut, de la liberté *à* l'autodétermination dans le domaine juridico-politique, c'est-à-dire à participer à la prise de décision. En ce qui concerne la liberté négative, il est question de la liberté *de* toute tutelle non nécessaire, de la préservation d'un domaine dont l'État se retire. Selon un autre mode d'expression et en rapport avec l'État, il en va dans un cas des droits défensifs dont nous avons parlé et, dans l'autre, des droits participatifs. Ces deux variantes de la liberté peuvent être interprétées de manières très différentes. Cependant, il ne s'agit pas de deux concepts foncièrement différents et inconciliables. Au sein d'un État constitutionnel démocratique, ils doivent se compléter pour pouvoir se développer pleinement.

---

[143] Isaiah Berlin, *Two Concepts of Liberty,* in I. Berlin, *Four Essays on Liberty*, Oxford, 1969.

C'est ce qu'il nous faut maintenant montrer. Pour ce faire, nous examinerons différents aspects et différentes interprétations de la liberté positive, puis de la liberté négative.

2.1. Liberté positive et autonomie

La liberté positive doit garantir l'autodétermination dans la sphère politique. Dans des termes plus simples, on doit expliquer d'une quelconque manière en quoi l'individu peut avoir raison de considérer comme siennes les décisions de la communauté auxquelles il est soumis. La partie de la question de la possibilité de l'autodétermination, qui est impliquée dans la problématique du déterminisme, a été traitée plus haut dans le cadre de la discussion pénale. Il s'agit maintenant de voir comment ce concept peut être transposé dans le domaine politique, ce qui fait resurgir la question de savoir qui est le Soi qui se détermine. Nous examinerons ainsi les effets qu'exercent sur la situation politique concrète les différentes interprétations de la relation entre l'autodétermination individuelle et l'autodétermination collective. Cela ne s'applique pas seulement à l'unité politique en tant que totalité. Plusieurs questions se répètent d'une manière intéressante lorsqu'est formulée l'exigence de la considération politique des minorités structurelles.

2.1.1. Autonomie et contrainte des lois

Comment peut-on concilier l'autonomie individuelle avec l'existence de lois contraignantes au sein d'un système juridique étatique ? Cela est possible dans une certaine mesure par la création d'un domaine dans lequel les lois se taisent – ce qui permet à l'autonomie de demeurer intacte. Cette possibilité, de même que la question de savoir comment elle peut être comprise adéquatement, appartiennent, d'après l'explication que nous avons fournie plus haut, au domaine de la liberté négative. Il s'agit d'abord ici de la possibilité, offerte à l'individu, de collaborer à la création des lois auxquelles il est soumis. La formulation classique de cette version de la liberté positive se trouve chez Rousseau, dans le chapitre 2 du livre 4 du *Contrat social*, à laquelle nous nous sommes déjà référés eu égard à la décision de la majorité :

« Mais on demande comment un homme peut être libre et forcé de se conformer à des volontés qui ne sont pas les siennes. Comment les opposants sont-ils libres et soumis à des lois auxquelles ils n'ont pas consenti ?

Je réponds que la question est mal posée. Le citoyen consent à toutes les lois, même à celles qu'on passe malgré lui, et même à celles qui le punissent quand il ose en violer quelqu'une. La volonté constante de tous les membres de l'État est la volonté générale : c'est par elle qu'ils sont citoyens et libres. »

Ici, comme cela a été le cas pour l'argument volontariste en faveur de la décision de la majorité, on doit toujours garder à l'esprit que Rousseau pose les conditions précises pour que la volonté de la majorité et la volonté générale se recoupent et qu'il considère comme inquiétant tout écart par rapport à l'accord volontaire de tous, qui s'instaure de soi-même de par la similitude des situations existentielles.

En parallèle, le deuxième représentant principal de la liberté positive, Kant, accorde, conformément au principe *volenti non fit iniuria*, au citoyen de l'État dont il projette l'idée, le droit « de n'obéir à aucune autre loi que celle à laquelle le citoyen a donné son assentiment » (MM, *Doctrine du droit*, § 46). Mais Kant souligne lui aussi que le citoyen ne sacrifie pas une partie de sa liberté innée, mais qu'il abandonne plutôt totalement sa « liberté sauvage et sans loi » pour la retrouver non amoindrie dans l'ordre légal (*Doctrine du droit*, § 47, AK VI 315 *sq.* ; trad. Renaut, p. 131). Aux yeux de Kant, la contrainte étatique est « une entrave apportée à ce qui fait obstacle à la liberté » (§ D, AK VI 231 ; trad. Renaut, p. 18).

Pour Kant comme pour Rousseau, il ne peut exister aucun domaine qui demeurerait soustrait par principe à un souverain démocratique. Le contrat social contient, d'après Rousseau, l'engagement implicite selon lequel « quiconque refusera d'obéir à la volonté générale y sera contraint par tout le corps : ce qui ne signifie autre chose sinon qu'on le forcera d'être libre » (*CS*, I, 7). Le pouvoir de la loi, auquel tous sont également soumis, de telle sorte que l'on est libéré dans la conduite de sa vie des caprices et de l'arbitraire des autres hommes – et même de ses propres désirs – est ici, comme chez Kant, purement et simplement le concept global de la liberté.

En conséquence, chez Rousseau (*Contrat social,* I, 7) comme dans l'éthique kantienne, l'autonomie du sujet et sa soumission à la loi morale sont non seulement conciliables, mais elles ont précisément la même signification. Toute réserve eu égard à la loi, tout domaine de « liberté sauvage et sans loi » qui serait réservé à l'individu, ouvrirait la porte à une invasion de la contrainte de l'arbitraire et de l'absence de liberté.

On attribue parfois à Platon (*Phèdre*, 246a-d et 253c-256e) l'idée selon laquelle l'autodétermination implique d'abord que le courage et les désirs soient maîtrisés par la raison, et on ajoute alors qu'à l'époque de la Modernité la raison fondamentale fait l'expérience d'une privatisation et d'un affranchissement par rapport à l'ordre cosmique[144]. La tendance habituelle, diagnostiquée ici (comme, plus haut, par rapport à Rawls), à faire du Soi un point ipséique isolé mais rationnel, est relativisée si l'on admet la conception aristotélicienne d'une domination politique, non despotique, de

[144] Charles Taylor, 1996, § 6.1, p. 214 *sq.*, p. 270.

l'âme rationnelle sur la sphère affective. Dans cette doctrine également importante au Moyen-Âge – chez Thomas d'Aquin et même dans les projets volontaristes comme celui de Duns Scot, les conditions importantes et structurelles, y compris celles de l'environnement social, jouent presque d'elles-mêmes un rôle dans l'émergence de la sphère émotionnelle. Cette sphère est conduite par l'entendement et la volonté, non opprimés. Influencés par la discussion sur les droits naturels, Rousseau et surtout Kant ont ajouté le concept de conformité à la loi dans la détermination de la volonté, donc dans la conduite de l'existence en général. Face à cette (auto-)législation, il ne peut y avoir aucun espace qui soit libre de tout droit.

On trouve la contrepartie de cette manière de voir dans la conception, présente chez Beccaria, selon laquelle l'individu, en acceptant les termes du contrat social, n'abandonne de sa liberté que ce qui est nécessaire à la préservation de l'ordre public – ce qui comprend une part de liberté négative. Parmi les conséquences de cette conception, la moindre n'est pas la mise en question du droit de la communauté à condamner à mort un individu. Comme nous l'avons vu au sujet de la décision majoritaire, de la peine de mort et, à l'instant, de la relation entre les droits de l'homme et la démocratie, il existe en fait des domaines de notre existence qu'intuitivement nous ne confierions jamais à un si grand nombre, des domaines dans lesquels nous possédons des droits de l'homme « inaliénables », selon la conception défendue ici et qui est actuellement dominante. Dans le cas de la peine, on admettra certaines restrictions, qui trouvent cependant leur limite ultime dans ce qui est nécessaire à la préservation de l'ordre public – ce dont la peine de mort ne fait pas partie.

L'abandon complet, chez Kant, de la liberté sauvage et sans loi ne signifie pas cependant que l'individu ne serait libre qu'à l'égard de ce qui est explicitement autorisé par la loi générale. On sait que, pour Kant, « toute action est juste qui peut faire coexister la liberté de l'arbitre de chacun avec la liberté de tout autre selon une loi universelle » (*Doctrine du droit*, Introduction, § C, AK VI 230 ; trad. Renaut, p. 17). Comme Peter Koller l'a établi, cela serait compatible[145] avec un degré considérable de contrariété réciproque ou unilatérale, qui a été accepté ci-dessus dans une certaine mesure même comme justification de la menace de punition.

La discussion relative à la revendication d'être dépositaire exclusif de la liberté positive (en lieu et place de la liberté pré-étatique) porte donc moins sur la question de savoir pour quelles actions l'individu est libre que sur celle de savoir s'il existe une sphère pré-étatique dans laquelle même le législateur démocratique ne pourrait pénétrer.

---

[145] Peter Koller,"Freiheit als Problem der politischen Philosophie", in Bayertz, 1996, p. 111-138, ici : p. 128.

La prémisse à l'œuvre dans l'argumentation en faveur de la liberté positive – selon laquelle la garantie d'un espace de liberté pour les individus soumis à l'État créerait un espace libre de droit – devient insuffisante sur le plan politique, lorsque les droits liés à la liberté protègent *tous* les *individus* concernés par les lois, sans, par exemple, s'arrêter aux microstructures marquées par des relations de dépendance de divers ordres, comme la famille et les micro-entreprises. Il ne s'agit donc *pas* de la protection de la sphère domestique dans laquelle, traditionnellement, le père de famille exerçait un pouvoir non contrôlé sur son épouse et ses enfants. Le fait que, dans le monde anglo-saxon en particulier, ce domaine domestique était identifié à la sphère privée qui devait être protégée, a conduit de nombreuses féministes à rejeter ce type de protection individuelle contre toute forme de répression, protection en soi digne d'être recherchée. Celles qui le défendaient craignaient, de façon légitime, que le renoncement à un tel espace de liberté ouvre la porte à l'arbitraire de l'État.

Au-delà des arguments pour ou contre l'existence d'une sphère de droits individuels soustraite de manière principielle à tout État, une prise de position en faveur de la liberté positive a des effets très différents selon que les citoyens vivant concrètement dans un État prennent part, ou non, aux décisions. Chez Rousseau comme chez Kant, l'accord des citoyens avec les lois qui, le cas échéant, leur sont imposées, est nécessaire. En outre, la construction chez Rousseau d'une situation décisionnelle matériellement semblable pour tous et la définition, chez Kant, du droit lui-même assument une fonction de protection comparable à une garantie des droits à la liberté.

Hegel reproche à Kant et à Rousseau de considérer la volonté générale, non pas comme le rationnel en soi, mais simplement « comme l'*élément-commun* qui surgit de cette volonté singulière » (*Phil. du droit*, § 258 ; trad. Kervégan, p. 315).

Comme nous l'avons déjà souligné plus haut, Hegel rejette l'idée de contrat social, dans la mesure où il s'agit d'une transposition d'un concept du droit privé dans les sphères supérieures de l'État (*Phil. du droit*, § 75, § 100, § 273), idée constitutive des réflexions de Rousseau, de Kant et d'autres réflexions modernes. Pour Hegel, l'État est « une fin par soi immobile, absolue, en laquelle la liberté parvient à son droit suprême, tout comme cette fin ultime a le droit suprême à l'encontre des individus-singuliers, dont c'est l'*obligation suprême* d'être membres de l'État » (*ibid.* § 258, souligné par l'auteur ; trad. Kervégan, p. 313). Il peut donc d'un même souffle admettre des droits inaliénables tout en refusant à l'individu le droit d'aliéner sa vie (*ibid.*, § 70) et en reconnaissant à l'État et à l'Idée suprême un droit sur la vie des individus. Dans la mesure où Hegel définit la liberté par la réalisation d'une « volonté substantielle », il faut récuser le diagnostic, posé entre autres par Charles Taylor en s'appuyant sur Hegel, d'une privatisation moderne de la raison dominant les pulsions humaines. Hegel n'a donc pas à expliquer pourquoi quelqu'un devrait adhérer à un contrat qui pourrait lui coûter la vie puisque, de toute manière, il est dans ce cas tout à fait inapproprié de parler de contrat.

Nous avons déjà indiqué dans le deuxième chapitre que la vie éthique, en tant que « substance concrète », assume ici la fonction d' « idée de la liberté » (*ibid.,* §142), dont l'État est la finalité (*ibid.,* §144). Les individus ne sont que des « accidents » (*ibid.,* §145), ils n'existent pas indépendamment de la substance « éthique ». Ils peuvent naître et disparaître, sans que l'essence de la substance n'en soit altérée. Le discours relatif à la moralité objective comme « substance concrète » ne doit pas nous faire oublier cependant que la catégorisation aristotélicienne – au sein de laquelle, par exemple, les hommes individuels, les chevaux et les pierres sont des substances premières, dotées de qualités et de quantités en tant qu'accidents – est renversée lorsque des abstractions, comme l'État, la vie éthique, etc., sont désignées en tant que substances alors que les individus concrets deviennent des accidents.

Dans cette interprétation de la liberté positive, les volontés individuelles n'ont manifestement aucune influence sur la volonté générale, sur ce qui arrive malgré l'État. Il n'y a également – et nous anticipons encore une fois ici sur la discussion sur la liberté négative – aucune liberté *par rapport à* l'État, ni comme simple possibilité théorique de refuser d'adhérer au contrat social ni comme une quelconque réserve eu égard à l'État, puisque « l'État est l'effectivité de la liberté concrète » (*Phil. du droit,* §260 ; trad. Kervégan, p. 324). Dans la mesure où Hegel écrit à propos de la monarchie constitutionnelle héréditaire : « chaque peuple possède la constitution qui lui est appropriée » (*ibid.,* §274 ; trad. Kervégan, p. 352 ; voir également §273 et § 278-290), la liberté de déterminer les lois auxquelles nous sommes soumis n'existe pas non plus. Le fait d'être soumis à l'État prussien et d'être contraint, le cas échéant, de lui obéir, constitue la garantie expresse que ma propre liberté puisse se réaliser.

Bien que Hegel accorde de l'importance au fait que « l'intérêt particulier ne doit vraiment pas être mis sur la touche, voire opprimé » (*ibid.,* §261 ; trad. Kervégan, p. 327), il ne prévoit aucun droit d'opposition pour les individus concernés. Il prépare ainsi le terrain à l'interprétation de la liberté selon laquelle ce ne sont pas les souhaits des individus formés par la fausse conscience qui conduisent à la réalisation de la liberté, mais plutôt la volonté *véritable* qui se réalise dans le parti. Dans cette optique, la liberté de l'individu peut précisément advenir à la suite d'un séjour dans un camp de rééducation, comme l'époque stalinienne nous l'a appris[146].

---

[146] Tout comme dans le chapitre 2, je laisse ici ouverte la possibilité, en référence à Ken Westphal, que mon interprétation de Hegel reconduise une compréhension erronée qui perdurerait depuis 170 ans.

2.1.2. Cas légitimes de liberté collective

Toutefois, on ne doit pas condamner en bloc la totalité des interprétations collectives de la liberté, au centre desquelles on retrouve, non pas la réalisation de droits individuels à la liberté, mais plutôt, par exemple, l'abolition d'un pouvoir étranger sur un territoire donné. Et cela est vrai même dans les cas où les droits individuels sont largement négligés. Il est possible, en effet, qu'après s'être libéré d'un pouvoir colonial, un temps de transition soit nécessaire, lorsque les nouvelles institutions se mettent en place, pour parvenir à une situation quasi démocratique.

Évidemment, on ne peut étendre arbitrairement ce temps de transition. D'un autre côté, il est justifié de repousser un pouvoir colonial, même quand celui-ci est relativement doux, lorsque les habitants de la colonie n'ont aucun droit relativement à la détermination du destin de leur pays ou lorsqu'ils ont moins de droits sur l'ensemble de la politique du royaume que les habitants du pays colonisateur.

Les cultures archaïques vivant au sein de démocraties modernes, comme les Inuits du Canada, constituent un autre cas où il pourrait être acceptable de parler de liberté collective. Dans ces cas, cela peut faire sens, du moins pour un temps, et cela peut également être dans l'intérêt des individus de cette fédération, de tolérer la présence de structures décisionnelles non démocratiques, afin de contrer le déracinement, l'aliénation et la misère de ces cultures archaïques. Dans ces circonstances, un groupe pourrait avoir un droit à la liberté qui ne serait pas couplé à un droit individuel à la liberté positive à l'intérieur de ce même groupe.

En outre, il y a des situations où, pour des raisons politico-pragmatiques, donc en dernière analyse pour prévenir une guerre civile, on s'accommode de structures décisionnelles non démocratiques au sein d'une minorité. Il se peut que l'on soit conscient que les représentants politiques de la minorité en question n'ont pas accédé à cette position à la faveur d'une élection démocratique, mais que l'on sache également qu'ils constituent les seuls partenaires de discussion. Il est également possible qu'en raison d'un cadre répressif une élection démocratique ne soit pas réalisable au sein d'une minorité qui a des revendications en principe légitimes et dont on accepte et soutient le combat pour la liberté.

En revanche, les soi-disant mouvements de libération à l'œuvre dans les pays où l'on jouit des droits démocratiques à la liberté et qui intimident en les terrorisant les citoyens qu'ils sont supposés libérer, sont clairement illégitimes, ainsi que leur revendication d'un soutien. Toutefois, il est rare que dans les faits on ait affaire à l'un des exemples évidents que nous avons mentionnés. Juger des cas concrets est une chose difficile, dans laquelle l'expérience entre en jeu, ainsi que la faculté de juger et, très souvent, un point de vue politique, mais assez rarement la théorie philosophique.

2.2. La liberté à l'égard de la mise sous tutelle – la liberté négative

À la différence de la liberté à l'égard d'une tutelle non nécessaire, ici désignée comme liberté négative, la liberté libérale classique est le « silence des lois », selon l'expression de Hobbes. La « liberté par rapport à l'arbitraire contraignant d'autrui », selon l'expression de Kant déjà citée, est ainsi étendue à la liberté à l'égard de l'intrusion de l'État et de la sphère publique. Dans ce cas également – il ne saurait en être autrement, il convient d'opérer certaines distinctions pour éviter les multiples malentendus qui ont conduit à considérer la libre circulation des biens et du capital comme le cœur de la liberté propre au libéralisme, afin de protéger les moyens de production face au prolétariat, ou encore pour éviter les malentendus qui ont conduit à assimiler la frivolité sexuelle à l'abrutissement de la population qu'elle est supposée entraîner.

À cette fin, nous distinguerons ici la liberté en tant que permission, la liberté en tant qu'indépendance et la liberté dite « active » ou « sociale » en tant que marge d'action, que l'on peut considérer comme la garantie et le prolongement au sein de l'État démocratique et social de la liberté en tant qu'indépendance.

Dans un premier sens, la liberté négative dans un cadre politique signifie simplement que l'action concernée n'est pas interdite par la loi. Aucune qualification morale positive n'est liée à la liberté négative en ce premier sens. Il n'y a aucune limite syntaxique ou sémantique à la liaison du mot « liberté » avec les activités les plus diverses, comme en témoigne l'utilisation de l'équivalent anglais « *license* » dans les titres de films ou de chansons populaires (*license to kill, license to ill,* etc.).

La liberté de tuer, de torturer, de frauder, de voler ne peut pas avoir de sens au sein d'un système juridique, puisque ce système a pour tâche de protéger les humains. Toutefois, il y avait et il y a encore, au sein de certains systèmes juridiques, des usages, des contrats, voire des lois qui accordent à certaines personnes des libertés que nous considérons ou que les autres considèrent comme posant problème. La permission de posséder des esclaves, par exemple, ou encore celle de la polygamie.

Selon la conception actuelle, le premier cas heurte l'idée fondamentale d'un droit élémentaire à la liberté en tant qu'égale liberté pour tous à l'égard de toute volonté arbitraire contraignante et, de ce fait, cette permission ne saurait être maintenue dans un État de droit moderne et ce, bien qu'aujourd'hui encore certains libertariens considèrent que l'inaliénabilité des droits de l'homme, que nous avons défendue plus haut, contredise la liberté radicale. Par ailleurs, il est toujours difficile de déterminer des limites *a priori* dans l'une ou l'autre de ces directions.

D'un côté, on peut difficilement affirmer que certains modes de comportement sont nécessairement interdits. On en voudra pour preuve les modifications continuelles des règles touchant le milieu du *Red light*, la diffusion d'œuvres littéraires et cinématographiques ou de chansons suggestives, à l'exception des constantes que constituent le proxénétisme manifeste ou la production de matériel contenant des pratiques sadiques.

D'un autre côté, il n'y a pas de revendications morales ou jusnaturalistes – se trouvant au fondement ou présupposant les régulations juridiques concrètes – de la garantie de telles libertés. Il y a une restriction générale de la permission selon laquelle celui qui veut interdire quelque chose à quelqu'un doit justifier en quoi cela est nécessaire pour la protection ou pour le bien-être des autres et en quoi ceux qui ne pas sont concernés par l'interdiction ne devraient pas être inquiétés. L'exigence de justification des interdictions et de la contrainte nécessaire de les exécuter fait partie de l'exigence morale de considérer l'être humain également comme une fin en soi[147].

On fera donc dépendre la relation de l'autorisation et de l'interdiction dans des domaines particuliers de la vie en société de différents facteurs, parmi lesquels l'utilité ou la nuisance sociales jouent un rôle particulier – relation dans laquelle on doit toujours pouvoir identifier le rapport entre la « société globale » et les individus concernés. Nonobstant l'hypothèse générale en faveur de la liberté, les choses comprises sous la liberté en tant que permission sont si peu pertinentes au plan moral qu'il n'est nécessaire ni de les reconnaître dignes d'être protégées par des moyens supra-étatiques ni de les prévenir *via* l'usage de moyens légaux.

Comme l'a déjà établi John Stuart Mill, la liberté de commerce, ainsi que l'ensemble de la sphère économique, appartient à ce genre de liberté : « *The principle of individual liberty is not involved in the theory of free trade* » (*On liberty*, ch. 4, nous traiterons plus loin du prétendu droit naturel à la propriété). Cependant, on admet ici un grand nombre de libertés, dans la mesure où, depuis un siècle et demi, cela s'est avéré avantageux à long terme pour toutes les personnes concernées. Les ententes sur les prix, la formation de cartels et les autres mesures qui, au moyen d'avantages concurrentiels réservés à quelques-uns, ont tendance à miner les opérations économiques libres, avantageuses pour tous feront toutefois l'objet d'interdictions.

Sur la base de son programme anarcho-capitaliste, David Friedman est certain qu'une libéralisation absolue, une organisation fondée sur l'économie de marché de toutes les tâches étatiques, pourra créer des institutions pour lesquelles, par exemple, il ne serait pas rentable de persécuter les minorités et de maltraiter les citoyens noirs (Friedman, 1989, p. 126 *sq.*).

147 S. I. Benn, R. S. Peters, *Social Principles and the Democratic State*, London, 1977, 11e éd., p. 220 *sq.*

Cette certitude repose, en premier lieu, sur l'admission de la prémisse anthropologique d'un monde composé d'individus égoïstes rationnels dans lequel il n'existe pas de haine insensée entre différents groupes de défavorisés et, en deuxième lieu, sur l'adoption d'une perspective à *très* long terme. C'est seulement dans cette perspective qu'il peut être non rentable de s'obliger à payer, même à un prix élevé, la protection de la minorité et, à cette fin, de mettre en évidence la menace que cela représente pour cette minorité.

La liberté sexuelle, actuellement plus grande que par le passé, repose sur la conviction qu'elle ne devrait normalement causer aucun dommage pour l'individu ou l'ensemble de la société. Il existe, on le sait, des théoriciens qui sont convaincus de ses effets providentiels. Et pourtant on n'affirme pas par-là l'existence d'un droit fondamental à la diffusion ou à la consommation de matériel pornographique, même si certaines interdictions sont considérées comme des violations de la liberté de la presse, de la liberté de l'art, comme une intrusion dans la sphère privée, etc.

2.3. La liberté comme indépendance

Il en va tout autrement de ce type de liberté que l'on désigne également par l'expression de droits défensifs ou de première génération des droits de l'homme, comme la liberté de la presse, la liberté d'expression et d'opinion, la liberté en matière de religion, la liberté de rassemblement, la liberté de circulation, etc. Ces libertés doivent garantir ce qui constitue l'humain en son essence, notamment le fait d'être un *zoon logon echon* qui peut faire usage de sa raison et qui a la possibilité de s'entendre avec les autres, sur un mode argumentatif ou narratif, afin de chercher sa voie personnelle vers le bonheur, mais aussi ce qui convient à la communauté politique. Le droit à la protection de sa vie privée fait également partie de ce type de liberté.

Ces libertés ne sont donc absolument pas indifférentes au point de vue moral ; elles constituent les droits « inviolables » des individus, dont la préservation peut servir de critère à la légitimité d'un régime, puisque c'est seulement là où elles sont garanties que l'on peut poser, de manière sérieuse, la question de la légitimité par adhésion. Le principe de l'*habeas corpus*, la protection contre l'arrestation arbitraire, est l'instrument classique permettant de garantir les droits à la liberté[148]. Dans la mesure où ces droits sont accordés de la même manière à tout individu, leur réalisation requiert également l'égalité politique et juridique. C'est seulement dans cette mesure qu'on peut les considérer effectivement comme des droits de l'homme et des

[148] Martin Kriele, *Einführung in die Staatslehre*, Reinbek bei Hamburg, 1975, p. 152.

droits civiques, et non comme des privilèges réservés à un groupe. Pour qu'ils puissent se réaliser en que tant que droits susceptibles d'être invoqués en justice au sein d'un système politique, et non pas simplement observés comme une faveur accordée par un monarque ou une minorité dominante, ces droits doivent être reliés à des droits positifs à la liberté possédés par des individus empiriques, donc à des droits relatifs à l'exercice d'une influence sur les décisions politiques. En conséquence, les droits libéraux à la liberté ne sont en contradiction ni avec l'égalité des citoyens ni avec la liberté positive de ces derniers.

Cette relation immédiate qu'entretient la liberté juridique avec l'égalité appert dans la définition kantienne du droit, déduite de la proposition selon laquelle est conforme au droit toute action dont la maxime énonce que la liberté de l'un peut coexister avec la liberté de l'autre selon une loi universelle (MM, *Doctrine du droit*, Introduction, §§ B, C, Éd. AK VI 230 *sq.* ; trad. Renaut, p. 16 *sq.*). Lorsque Dworkin rejette l'existence d'un droit universel à la liberté[149], il est alors clairement question de la liberté en tant que permission (que nous venons de présenter), qui n'avait guère à voir avec le combat politique mené pour la liberté dans la tradition européenne.

La liberté comme indépendance, au sens d'une garantie des droits essentiels à la formation de la volonté, est compatible, bien qu'élaborée différemment du point de vue conceptuel, avec la liberté spécifiquement républicaine comprise comme non-domination, introduite dans les récents débats par Jean-Fabien Spitz[150] et Philip Pettit. Celle-ci ne coïncide ni avec une simple liberté négative comprise comme maximisation de la non-interférence de l'État, que nous avons ici désignée comme liberté en tant que permission, ni avec la liberté positive, elle correspond plutôt à ce que Kant avait déjà appelé « l'indépendance par rapport à l'arbitraire contraignant d'un autre individu » (*Doctrine du droit*, Intr : § E, « Div. des droits », AK VI 232, 237 ; trad. p. 19, p. 26)[151]. Il s'agit historiquement que personne ne soit le *dominium* – ici au sens de propriété – d'un autre, ne puisse appartenir à quiconque, parce qu'il serait alors subordonné à son arbitraire. En ce sens, les limites à la liberté ne peuvent être que réciproques et ne survenir que par des lois universelles. On se situe aussi également à proximité de la conception kantienne du droit défini au sens strict comme contrainte réciproque selon des lois universelles, définition qui implique une domination des lois et non des hommes[152]. Étant donné qu'on peut admettre que la limitation des

---

149 Dworkin, 1978, ch. 12.

150 J.-F. Spitz, *Le moment républicain en France*, Paris 2005, 38 *sq.*

151 A. Ripstein, *Force and Freedom. Kant's Legal and Political Philosophy,* Cambridge/Mass., 2009, p. 42 *sqq.*

152 Ph. Pettit, *Republicanism*, Oxford 1997, p. 171 *sqq.* trad. fr. *Républicanisme*, Paris, 2004.

principes qui correspondent à la liberté comprise comme indépendance – principes conceptualisés en particulier par Benn et Peters – ne peut être l'objet d'une telle législation, ces façons d'aborder le concept de liberté sont relativement proches. La démarche ici choisie rejoint du reste quelques idées inhérentes à ce type de liberté : la protection de la liberté de penser, la libre circulation des personnes, la liberté de la presse, etc., qui supposent la liberté comme non-soumission, mais qui ne sont pas encore impliquées par elle, pour qui s'applique donc quelque chose de semblable à ce qui vaut pour l'idéal d'autodétermination[153]. La spécification plus forte et le lien avec des facultés humaines déterminées conduit à une certaine proximité avec ce qu'on appelle la *capability approach*, qui implique qu'une forme adéquate de la liberté des hommes doit leur permettre d'avoir une existence conforme à leurs propres facultés, indépendamment de leurs conditions initiales contingentes, qu'elles soient sociales ou naturelles. De ce point de vue, selon la critique d'Amartya Sen à Pettit[154], la liberté comme non domination est nécessaire mais non suffisante[155]. Par rapport à cette démarche, l'anarchie éclairée comporte cette différence que les facultés associées à la liberté comme indépendance (politique) ont besoin d'un soutien plus profond de la société que les autres formes de modes de vie humains, lesquelles seront traitées dans ce qui suit à partir du concept de liberté sociale.

La protection de la sphère privée, la préservation d'un domaine dans lequel l'État ne doit pas s'immiscer, est, en revanche, immédiatement reliée à la perspective kantienne.

Elle occupe également une place particulière dans la théorie du droit. La justice invoquait et invoque encore les droits à la liberté décrits précédemment, en particulier contre les régimes autocratiques ou dictatoriaux. Bentham et James Mill, le père de John Stuart Mill, les ont considérés comme suffisants pour définir la sphère de liberté revenant aux individus. Dans la mesure où ces droits pouvaient être ramenés à des devoirs d'abstention pour l'autorité, on a largement considéré dans la tradition utilitariste qu'il était superflu d'admettre des droits naturels ou moraux à la liberté, comme en témoigne le passage de Bentham cité au début de ce chapitre.

Dans *On Liberty*, John Stuart Mill souligne, en revanche, que dans une démocratie, il faut également assurer aux individus la possibilité de rechercher le bonheur selon leur propre voie, la *pursuit of happiness*, au besoin à l'encontre des convictions de la majorité et de l'opinion publique (ch. 1). Mill s'appuie alors sur les avantages que la société retire de la liberté de pensée et de la liberté de discussion, ainsi que de la liberté de déterminer soi-même la conduite de sa vie, en particulier sur le plan de la recherche de la

---

[153] *Ibid.*, p. 81 *sq.*
[154] A. Sen, *The Idea of Justice*, London/New York 2009, 306 *sq.*
[155] Pettit, 1997, p. 81 *sq.*

vérité et aussi, de surcroît, de celle du bien-être qui résulte de la possibilité de se développer librement (ch. 3).

On peut comprendre cette exigence d'une sphère privée comme la revendication des « *introverts of Western bourgeois society* », qui ne représentent absolument pas un idéal d'humanité, auxquels on peut opposer, à titre de modèle alternatif, les enfants des Kibboutz, centrés sur le groupe, conscients d'eux-mêmes, mais néanmoins à peine capables de performances sur le plan de la création[156]. Sans rendre pour autant de décision finale entre les formes d'existence, on réclamera cependant, au sein des sociétés dans lesquelles nous vivons *de facto*, le plus grand espace de liberté possible et on revendiquera en outre le fait qu'il est possible que, dans les sociétés hermétiques dont nous avons parlé, certains souhaiteraient peut-être également en secret posséder une sphère privée plus grande, comme le laissent entendre parfois certaines révélations.

Comme nous l'avons déjà souligné dans le cas de la liberté positive, il n'est pas question ici de la protection de la sphère domestique au sens d'une protection de la domination du chef de famille. Au contraire, on tente de créer dans de nombreuses sociétés libérales des institutions qui cherchent à favoriser la protection de la sphère privée ou, du moins, de l'intégrité des plus faibles à l'intérieur de telles structures de pouvoir.

En permettant à l'individu de revendiquer une sphère privée, une zone d'autonomie, on lui laisse le choix de déterminer ce qu'il aimerait voir respecter par la sphère générale. Il n'est donc plus possible de réduire ce type de droit à un catalogue exhaustif des devoirs envers les autres. Cela fait donc pleinement sens d'admettre également l'existence de droits moraux irréductibles.

Cette zone privée d'autonomie trouve sa limite dans les actions qui seraient incompatibles dans le cas d'une permission accordée de manière égale à tous (comme la possibilité de prendre possession de toutes les choses que l'on désire), également dans le cas d'activités qui, exercées universellement, entraîneraient des conséquences insupportables pour la communauté (comme la pollution incontrôlée de l'environnement) ou encore dans le cas où ces actions entraîneraient des dommages difficilement supportables (comme le fait de déranger les autres avec du bruit d'une manière exagérée et constante).

Le passage des limitations nécessaires de la zone privée d'autonomie au refus justifié d'une simple permission, dans le sens présenté dans la dernière section, coule de source. Cela résulte déjà du fait qu'un certain degré de liberté de choix – dans le sens de la permission – est nécessaire pour que cette zone d'autonomie soit accessible. Cependant, une série de régulations

[156] S. I. Benn, *A Theory of Freedom*, Cambridge, 1988, p. 287 ; Bruno Bettelheim, *The Children of the Dream*, Londres, 1971.

de la vie quotidienne à des niveaux officiels et semi-officiels, dont chacune est rationnelle et ne lèse aucunement, de manière directe, les droits à la liberté, permet également de créer une atmosphère d'étouffement et d'oppression, dans laquelle l'observation des droits effectifs à la liberté offre à peine une qualité de vie acceptable.

C'est précisément ce qui a amené Mill à écrire *On Liberty,* qui s'adresse autant à l'opinion publique qu'aux autorités étatiques. Et pourtant, son critère visant à limiter la liberté – lorsqu'une action est cause de dommage pour autrui – serait, comme Peter Koller l'a montré[157], beaucoup trop restrictif lorsqu'on détermine plus précisément le concept de « dommage », tout comme le critère kantien d'atteinte réciproque à la liberté s'est révélé trop lâche. Il faut donc chercher à atteindre, dans chaque situation concrète, cette ligne où, d'un côté, un accroissement des permissions ferait augmenter de manière disproportionnée les tracas et où, d'un autre côté, une diminution de ces permissions signifierait en regard des agréments reconnus une limitation exagérée de l'espace de mouvement.

C'est précisément la raison pour laquelle il est important de maintenir ce domaine de libertés fondamentales dont l'individu revendique le droit à la protection, de telle sorte que leur violation constitue une action illégale de l'État et qu'elle ne puisse pas être prise en compte dans le processus de délibération auquel nous venons de faire référence. Cela apparaît encore plus clairement lorsqu'on prend en considération un point que nous n'avons pas encore traité : le fait que la liberté factuelle d'orienter son existence selon ses propres projets n'exige pas seulement des droits à la liberté et des autorisations formelles, mais également certains outils matériels de base, qui seuls peuvent libérer la marge d'action dévoilée par les libertés formelles.

2.4. À quoi sert la liberté ? – la liberté sociale

Pour que les hommes puissent défendre leurs droits de sauvegarder leur personnalité au sein d'un État moderne, il faut également, selon Mill, leur assurer un certain revenu matériel, afin qu'ils aient effectivement la possibilité d'exercer leur liberté (*On Liberty*, ch. 2). Bon nombre d'auteurs du dix-neuvième siècle comme, par exemple, Max Stirner ou Marx et Engels, et, avant eux, Rousseau, ont indiqué que les libertés bourgeoises formelles ne sont guère utiles pour ceux qui vivent dans des conditions de misère sociale et de dépendance. Il s'agit alors de la liberté par rapport à la misère matérielle et à la crainte de sombrer dans le néant social, de la liberté à l'égard de

[157] Koller, 1996, *op. cit.*

ce qu'on appelle les contraintes sociales. C'est pourquoi on parle de « liberté sociale[158] ».

À la différence des droits fondamentaux – dont nous avons déjà traité – la faisabilité économique joue ici un rôle considérable. Rawls considère pour cette raison que l'on ne devrait pas parler, dans ce cas, d'un type particulier de liberté, mais de la valeur que la liberté possède pour les individus selon la situation sociale dans laquelle ils se trouvent[159]. L'exigence d'une liberté sociale universelle représente donc un programme politique important, mais elle doit cependant être évaluée en rapport avec d'autres exigences politiques tout aussi importantes, comme la préservation des conditions de vie pour les générations futures. On ne devrait donc pas, dans l'objectif de garantir à tous les citoyens la sécurité matérielle la plus totale possible, tolérer l'épuisement des ressources naturelles ni un endettement incontrôlable de l'État. D'un autre côté, on connaît les soupçons – éventuellement justifiés, présents au sein du débat politique, selon lesquels de tels arguments serviraient à la préservation des privilèges réservés à certains groupes.

Certes, les distinctions introduites ici ne sont pas nouvelles, mais, après la fin des régimes dictatoriaux et, surtout, à l'heure actuelle pour les hommes qui ont vécu dans des États socialistes, elles doivent prendre tout leur sens. Celui qui a obtenu d'une autorité finalement incontrôlable et non critiquable *chacune* des formes de liberté mentionnées, n'en fait pas l'expérience comme s'il s'agissait d'une situation catégoriquement nouvelle, lorsqu'il existe, il est vrai, des *droits* à la liberté alors que les permissions n'apparaissent que graduellement et lorsque, de surcroît, les conditions matérielles permettant leur utilisation ne sont assurées que pour les classes supérieures, lorsqu'elles sont en grande partie précaires voire lorsqu'elles doivent être arrachées. Il est possible que la nouveauté soit souvent vécue comme l'accroissement graduel de l'espace de mouvement avec une augmentation simultanée des responsabilités et des charges individuelles.

3. À quel point les hommes sont-ils égaux et qu'en résulte-t-il ?

3.1. Égalité politique et juridique

Quand Rousseau rédige un ouvrage dans lequel il tente d'expliquer l'origine de l'inégalité parmi les hommes, lorsque Hobbes constate que les humains sont égaux par nature, lorsque l'exigence d'égalité se trouve au cœur de nombreux programmes politiques, il est évident, en premier lieu, qu'il ne s'agit pas, dans ces cas, de l'identité numérique des hommes individuels,

---

[158] Peter Koller, *Theorie des Rechts*, Wien/Köln/Weimar, 1992, p. 302.
[159] Rawls, 1972, § 32.

mais bien plutôt d'aspects, de propriétés, de qualités, en fonction desquels les humains sont égaux ou inégaux, ce pourquoi ils méritent ou ne méritent pas un traitement égal ou inégal. En deuxième lieu, il devrait être évident que les humains ne sont pas égaux entre eux en fonction de ces propriétés, comme le sont les jumeaux qui partagent le même code génétique ou encore deux copies d'un même programme informatique, mais qu'il est nécessaire de faire jouer ici une zone de tolérance considérable. En troisième lieu, il devrait être clair que le discours sur l'égalité entretient ici un rapport étroit avec la définition formelle de la justice chez Aristote, selon laquelle la justice consiste à traiter également ce qui est égal et inégalement ce qui est inégal (*Politiques*, III, 12).

Mais quelles sont donc les propriétés politiquement et socialement pertinentes en fonction desquelles les humains peuvent être égaux ou inégaux, et quel niveau de tolérance acceptons-nous sur la base de ces raisons, d'un côté, eu égard aux propriétés pertinentes et, de l'autre, à la considération qui en découle ?

Concernant la première tâche fondamentale qui incombe à un système juridique, à savoir la préservation de la paix, c'est l'affirmation banale – déjà évoquée lorsqu'il a été question d'anthropologie – qui s'applique : tous les humains peuvent en principe être lésés, et pratiquement tous les humains ont la possibilité de léser les autres. Tous ont donc besoin de protection, doivent être protégés de presque tous les autres, de telle manière qu'en ce domaine un traitement inégal serait arbitraire et impossible à justifier. Pour rappeler le diagnostic de Hobbes présenté en début de chapitre, les humains sont égaux en force corporelle et en habileté malgré les différences apparentes, puisque, en principe, n'importe qui peut tuer n'importe qui, soit en se liguant aux autres, soit par ruse, même si cela s'avère concrètement impossible en raison de la conjoncture sociale. Tous ont donc une égale revendication à la protection de leur vie.

Qu'en est-il alors des êtres humains qui ne peuvent causer du tort aux autres, soit parce qu'ils ne le peuvent pas encore, soit en raison d'une maladie ou de tout autre défaut semblable ? De même que l'on aboutit à l'égalité originelle de ceux qui peuvent se nuire mutuellement lorsqu'on fait abstraction de la position sociale concrète, on peut faire abstraction du sort imparti aux individus dans la loterie sociale et naturelle à laquelle ils sont soumis. On sait alors qu'il est possible que ceux qui ont aujourd'hui besoin de protection aient plus tard à protéger les autres et que naître en bonne santé, dans l'opulence, avec de sérieuses limitations ou dans la misère est le fruit du hasard. Dans la tradition chrétienne, on recourt à la miséricorde et ce, afin que tout être à visage humain ait, en tant que créature de Dieu, le droit de ne pas être lésé.

Presque tous les hommes ont en outre une idée, même si elle est souvent très vague, d'un plan de vie rationnel, quand bien même il s'agit de la perspective de n'avoir devant soi aucun avenir réjouissant. Comme il a été maintes fois établi que c'est la contrainte qui doit être justifiée et non le laisser faire, les hommes prétendent d'emblée être pris sur ce point au sérieux et réaliser leur plan de vie à l'intérieur des limites indiquées dans la discussion sur la liberté. Cela semble constituer l'arrière-fond sérieux de la remarque ironique de Hobbes, selon laquelle chacun se considère et considère ses amis les plus intimes comme les plus avisés qui soient (*Léviathan*, 13) et que, pour cette raison, les hommes sont intellectuellement égaux.

Est, ce faisant, introduite la détermination qui sert de critère pour le second point pertinent de la philosophie politique : le deuxième critère de légitimité avancé au dernier chapitre, à savoir la question de la participation à la décision politique. Conformément aux principes présentés ici, le critère décisif eu égard à la revendication de participer à la décision politique, participation qui dans l'histoire a souvent été accordée de façon privilégiée à certains groupes et refusée à d'autres, est la faculté principielle de délibérer et de décider de manière rationnelle de l'avenir d'une communauté politique. Comme critère approprié pour déterminer si quelqu'un possède cette faculté, on peut considérer tout d'abord la faculté de décider de manière rationnelle et responsable de son propre destin. On ne peut rationnellement refuser cette faculté qu'aux mineurs et aux personnes lourdement handicapées sur le plan intellectuel. Toutes les autres tentatives pour refuser cette faculté aux humains sur la base de l'appartenance à un sexe, une race ou une classe sont intenables.

Il n'est pas davantage possible de justifier des privilèges en raison de caractéristiques générales comme l'appartenance à une famille, une race ou une classe ou encore par le fait d'être membre d'un parti… Même si l'on pouvait démontrer que l'intelligence moyenne des membres de certains groupes est plus élevée que celle des membres d'autres groupes, cela ne légitimerait en rien l'attribution de privilèges. Premièrement, il y a des écarts considérables dans le calcul des moyennes, si bien que les privilèges accordés à un groupe seraient injustes pour un grand nombre de cas individuels. Deuxièmement, comme cela sera de nouveau discuté lorsqu'il sera question de l'égalité morale, on peut considérer la mauvaise délimitation des membres d'un groupe davantage comme une raison de les favoriser que de les maltraiter[160]. Troisièmement, l'intelligence ne constitue absolument pas un critère suffisant pour déterminer si quelqu'un se comporte avec sagesse, comme le démontre la disposition très fréquente d'hommes hautement intelligents à se soumettre aux gourous de sectes ou à des chefs politiques douteux. La seule conclusion possible demeure ainsi, également ici, l'égale reconnaissance de droits politiques, comme le droit de vote actif et passif, et

[160] Peter Singer, *Practical Ethics*, Cambridge, 1979, ch. 2.

naturellement une distribution égale des devoirs politiques, généralement l'égalité devant la loi.

À ce stade, on ne reconnaît toutefois qu'une égalité formelle des droits dans un cadre privé et public, qui ne tient nullement compte des conditions sociales et économiques des personnes impliquées. Nous avons cependant déjà mentionné qu'un État qui laisse ses citoyens mourir de faim ne remplit pas son devoir de protection de la vie, qu'il témoigne d'un déficit de légitimité et qu'il éprouve de grandes difficultés à justifier aux yeux de ceux dont il se soucie le moins le devoir de maintenir la paix. Il est donc dans l'intérêt de la survie d'un État de se préoccuper de ses citoyens eu égard au nécessaire vital.

Il nous semble, en outre, trivial de souligner que l'existence de grandes différences sur le plan économique a un impact sur les possibilités d'influencer les décisions politiques. À côté de l'exigence d'égaliser ces possibilités d'influence pour des raisons de justice, il y a depuis toujours également l'exigence de ne pas laisser, suite à un calcul politique, les différences sociales devenir trop considérables et ce, afin de ne pas mettre en danger l'existence de la communauté politique. Le critère rousseauiste d'une égalité pouvant garantir l'existence de la liberté – selon lequel aucun ne devrait devenir assez riche pour pouvoir acheter quelqu'un d'autre et aucun ne devrait être assez pauvre pour devoir se vendre (*Contrat social*, II, 11) – ne pourrait être imposé dans les sociétés modernes, appliqué au marché du travail, qu'à l'aide de moyens dictatoriaux. Or, non seulement ces moyens doivent être rejetés pour des raisons morales et juridiques, mais ils se sont, de plus, révélés inefficaces au point de vue économique, en particulier pour ceux qui étaient précédemment considérés comme les plus démunis. Un certain équilibre économique est pourtant dans l'intérêt de la stabilité de l'État.

3.2 Égalité morale et justice matérielle

Grâce à une abstraction relativement faible, il a été jusqu'ici question de l'égalité entre les hommes que l'on peut observer eu égard à leurs capacités politiques immédiates : l'égalité à causer du tort, qui doit être réfrénée, et l'égalité à participer à la délibération politique, qui doit être favorisée. Nous avons déjà parlé du devoir moral d'obéissance à l'égard de l'État, du moins, dans le contexte de la théorie du contrat et de la question de la légitimité : il était alors lié à la morale universaliste, au devoir de favoriser les circonstances adéquates dans lesquelles tout homme est également considéré comme une fin en soi.

Puisque l'État moralement légitime se trouve également dans l'obligation de réaliser la neutralité et l'impartialité morales, il ne lui suffit pas de traiter de manière égale tous les hommes à partir d'un point de départ donné. Marx critique déjà le programme de Gotha du parti social-démocrate allemand au motif qu'il confirmerait les préjudices déjà existants (MEW, p.19). De la même manière, Rawls conçoit l'égalité démocratique, à la différence de la simple égalité libérale des chances, de telle manière que les préjudices d'origine historique ou naturelle soient autant que possible compensés. C'est dans cette perspective que les féministes et les représentantes de minorités défavorisées argumentent en faveur de formes de discrimination positive, comme les quotas fixes de recrutement dans la fonction publique et dans les grandes entreprises. La question de savoir si de telles mesures atteignent le but visé est une question empirique qu'il faut traiter de manière pragmatique. Du point de vue de la justice, cette exigence semble parfaitement légitime[161].

L'égalité et la justice ayant été à plusieurs reprises mises en relation, il nous faut voir de quelle manière ces concepts s'entrecroisent. Ce qui est juste et, donc, injuste peut d'abord être très divers. On parle d'actions justes, d'êtres humains justes, de jugements justes, de juste répartition des revenus, de rapports sociaux justes. Comme pour les termes du genre de la « santé », par exemple, où nous parlons d'hommes en bonne ou mauvaise santé, de nourriture saine, d'apparence saine, les différentes façons d'utiliser le mot « juste » doivent pouvoir être reliées les unes aux autres d'une quelconque manière. On peut tout d'abord poser que la justice est fondamentalement une vertu humaine. On la traite parfois comme la vertu en totalité, parfois comme une vertu particulière, l'une des quatre vertus cardinales avec la sagesse, la modération et le courage. Dans son sens le plus strict, la justice est, d'après Aristote, une sorte d'égalité ; selon le principe formel d'après lequel la justice consiste à traiter de manière égale les cas égaux et de manière inégale les cas inégaux, elle doit être davantage comprise comme une proportion adéquate que comme une identité.

Au-delà de la définition formelle de la justice, Aristote distingue la justice corrective ou d'échange et la justice distributive ou répartitive. Cette dernière concerne « l'attribution des honneurs, de l'argent et des autres choses qui peuvent être partagées parmi les membres d'une communauté » tandis que la première « ordonne les relations contractuelles » (*Éthique à Nicomaque*, 1130b, p. 30 *sq.*). Aristote sépare les formes volontaires d'échange comme l'achat, la vente, le prêt, la location, des formes « involontaires » comme le vol, l'empoisonnement, le meurtre, le pillage, etc. (*EN*, 1130a, p. 1 *sq.*). Le juste consiste dans la distribution adéquate des biens, le calcul des peines, etc. tendant vers la médiété. Dans cette acception, la « médiété » est entièrement produite dans le sens d'une proportionnalité mathé-

[161] Rawls, 1972, ch. 2 ; Dworkin, 1978, § 9; Beate Rössler (éd.), *Quotierung und Gerechtigkeit*, Frankfurt/M., 1993.

matique ; par une proportionnalité géométrique, dans le cas de la justice distributive, et selon une proportionnalité arithmétique, dans le cas de la justice corrective.

Dans les relations volontaires, l'argent sert de moyen pour la justice de l'échange. Aujourd'hui, on prend pour modèle les relations d'échange loyales et volontaires dans les conditions d'un marché idéal. Lorsque des partenaires d'échange rationnels, libres, égaux en droit et possédant certains biens parviennent à conclure une affaire qui est avantageuse pour les deux parties, et ce, sans tromperie ni contrainte, résultant d'un libre choix à partir d'un nombre suffisamment élevé d'offres et de demandes, il n'y a aucune raison d'admettre que l'une des parties a été indûment avantagée dans l'échange. En termes généraux, l'évaluation mathématique de la détermination d'un échange juste est remplacée par une sorte d'indication de conditions procédurales qui doivent décrire un marché loyal idéalisé.

Lorsqu'on tient compte des développements qui sont intervenus dans différents secteurs tels que le droit du travail, le droit locatif, mais également dans le domaine de l'échange des marchandises, il ressort, que la complète liberté du marché et que la pure justice dans les échanges de manière générale peuvent difficilement exister, tout particulièrement parce que les conditions idéales indiquées n'existent pas. Même le retour à l'intuition originaire de l'échange de valeurs égales n'est pas non plus réalisable. Y compris dans le cas du droit relatif au dédommagement, où la justification et la détermination précise de la compensation s'imposent d'elles-mêmes, on procède au sein de nombreux systèmes juridiques, dans le cas, par exemple, de la non-exécution d'un contrat en raison de circonstances incontrôlables, à une répartition de la perte encourue selon des critères déterminés.

L'absence de conditions de marché idéales, ou même seulement, dans une certaine mesure, loyales, est particulièrement observable dans le commerce international entre pays riches et pays pauvres, c'est-à-dire entre les hommes, ou même entre les gouvernements de pays pauvres et les entreprises multinationales, ce sur quoi nous reviendrons dans la prochaine section.

Après que le travail salarié est devenu à l'époque moderne, bien plus que lors des époques précédentes, une marchandise, traitée d'après les principes du marché, où, selon la conviction marxiste, un marché loyal ne peut pas exister, un certain nombre de tentatives ont été faites pour déterminer le salaire uniquement d'après les critères de la justice distributive. Les résultats de ces tentatives, insatisfaisants pour l'ensemble des parties, ont suscité la conviction suivante : comme dans de nombreux autres domaines qu'il est impossible de réguler complètement – en raison de leur absence de transparence, une part non négligeable de marché libre, dans lequel toutefois un certain cadre général et certains amortissements des risques encourus par les plus démunis doivent être assurés, offre une organisation de la distribution plus efficace et même plus juste à long terme.

Assurément, dans un État socialement responsable, on intervient toujours dans ce marché pour imposer les principes de la justice distributive contre les développements malencontreux qui résultent toujours de conditions générales non optimales, contre les « défaillances du marché[162] ». Dans le cadre d'une économie mondiale, de tels mécanismes compensatoires n'existent pas encore, que ce soit malgré ou à cause de la Banque mondiale et du FMI.

Pour la société communiste, dans laquelle les injustices et les contingences du marché doivent être surmontées, Marx formule ainsi le principe de la justice distributive : « De chacun selon ses capacités, à chacun selon ses besoins » (*Gloses marginales au programme du Parti Ouvrier allemand*, MEW, t. 19, p. 21). Dans une société qui ne correspond pas à l'idéal communiste, comme celle que nous rencontrons le plus souvent aujourd'hui, d'autres critères que les capacités et les besoins, comme la fonction, la performance, la disposition au risque, etc. entrent en ligne de compte dans la distribution adéquate des devoirs et des droits[163]. La question de savoir dans quel ordre et sous quel rapport ces critères doivent être évalués est connue pour sa difficulté et est politiquement controversée.

Dans le domaine économique, la question de savoir ce que signifie traiter de manière égale ce qui est égal et de manière inégale ce qui ne l'est pas, se complique dans la mesure où, selon le critère formel de la justice, l'égalité politique manifeste exige une égalisation qui semble aller à l'encontre de l'inégalité manifeste dans les capacités économiques. D'un côté, on a mis en doute le fait que les différences au niveau des aptitudes personnelles puissent légitimer un traitement privilégié au plan financier ou autre. John Stuart Mill, par exemple, ne voyait aucune raison d'accroître, par une distribution inégale des ressources matérielles, une aptitude particulière qu'un individu aurait reçue comme don et qui ne serait donc pas le fruit de son travail (*L'utilitarisme*, ch. V).

D'un autre côté, on justifie le principe de la différence, l'acceptation de rapports inégaux de propriété et de revenus inégaux comme incitant à la performance, précisément en s'appuyant sur les avantages que cela présente pour ceux qui réussissent le moins bien. « *The rich get richer and the poor get richer* » (Friedman, 1989, p. 25 *sq.*). Selon cette conception, la rétribution n'est pas fonction d'une aptitude particulière que l'on posséderait, mais plutôt de son application pour le bien commun. Toute personne y est certes moralement obligée, mais cela ne suffit généralement pas à pousser les individus à l'action, pas plus que la peine n'est superflue pour les éloigner du

[162] Musgrave, Musgrave, Kullmer, 1994, p. 68 *sq.*
[163] John Finnis, *Natural Law and Natural Rights*, Oxford, 1980, p. 174 *sq.*

crime. L'objection de G. A. Cohen selon laquelle la justification du principe de différence n'est pas une *comprehensive justification*, puisque les prémisses dont elle est issue constituent une acceptation de circonstances injustifiées, est donc, il est vrai, pertinente, mais néanmoins d'une portée limitée pour une théorie politique qui s'adresse à des hommes moralement imparfaits[164].

Dans *A Theory of Justice*, John Rawls introduit deux principes censés permettre à ceux qui prennent part à un contrat imaginaire (dans lequel ils doivent évaluer une situation sociale sous un voile d'ignorance) de rendre cette situation tolérable, de sorte que l'on puisse supposer qu'ils y ont consenti. Il s'agit, premier principe, de la plus grande liberté possible pour tous, deuxième principe, de l'acceptation de l'inégalité sociale dans la mesure où elle est préférable dans une perspective absolue à l'égalité complète, y compris pour les plus défavorisés. Le principe de différence devient ainsi une sorte de principe hypothétique (si... alors...) et il est posé comme une supposition *prima facie* en faveur de l'égalité. Les écarts par rapport à l'égalité ne sont justifiés *que là où* ils servent les plus défavorisés (Rawls, 1972, p. 75). Ce principe reprend l'idée de Mill selon laquelle un traitement inégal n'est justifié que lorsqu'il sert le bien commun. Le premier critère prend donc en considération les intérêts des individus, comme cela était peut-être le cas chez des utilitaristes tels que Mill, bien que cela ne soit pas clair dans la formulation des principes utilitaristes. L'égalité sociale et la justice doivent être traitées autrement que sous la forme d'une égalisation violente et d'un traitement égal de tous les participants.

Une alternative régulièrement proposée à la conception rawlsienne, qui se présente donc davantage comme un complément à ce type de démarche, est ce qu'on appelle la *capability approach*, introduite dans les discussions par Martha Nussbaum et Amartya Sen, et qui consiste à ne plus considérer la justice sous l'aspect procédural, c'est-à-dire comme procédure appropriée de distribution de biens déterminés qui pourrait être mesurée d'une manière ou d'une autre. Une forme extrêmement simple, du reste fort employée, de mesure du bien-être d'un groupe d'individus est la mesure de la prospérité d'un peuple à partir du produit national brut par tête au sein de la population. Ce type de mesure a été critiquée à partir de la remarque sarcastique selon laquelle, si l'on suit ce critère, un homme sain, ayant fait un heureux mariage et allant au travail à vélo ne contribuerait pas au bonheur du plus grand nombre, à l'inverse d'un cancéreux bloqué en permanence dans les embouteillages et engagé dans une éprouvante procédure de divorce. En général, on en conclut que ni les critères procéduraux de justice, ni l'accord

---

164 G. A. Cohen, "Incentives, Inequality, and Community", in G. B. Peterson (éd.), *The Tanner Lectures on Human Values*, vol. 13, Salt Lake City, 1992, p. 273-328, p. 279 *sq.*

des concernés ne suffisent à eux seuls, mais qu'il existe des conditions matérielles qui doivent être remplies pour que l'on puisse parler de bien-être (*flourishing*) des individus. Ceci se rattache de nouveau aux capacités et besoins fondamentaux, reconnus par tous les hommes, et rassemblés sous le nom de *capabilités*. Dans la liste, encore ouverte, de ces capacités et besoins se trouvent la vie, l'intégrité physique, la santé, la faculté à prendre des décisions pour soi-même, à participer aux délibérations, à prendre part à la vie sociale, à faire de l'humour et d'autres encore. Dans chacun de ces domaines, un homme doit être respecté, considéré de manière convenable et avoir la possibilité d'agir – qu'il le fasse effectivement, cela relève de sa décision – de sorte que l'ordre social où il se trouve puisse être considéré comme juste. Ainsi que Nussbaum présente son idée centrale[165], on commence avec une conception de la vie digne d'être vécue par les hommes qui se rattache à une « totalité des modes de vie des individus » – en référence au manuscrit parisien de Marx – dont l'hétérogénéité et la complexité montrent combien on échouerait en voulant réduire les questions de justice à la simple distribution des ressources. „*We cannot reduce all the things we have reason to value into one homogenous magnitude*[166]." Des individus différents ont, en définitive, des capacités radicalement différentes d'exploiter les mêmes ressources. Nussbaum renvoie ici aux personnes handicapées et Sen évoque également Marx, en particulier sa critique du programme de Gotha formulé par la sociale-démocratie, et la remarque selon laquelle l'égalité et l'inégalité ne peuvent être établies que par rapport à des aspects déterminés, que des perspectives différentes nécessitent aussi éventuellement des jugements différents[167]. Si quelqu'un n'est pas capable – en raison soit d'un manque de formation, soit de son intrication dans un processus de production aliénant qui étouffe ses capacités – de formuler un besoin de formation ou de participation aux décisions politiques, cela ne prouve pas qu'il ne se porterait pas mieux s'il bénéficiait de ces possibilités.

Nussbaum reproche au contractualisme d'établir l'accord concernant les avantages réciproques entre des partenaires présumés égaux et rationnels[168], et donc incapables de rendre compte des besoins des handicapés, notamment des handicapés mentaux. Le rationalisme kantien est finalement considéré par Nussbaum comme responsable de cette lacune[169]. Puisqu'une théorie de la justice devrait inclure aussi les handicapés, il serait inadéquat de présupposer une égalité empirique entre les hommes et il conviendrait bien plutôt d'interpréter l'égalité parmi les hommes comme une égalité morale. Cela équivaut cependant, en premier lieu, à limiter sans nécessité le

---

165 M. Nussbaum, *Frontiers of Justice,* Cambridge 2006, 74 *sq.*

166 Sen, 2009, p. 239.

167 *Ibid.*, p. 247.

168 Nussbaum, 2006, p. 54 *sqq.* ; 116 *sqq.*

169 *Ibid.*, p. 131 *sqq.*

potentiel théorique contenu dans les théories contractualistes. Ces théories disposent de différentes possibilités pour inclure les handicapés, peu importe que celles-ci soient utilisées ou non par Rawls. Il n'y a fondamentalement aucune raison de refuser à quiconque le droit d'être accepté derrière le voile d'ignorance, et donc aucune raison de renoncer à réfléchir au traitement des handicapés mentaux dans une société juste. Refuser les droits à la protection, à l'alimentation, à la communication, aux soins, etc., à des hommes à qui manqueraient certaines capacités en raison de leur âge, d'un accident ou de contingences génétiques malheureuses, serait tout simplement incompatible avec nos principes de *fairness*. On devrait sinon exclure également ceux qui dorment, argument déjà utilisé au XVIe siècle pour justifier que les enfants et les *amentes* – c'est-à-dire les handicapés mentaux – peuvent aussi posséder des biens[170]. En second lieu, la *capability approach* et ses présuppositions concernant les capacités fondamentales implique elle-même une similarité relativement large entre les hommes, du moins n'est-elle guère compatible avec des positions affirmant que les femmes ou les hommes d'une certaine couleur de peau seraient incapables de prendre des décisions pour eux-mêmes, de participer à l'élaboration de décisions rationnelles, etc. On ne peut nier qu'il existe des hommes qui, pour une raison ou une autre, ne possèdent pas de telles capacités. Cependant, si l'on suit les arguments ci-dessus, cela n'implique non pas qu'on doit leur refuser ces droits, mais au contraire qu'on doit leur appliquer des mesures de soutien et d'encouragement.

Un problème rencontré par cette conception et souvent mentionné, résultant du fait qu'elle présuppose une structure relativement figée des besoins des hommes, est que les autorités – étatiques ou autres – seraient ainsi disposées à imposer des mesures contre la volonté des concernés si elles étaient persuadées de leurs effets positifs. Dans certains cas, ces mesures peuvent être justifiées – par exemple l'obligation de scolarité, dans d'autres cas elles peuvent prendre une forme despotique.

Il n'en demeure pas moins que la *capability approach* constitue assurément, sur certains points, un complément important à la théorie rawlsienne de la justice.

Un second problème où, selon Nussbaum, le contractualisme dans sa version rawlsienne n'offre pas une solution satisfaisante, est l'extrême inégalité au niveau international. À partir de la fin des années 1980, des conceptions visant une extension de la théorie de la justice à la justice internationale ont vu le jour. Un tel « cosmopolitisme illimité » a cependant subi des critiques venant de plusieurs directions, critiques qui lui reprochaient d'ignorer les programmes et institutionnalisations concrètes et de présupposer de ma-

---

[170] L. de Molina, *De justitia et jure*, éd. Novissima, Mainz 1659, tr. II, disp. XVIII.

nière un peu hâtive l'applicabilité des biens fondamentaux formulés par Rawls à des sociétés parfaitement hétérogènes.

Dans l'un de ses derniers livres, *The Law of Peoples*[171], Rawls poursuit lui-même cette discussion et déclare qu'il pourrait y avoir des « *decent hierarchical peoples* », c'est-à-dire des peuples qui doivent être respectés au niveau international mais qui ne sont pas disposés au libéralisme et pour lesquels on ne peut donc présupposer les mêmes biens fondamentaux que ceux des États libéraux, exposés par Rawls dans sa *Théorie de la justice.* Comme peuple paradigmatique des « *decent hierarchical peoples* », Rawls esquisse le modèle du « Kazanistan », une sorte de république de conseils musulmans[172]. Il confronte son « *law of peoples* » à une « *cosmopolitan view* » pour laquelle la validité des principes de justice s'étend au-delà de la frontière des États. Certes, Rawls admet un devoir universel à l'assistance permettant à tous les hommes de créer une société libérale ou « décente ». Mais il refuse qu'un autre que la société concernée porte la responsabilité des décisions politiques et économiques destinées à redistribuer les biens de façon équitable et permanente[173]. L'argumentation de Rawls comporte quelques faiblesses. La première réside dans un essentialisme ethnique implicite : parler d'un droit des peuples présuppose l'existence de sujets collectifs, pré-étatiques et responsables d'eux-mêmes, présupposition inacceptable à ce niveau de généralité. Deuxièmement, l'idée de deux économies nationales largement distinctes, dont les décisions économiques et leurs effets après quelques années pourraient être observés séparément, ne reflète pas la situation d'une économie mondiale intensivement interconnectée. De fait, alors que les politiciens grecs étaient clairement responsables de la banqueroute menaçant leur pays au printemps 2010, l'Union européenne n'a pas pris le risque de laisser l'un de ses États membres sombrer dans le chaos. Troisièmement, au moment où toutes les parties respectent les droits de l'homme, tout du moins exigent leur respect, incluant l'obligation à l'aide internationale, les conflits théoriques sont pour une grande part terminés.

Bien sûr, lors de l'examen des situations concrètes, il conviendra de porter son attention sur les structures institutionnelles, tout particulièrement sur le fait qu'une grande partie des États du monde ne sont ni démocratiques ni des États de droit. Mais c'est justement pour cette raison qu'il est si important de se demander comment les institutions politiques de ces États, surtout si une pauvreté extrême règne dans le pays, peuvent être influencées de manière positive.

Les différences sociales extrêmes qui maintiennent une partie énorme de la population mondiale en dessous du seuil de pauvreté et dans un

---

171 J.Rawls, *The Law of Peoples*, Cambridge/Mass. 1999, p. 61 *sqq*., p. 75 *sqq*.
172 Rawls, 1999, p. 77.
173 Rawls, 1999, p. 115-120.

état de sous-nutrition chronique[174] se trouvent au centre des arguments de Thomas Pogge concernant la justice internationale. Pogge examine les propositions de changements institutionnels qui pourraient remédier à cette situation. Il s'efforce notamment de définir les moyens permettant de contrecarrer la tendance des pays riches à déléguer la responsabilité et à se créer ainsi des « échappatoires moraux » (*loopholes in morality*)[175]. Il s'efforce également de déterminer comment il est possible de protéger les démocraties faibles contre leur usurpation par des potentats corrompus[176]. En réponse à la critique de Rawls, il demande pourquoi le principe de différence et les autres principes moraux devraient pour ainsi dire s'arrêter à la frontière des États, pourquoi ils devraient être applicables à l'intérieur de l'État national et non en-dehors de son territoire[177]. La critique de Christine Chwaszcza selon laquelle la conception cosmopolitique de Pogge délaisserait les institutions[178] ne tombe certes pas dans un essentialisme ethnique, mais elle semble ignorer la structure labile des institutions politiques et économiques de bon nombre de pays du monde, institutions dont la modification dans une direction acceptable nécessite justement des critères universalistes. Les différences culturelles au regard des biens fondamentaux n'excèdent pas tant que cela le respect envers les diverses habitudes de nutrition.

Nussbaum elle-même insiste sur le fait que la conception de Pogge concernant la création d'une base matérielle pour le respect des droits de l'homme ne serait pas si éloignée de la sienne et de celle d'Amartya Sen[179].

Selon Chantal Mouffe, le cosmopolitisme – en sapant la souveraineté de l'État – dénie « aux citoyens de beaucoup de pays le droit démocratique de se gouverner eux-mêmes[180]. » De plus toutes les variations du cosmopolitisme « présupposent la possibilité de la gouvernance de manière consensuelle, ce qui revient à renoncer au politique et, par conséquent, à surmonter tant les conflits que le caractère négatif inhérent à celui-ci[181] ». Pour cela, elle plaide pour « un ordre mondial multipolaire » au sens de Carl Schmitt[182]. Elle veut maintenir le politique, qu'elle n'interprète pas – au contraire de Schmitt – comme la possibilité réelle d'une lutte armée entre de grands « ensembles d'hommes », (ce qui inclut la possibilité d'une « élimination » phy-

---

[174] T. Pogge *Human Rights and World Poverty*, Oxford, 2002, p. 97 *sqq*.

[175] Pogge, 2002, p. 75 *sqq*.

[176] *Ibid*., p. 164 *sqq*.

[177] *Ibid*., p. 105 *sqq*.

[178] Ch. Chwaszcza, *Moral Responsibility and Global Justice. A Human Rights Approach*, Baden-Baden 2007, p. 164.

[179] Nussbaum, 2006, p. 267.

[180] Chantal Mouffe, *On the Political Thinking in Action*, London, 2005, p. 133.

[181] *Ibid.* p. 139.

[182] *Ibid.* p. 151 *sq*.

sique[183]), mais comme structuré par des controverses « agonistes » entre des « projets hégémoniques incompatibles[184] », controverses qui respectent pourtant les règles de la démocratie et pour cela la fortifient[185], un politique structuré, en définitive, par ce que Carl Schmitt considérait comme des produits secondaires et chétifs émanant de la décision vraiment politique conduisant à la controverse entre des États[186]. La conception de Carl Schmitt d'un ordre régissant les grands espaces et allant de pair « avec l'interdiction, pour les pouvoirs étrangers à cet espace, de pratiquer toute intervention » repose essentiellement sur le concept d'une puissance régissant chacun de ces espaces et susceptible de mener, en assumant toutes les conséquences que cela implique, une guerre moderne engageant d'importants moyens logistiques (« *moderner Materialkrieg*[187] »).

Il n'est pas le lieu, ici, de trancher la question de savoir si l'argumentation de Chantal Mouffe, qui recourt à quelques concepts centraux de Carl Schmitt échappe à la logique des implications fascisantes de ce dernier. Il suffit bien davantage de constater que, dans la perspective, évoquée ci-dessus, des problèmes évoqués d'une république mondiale, la division du monde en plusieurs grands espaces n'apporte rien, et ce d'autant plus qu'une telle division nécessiterait une régulation juridique des relations entre ces espaces. Et, de même que l'instauration d'une démocratie mondiale rendrait indispensables – afin d'en pallier dans une certaine mesure les dangers – des institutions adéquates capables, en insistant sur le principe de subsidiarité, tant de corriger des prescriptions sans âme ni contact avec le réel que de garantir résolument les droits de l'homme et ceux des minorités (droits imprescriptibles dans le cadre d'une démocratie mondiale, puisque ce sont eux qui, croit-on, en fondent la nécessité), de même on pourrait se représenter l'instauration de telles institutions dans les différents grands espaces. Néanmoins, les problèmes mentionnés dans le contexte de l'État mondial n'en resteraient pas moins les mêmes et les jugements n'en seraient pas moins partagés sur les chances que les mesures prises dans cet autre contexte soient couronnées ou non de succès. Et il n'y a aucune raison de penser que les

---

183 Carl Schmitt, *La notion de politique*, Paris 1962, p. 67, p. 71.
184 Mouffe, p. 31.
185 Mouffe, p. 45.
186 Schmitt, p. 70.
187 Carl Schmitt, *Völkerrechtliche Großraumordnung mit Interventionsverbot für raumfremde Mächte*, Berlin/Wien 1939 ; *ibid.*, « Der Reichsbegriff im Völkerrecht » *in* : *Positionen und Begriffe im Kampf mit Weimar-Genf-Versailles*, Hamburg 1940, p. 303-313; *ibid., Le Nomos de la terre dans le droit des gens du* jus publicum europaeum, Paris, 2001. Pour le concept du grand espace dans le penser de Carl Schmitt voir Matthias Kaufmann, *Recht ohne Regel? Die philosophischen Prinzipien in Carl Schmitts Staats- und Rechtslehre*, Freiburg/München, 1988, p. 366 *sqq.*

problèmes suscités par le pluralisme juridique ou par la coexistence de plusieurs ordres seraient moindres. Bien au contraire, on est en droit de penser que les multiples relations « transpolaires » de type économique ou autre feraient naître de nouvelles difficultés. Bien sûr, la création, dans le monde, de fédérations d'États peut présenter maints avantages. Mais penser que, dans de telles structures agissant comme des pôles – Mouffe parle ainsi du monde islamique, de l'Amérique du sud ou de la sphère d'influence de la Chine[188], le problème de la pluralité juridique serait moins aigu qu'ailleurs, relève de la naïveté et ouvre la porte à l'oppression incontrôlée des minorités. Sitôt, en revanche, qu'on veut combattre toute forme d'oppression et tout système privilégiant les uns au détriment des autres et favoriser, enfin, la démocratie (car tel est justement le dessein de Mouffe), force est d'introduire un principe d'ordre cosmopolitique, une conséquence qu'accepte implicitement Mouffe.

Robert Nozick rejette l'idée d'une justice distributive dans un chapitre (comptant pour un quart de l'œuvre) de *Anarchy, State and Utopia*. Selon sa perspective, les prétentions à la propriété ne peuvent se soutenir que si elles reposent sur le droit de première possession, sur un échange conforme au droit ou sur la récupération d'une possession dont on a été illégalement dépouillé[189]. Toute prétention de l'État à la redistribution par la perception d'impôts doit être rejetée en tant qu'élargissement moralement intenable des tâches et des droits de l'État au-delà de l'État minimal, considéré par Nozick comme le seul qui soit légitimable. Pour Nozick, la taxation du salaire résultant d'un travail, dans le but de venir en aide à ceux qui sont dans le besoin, équivaut à du travail forcé. Cela n'a pas de sens d'imposer davantage celui qui aurait travaillé plus longtemps pour s'offrir un billet de cinéma que celui qui aime s'étendre au soleil et qui, pour cela, n'a pas besoin d'argent (p. 169 *sq*.). Nozick ne nie pas qu'il soit conforme à la vertu de donner aux pauvres, mais cela relève d'un devoir de vertu pour les riches et non d'un droit que les pauvres pourraient revendiquer.

Cette argumentation contient une foule de prémisses erronées. Nonobstant le fait que les différences de revenu dans une société de marché dépassent généralement l'ordre de grandeur relatif à l'achat de billets de cinéma et que ce n'est pas seulement le salaire qui est imposé, mais aussi les profits d'entreprises, lesquels ne sont pas si facilement individualisables (comme le revenu sur le capital, le revenu foncier et bien d'autres encore, sans compter les taxes indirectes), il est évident que les impôts ne servent pas qu'à l'assistance aux pauvres, mais à une multitude de tâches sociales,

---

[188] Mouffe, p. 153 *sq*.

[189] Nozick, 1974, p. 150 *sq*. Pour une critique, voir G. A. Cohen, *Robert Nozick and Wilt Chamberlain : How Patterns Preserve Liberty,* in J. Arthur / W. Shaw (éd.), *Justice and Economic Distribution*, Englewood Cliffs, NJ, 1978, p. 246-262.

dont le contribuable profite également. De plus, l'assistance à ceux qui en ont besoin accroît également la sécurité de ceux qui disposent de revenus élevés – dont un bon nombre pourraient se retrouver dans la même situation – de la même manière que l'augmentation des dépenses en matière de police. Plutôt que comme un impôt forcé au profit de ceux qui ne contribuent pas, le contribuable lui-même pourrait considérer la partie des impôts consacrée à des fins sociales comme un investissement dans sa propre sécurité et une assurance contre certains risques. En outre, les revendications à une assistance minimale ont été entre-temps reconnues, en tant que droits de l'homme de la deuxième génération, comme faisant partie des exigences de légitimité auxquelles un État moderne doit satisfaire.

Nozick se trompe encore lorsqu'il pose que la justice distributive n'est qu'une affaire de l'État (Providence). Elle sera toujours nécessaire lorsqu'il s'agira de partager dans une entreprise commune les tâches et les revenus, que ce soit dans le domaine privé ou dans celui des entreprises d'affaires, par exemple dans la répartition des gains entre les détenteurs d'actions ou, dans le droit international, dans la distribution des droits de pêche, etc., mais également, de manière évidente, dans l'organisation des pensions d'État. Dans ces cas, d'autres considérations, comme l'état du marché et des relations de pouvoir, jouent souvent, si ce n'est la plupart du temps, un rôle. Des aspects liés à la justice distributive, qui se présente davantage comme un instrument analytique que comme une exigence inconditionnelle, entrent donc toujours en ligne de compte[190].

Enfin, comme nous aurons à le démontrer dans la prochaine section, la thèse de Nozick selon laquelle l'admission d'une propriété quasi naturelle, indépendante de toute intervention de l'État, ne pose pas de problème, est intenable. La position contraire affirme notamment que la propriété, quelle que soit la manière dont elle est fondée concrètement, est le résultat d'une convention humaine. À l'appui de cette thèse, on retrouve le fait que le plus important médium de l'acquisition et du transfert de la propriété, l'argent, est d'une nature hautement conventionnelle[191]. L'échange standard dans l'économie capitaliste dépend de façon plus essentielle du fonctionnement de conventions sociales de toutes sortes que ce que les libéraux radicaux en matière économique, tels Hayek et Nozick, admettent dans les cas d'école qu'ils présentent – selon le modèle de l'achat d'une pomme dans une prairie isolée des montagnes. La question centrale qu'est, pour une théorie politique, celle de savoir s'il existe un droit naturel à la propriété, devra faire l'objet de nos recherches dans la prochaine section.

---

190 Finnis, 1980, p. 179, p. 186 *sq*.

191 J. R. Lucas, *On Justice*, Oxford, 1980, p. 216 *sq*.

3.3. Quel est le droit naturel fondamental ?

Malgré l'affirmation de Rousseau selon laquelle la liberté ne peut exister sans l'égalité (*Contrat social*, II, 11), il existe dans la pensée libérale et démocratique une longue tradition de mise en opposition de l'égalité et de la liberté. Cela ne se retrouve pas seulement chez les opposants au libéralisme issus de la droite ou de la gauche, de même que chez les ennemis de la démocratie issus du libéralisme économique, mais également chez des auteurs que l'on peut relier aux deux courants de pensée.

Ronald Dworkin soutient, par exemple, que le droit fondamental propre à tout citoyen n'est pas le droit à la liberté, mais le droit à l'égalité. Il comprend avant tout la liberté dans le sens de la permission, mais il estime impossible de délimiter un domaine politiquement substantiel de libertés[192].

Il considère le droit à l'égalité comme le droit fondamental de chacun. Cela ne signifie pas toutefois un droit à un traitement égal dans tous les cas. Dworkin soutient, au contraire, la possibilité d'une discrimination positive pour les membres de minorités socialement défavorisées. Il argumente ainsi en faveur d'une priorité pour les candidats afro-américains dans les universités d'élite, et ses arguments ont également été utilisés en Allemagne par les féministes dans le débat sur la gestion des quotas[193].

Dworkin distingue entre le droit à un traitement égal et le droit d'être traité en tant qu'égal. Ce dernier consiste dans la revendication à l'égalité dans le respect et la considération de la part des décideurs politiques et juridiques, mais également de la part des autres hommes. Selon Dworkin, cette revendication implique un droit à la compensation des désavantages sociaux réels dont quelqu'un souffre en raison de circonstances dont il n'est pas responsable. Il s'agit de la formulation de l'égalité démocratique, dont nous avons parlé ci-dessus eu égard à Rawls.

Sans mettre en doute ce résultat, on peut émettre certaines critiques à l'égard de la primauté accordée par Dworkin à l'égalité par rapport à la liberté à titre de droit fondamental. Premièrement, en cédant aux tendances communautaristes, il gomme l'idée fondamentale de la tradition libérale selon laquelle l'adhésion au système social en tant que totalité doit être pensée comme étant le fruit d'une action volontaire et que, pour cette raison, on accorde à l'individu une sorte de zone de liberté pré-étatique. Dworkin admet certes cette espèce de zone de liberté, mais cela résulte davantage de sa position politique que de son approche systématique. Deuxièmement, une théorie qui *admet* une prétention juridique à l'égalité qu'une autre théorie peut rejeter *prima facie* de manière tout aussi plausible, néglige le fait qu'il y ait des raisons empiriques d'admettre une égalité entre les hommes. Au sens

---

192 Dworkin, 1978, ch. 12.

193 *Ibid.*, ch. 9 ; Rössler, 1993.

politiquement pertinent, les hommes *sont égaux* et nous n'avons pas à les admettre comme tels à quelques exceptions près. Troisièmement, on ne peut distinguer de cette manière les droits de l'homme, qui reviennent à chacun indépendamment de l'appartenance politique, des droits civiques, que doit respecter un État vis-à-vis de ses citoyens, c'est-à-dire essentiellement les droits sociaux, ce qu'on appelle les droits de l'homme de la seconde génération étroitement liés au concept de justice distributive.

Selon Kant (Introduction à la *Doctrine du droit*, AK VI 237 *sq.* ; trad. Renaut, p. 26), que l'on peut présenter comme le plus éminent défenseur de la position opposée, « il n'y a [...] qu'un seul et unique droit inné. La liberté (comme indépendance vis-à-vis de l'arbitre contraignant d'un autre individu), dans la mesure où elle peut coexister avec la liberté de tout autre suivant une loi universelle, est ce droit originaire qui appartient à tout homme en vertu de son humanité ». Ce droit contiendrait tous les autres droits, en particulier l'égalité innée et le droit de communiquer avec les autres.

À titre d'idée directrice dans l'attribution de ce droit, Kant fait référence à la répartition de la charge de la preuve (*onus probandi*) pour le cas où il y a conflit sur les droits acquis. Sur la base de cette liberté fondamentale, chacun peut se rétracter. On ne doit pas comprendre Kant ici comme s'il défendait l'idée selon laquelle les droits de l'homme seraient simplement des droits défensifs *pré-étatiques* à l'encontre de l'État. Au contraire, dans l'état social on abandonne complètement la « liberté sauvage et sans loi » et on acquiert, ce faisant, la liberté civile, qui consiste précisément dans le fait que l'on est seulement soumis aux lois auxquelles on peut donner son assentiment (§ 46 et § 47). Kant réunit ainsi droits défensifs et droits participatifs.

Il est intéressant de constater que la conception d'un droit subjectif comme d'un atout qu'on peut faire valoir devant les tribunaux et que ceux-ci doivent respecter, est également présente dans la théorie des droits subjectifs de Ronald Dworkin, développée presque deux siècles plus tard. Toutefois, le droit fondamental est, pour ce dernier, le droit à l'égalité, parfois sous la forme d'un droit à un traitement égal – par exemple dans le cas du vote, parfois comme droit de tout un chacun à être traité en tant qu'égal. Or, le droit d'être traité en tant qu'égal peut précisément inviter à un traitement inégal afin de compenser des désavantages naturels dont on n'est pas responsable ; c'est le cas lorsque, par exemple, certaines normes de construction sont imposées pour permettre également aux handicapés d'avoir accès aux écoles, aux universités et à d'autres édifices publics. Le devoir d'assistance de la communauté à l'égard de l'individu a en cela pris le caractère d'un droit subjectif. Selon la classification introduite plus haut, Dworkin met l'accent sur les droits participatifs et les droits sociaux, tandis que les droits défensifs apparaissent davantage comme un produit secondaire de sa théorie.

L'idée fondamentale dans ces deux positions est celle que nous avons introduite au début de cette section, à savoir que tout homme a le droit d'être traité en tant qu'homme, comme une fin en soi. Cela implique, d'abord, qu'il a le droit à la vie et à ce qui est nécessaire à celle-ci, ensuite, qu'il n'est soumis, dans le sens décrit, à la « volonté contraignante » de personne et, de surcroît, aujourd'hui, que la communauté politique à laquelle il appartient lui donne économiquement la chance de réaliser sa personnalité, indépendamment des hasards de sa naissance.

Kant prend déjà en compte cet aspect dans la mesure où les lois positives doivent laisser le choix à l'individu de s'élever au statut de l'autonomie et, en cela, de la citoyenneté (*Doctrine du droit*, § 46). Avant tout, il confie au « chef suprême » – qui doit transposer le devoir du peuple à l'autoconservation – le droit de se charger des impôts nécessaires à l'assistance aux pauvres et aux hospices d'enfants trouvés. Il recommande, en outre, « l'imposition des célibataires des deux sexes d'un certain âge » pour financer les hospices d'enfants trouvés (*Doctrine du droit*, § 49, Rem. C, AK VI 326 *sq.* ; trad. Renaut, p. 144 *sq.*)[194].

L'exigence selon laquelle toute communauté politique aurait à se préoccuper de l'égalité démocratique révèle, de nouveau, la différence entre droits de l'homme et droits civiques ou encore celle entre droits de l'homme de première génération et droits de l'homme de seconde génération. Tout d'abord, un État peut seulement se préoccuper de produire chez ses citoyens une égalité juridique et une égalité des chances. L'aide à la survie et l'assistance accordée à ceux qui sont persécutés politiquement sont de plus en plus considérées comme une obligation internationale. Mais bien que l'on tente de réduire l'écart entre droits de l'homme et droits civiques, on ne pourra pas l'éliminer complètement aussi longtemps qu'on n'aura pas créé la *civitas maxima* de Wolff, l'État mondial, dont nous sommes encore très loin.

4. Un droit naturel à la propriété ?

4.1. Y a-t-il un droit naturel à la propriété ?

La première discussion intense sur l'existence d'un droit naturel à la propriété remonte au conflit sur la pauvreté entre des secteurs de l'Ordre des Franciscains et la Curie, conflit qui a duré de la fin du treizième siècle jusqu'au quatorzième siècle avancé. Dans la bulle *Quia vir reprobus* (1329), le pape Jean XXII affirme, à l'apogée de ce débat théorique, que le droit de propriété d'un homme sur ce qui lui appartient est, du point de vue du concept, la même chose que le *dominium* de Dieu sur le monde. Puisque Adam exerçait,

---

[194] Sur les droits sociaux chez Kant, voir Jean-Christophe Merle, *Justice et Progrès*, Paris, 1997, p. 105 *sq.*

avant la création d'Ève, le seul *dominium* sur les choses terrestres (auquel toutes les possessions actuelles à travers les générations se laissent ramener), la propriété fait partie selon la loi de Dieu de la nature de l'être humain (voir la transcription textuelle dans la réponse d'Ockham, l'*Opus nonaginta dierum*). Le terme *dominium* varie à cette époque, dans ses modes d'usage, entre la « domination exercée » et la « propriété », et il est employé de manière correspondante dans les argumentations[195].

À cet égard, Guillaume d'Ockham ne reconnaît comme *dominium,* au sens de propriété, que ce qui peut être invoqué devant un tribunal terrestre, faisant ainsi de la propriété une affaire de convention humaine. Les premiers ancêtres possédaient effectivement au paradis une sorte de *dominium* sur les bêtes et les plantes, qu'ils pouvaient exercer sans contrainte, de la même façon que les anges nous dirigent, nous autres humains, en de nombreuses occasions (ch. 14, p. 434). Cette sorte de *dominium* n'est liée à l'institution juridique de la propriété que par *equivocatio,* et ils n'ont tous deux en commun que le nom.

Cela repose en premier lieu sur le fait qu'après la chute, un *dominium* sans contrainte n'est plus possible de la même manière. Il ne reste plus à l'être humain, avec sa *natura corrupta*, qu'un pâle reflet de sa domination originelle, une *potestas appropriandi* (ch. 14, OP. II, p. 435 *sq.*), la capacité et le droit originel de s'approprier ce qui est nécessaire à son existence. *À cet égard, les droits de l'homme et les droits de propriété doivent effectivement coïncider dans le droit à la conservation de sa vie.*

Ce que l'on s'est approprié peut devenir une propriété véritable à condition que cela puisse faire l'objet d'une contrainte, c'est-à-dire si cela peut être porté devrant un tribunal humain. Pour Ockham, le droit de propriété constitue, comme tout droit subjectif, une *licita potestas*, un pouvoir autorisé. L'attribution de la propriété est une œuvre humaine (ch. 14, OP II, p. 439) qui, tout en possédant un sens valable eu égard aux faiblesses et aux désaccords humains, est grevée d'imperfections, comme l'est d'ailleurs toute action humaine.

L'acceptation d'un droit humain à la propriété, au-delà de ce qui est nécessaire à l'existence, se heurte au fait que les droits de l'homme appartiennent en principe à tous, tandis que les droits de possession contiennent par définition une asymétrie, puisqu'ils privilégient le possesseur au détriment des autres. C'est, entre autres choses, parce qu'un ordre des possessions est essentiel au sein d'un monde fini, que Kant introduit une loi permissive autorisant cet écart par rapport à l'universalité et à l'égalité (*Doc-*

---

[195] Voir Jürgen Miethke, *Ockhams Weg zur Sozialphilosophie*, Berlin/New York, 1969, ch. 3 ; Tuck, 1979, p. 22. Les citations de la bulle papale sont tirées de sa retranscription dans la réponse d'Ockham, l'*Opus nonaginta dierum*, *Opera politica*, I et II, Manchester, 1940 et 1963, à laquelle les indications de page et de chapitres citées dans le texte se réfèrent.

trine du droit, § 2, AK VI 246 *sq.* ; trad. Renaut, p. 36 *sq.*). En général, on peut seulement affirmer, comme l'avait déjà établi Duns Scot, qu'un ordre de propriété doit exister parmi les humains et ce, en raison de leurs faiblesses, et non pas comment cet ordre doit s'organiser dans les cas particuliers, ni surtout affirmer que la répartition actuelle de la propriété est digne d'être protégée en tant que naturelle.

Les liens et les oppositions dans lesquels se retrouvent plus tard ces deux extrêmes sont intéressants. La théorie conventionnaliste de la propriété comprend, par la suite, la *potestas appropriandi* en un sens plus large que Ockham, et elle la relie à la théorie de la propriété fondée sur l'occupation reçue de Cicéron et de la tradition juridique romaine. Cette théorie sera également représentée dans la scolastique espagnole à la suite de Vitoria ainsi que chez Hugo Grotius, l'héritier de cette école. Ce n'est probablement pas un hasard si ces auteurs ont en commun avec Cicéron de se préoccuper de la justification du comportement des grandes puissances voire des puissances coloniales.

L'un des problèmes que soulève cette théorie de la propriété, qui a longtemps été dominante, réside dans le fait qu'elle convient mal pour mettre fin à la guerre de tous contre tous dès que l'idée émerge qu'une prise de possession plus efficace est toujours possible, au besoin par l'élimination du système juridique existant. En outre, du simple *fait* que quelqu'un est supposé avoir « le premier » pris possession d'une portion de territoire, elle conclut à un *droit* de propriété sur cette portion de territoire, même si celle-ci n'est plus en la possession effective du premier occupant (Merle, 1997, p. 93). Sous sa forme classique, la théorie de l'occupation ne recourt à *aucune* théorie de légitimation de l'attribution de la propriété. Lorsque, par la suite, de tels critères de légitimation s'y ajoutent, l'occupation historique ne représente que le premier pas vers le *statu quo*, un pas qu'il n'est pas facile de modifier, mais qui ne peut pourtant pas être considéré en soi comme sacrosaint. Aux dix-septième et dix-huitième siècles, le droit du souverain de s'emparer de la propriété des citoyens est devenu une évidence.

La conception d'une propriété naturelle héritée d'Adam se retrouve, plus tard, chez Sir Robert Filmer qui tente, au moyen de cet héritage, de légitimer en même temps la domination des souverains comme une donnée naturelle. Son ainsi définis les deux adversaires auxquels Locke oppose, avec sa théorie de la propriété fondée sur le travail, une propriété naturelle, pré-étatique, soustraite à toute convention sans pour autant être transmise aux souverains par Adam.

Le premier des *Two Treatises on Government*, dont l'argumentation est dirigée contre Filmer, ne mérite certes pas l'oubli généralisé dans lequel il a sombré, mais le second contient, il est vrai, les contributions les plus notables et les plus durables de Locke à la tradition du droit naturel, parmi les plus importantes desquelles on compte la fondation du droit de propriété sur le travail (ch. V).

À l'origine, selon Locke, le sol appartient à tous (et ce, dans la lignée de la tradition romaine). Ce n'est que par le travail investi que quelqu'un peut s'approprier et revendiquer le sol, comme on le ferait pour les fruits récoltés, ce qui vaut toutefois uniquement pour ce qu'il peut consommer sans que cela ne se perde. La façon dont Locke conduit l'argumentation vers son but, étape par étape, à partir du consensus traditionnel sur la possession commune originaire du sol, est ici particulièrement intéressante. Une étape intermédiaire importante de l'argumentation lockéenne est le droit à ce qui est destiné à une consommation immédiate, comme cette pomme que je tiens dans ma main ou celles que j'ai ramassées sous l'arbre, un droit que même les Franciscains adeptes de la pauvreté auraient accordé.

L'étape suivante est l'occupation et le travail d'une portion de territoire, processus fructueux, qui semble donc profitable à tous et sans danger, aussi longtemps qu'il y en a suffisamment pour les autres, comme Locke l'érige explicitement à titre de condition. Une condition supplémentaire est de ne pas engranger plus de fruits récoltés que ce que l'on peut consommer sans qu'ils se perdent. L'usage de l'argent est apparu afin que les fruits de l'effort puissent se perpétuer et rendre possible une accumulation (V, p. 46 *sq*.). D'un côté, cette condition, à première vue surprenante, produit de nouveau une relation au droit à ce qui est destiné à la consommation, démontre un sens pour l'humanité et peut avant tout s'assurer de l'accord des puritains. D'un autre côté, en posant que l'argent est impérissable, Locke réussit à légitimer l'accumulation qui va jusqu'à une possession en principe illimitée, cela tout en conservant la souveraineté de la première condition pour autant qu'il y en ait suffisamment pour les autres, puisque, en temps de misère, elle pourrait légitimer un droit d'emprise sur ce qui appartient aux riches, droit qui vient limiter leur droit à la propriété, qui est pré-étatique et sans limite. Pour Locke, l'homme possède cependant une prétention juridique à la propriété qui est soustraite à l'emprise de l'État (*Second Treatise*, XI, p. 138). Cela, conjugué au fait que Locke comprend sous le terme de *property* les choses sur lesquelles on possède un droit inviolable, *life, liberty and estate*, a certainement constitué l'une des raisons pour lesquelles la doctrine du droit naturel a sombré dans le discrédit en tant qu'instrument de la conservation égoïste des privilèges des bien nantis. On a ainsi vite oublié que Locke a reconnu à ceux qui sont sans moyens une prétention au *surplus* appartenant aux riches, qu'il ne serait pas juste de leur refuser (*First Treatise*, § 42, voir 4, p. 10).

Kant, déjà, a critiqué la proposition faite par Locke de fonder la propriété sur le travail en la taxant d'instrument idéologique d'expropriation des peuples nomades, mais également en utilisant des arguments principalement théoriques (*Doctrine du droit*, § 15). Le moins que l'on puisse dire est que cette proposition est liée à un certain ordre économique et, qu'en cela, elle est peu propre à offrir une réponse universellement valable à la question du droit naturel à la propriété. Pourtant, cette proposition s'est imposée comme la justification théorique de la propriété – exception faite de quelques auteurs comme Kant ou Max Stirner – jusque dans la jurisprudence de la Cour constitutionnelle fédérale allemande.

Manfred Brocker[196] a exposé, en se référant explicitement à Kant, les problèmes théoriques de la théorie du travail. En premier lieu, on retrouve – outre cette curiosité, dont nous venons de parler, qu'est le rassemblement, opéré par Locke et ses successeurs, de *life, liberty and estate* sous le vocable unique de *property* – la référence au fait que l'être humain n'est pas le créateur du territoire qu'il transforme par son travail, tant et si bien qu'il doit en prendre possession par un autre moyen. On retrouve, deuxièmement, l'argument kantien selon lequel le travail du sol n'en modifie que les accidents, sans toucher à la substance, mais qu'il est tout de même le signe d'une première prise de possession. Tout comme la prise de possession, le travail du sol n'est, en outre, qu'un fait empirique qui ne crée aucun droit (cf. Merle, 1997, p. 93). Le principe, soit dit en passant, est certes utilisé dans la jurisprudence fédérale allemande, mais sans qu'on s'y tienne de façon conséquente, de telle sorte que des prétentions historiques acquièrent soudainement plus de poids lorsque le territoire en question a été laissé en friche par ses propriétaires (Brocker, 1992, p. 349 *sq.*).

Une autre faiblesse de la justification de la propriété que propose Locke réside dans le fait que ce qui est nécessaire pour survivre – ce que Thomas Hobbes, en dehors des Franciscains, avait su garantir (*De Cive,* III.14) – et la richesse possiblement extrême, tant qu'elle ne consiste pas en biens périssables, sont tout au plus distingués *en passant* dans l'énumération *life, liberty and estate*, sous la dénomination commune de *property* (*Second Treatise*, § 123).

Or, alors qu'assurer sa survie est traditionnellement quelque chose qui justifie au besoin de prendre des mesures *allant à l'encontre de* l'ordre juridique, l'argent à titre d'expression de la richesse est dans une large mesure le *produit* de l'ordre juridique institutionnalisé. Même chez Locke et ce, malgré tous les appels à une normativité pré-étatique qu'il lance contre Hobbes[197], l'individu seul à l'extérieur de l'État ne peut pas être assuré de conserver sa propriété (*ibid.*).

Le problème d'une théorie qui souligne le caractère purement conventionnel de la propriété et qui ne vise qu'à sa répartition, selon des vues plus ou moins consensuelles de justice, réside dans le fait que l'insécurité

[196] Manfred Brocker, *Arbeit und Eigentum*, Darmstadt, 1992, p. 354 *sq.*
[197] Siegfried König, *Zur Begründung der Menschenrechte: Hobbes-Locke-Kant*, Freiburg/München, 1994, p. 122 *sq.* ; Kersting, 1994, p. 109 *sq.*

réelle ou présumée de la propriété effective conduit facilement à une incertitude juridique. Il devient, en outre, difficile d'obtenir l'adhésion volontaire d'autrui pour la mise en œuvre de ses projets, sans affecter sensiblement le processus économique. Dans la mesure où la répartition doit se faire essentiellement au moyen d'un prélèvement de taxes, cela entraîne facilement le recours à des méthodes – mentionnées dans le chapitre III – servant à éviter de payer des impôts, de la fraude fiscale au refus de paiement en passant par l'évasion fiscale. L'expropriation pure et simple en tant que procédé de redistribution s'est révélée économiquement inefficace dans la plupart des cas, sauf dans ceux, par exemple, où une partie considérable de la propriété se trouvait dans les mains d'un petit nombre qui n'en faisaient aucun usage.

Une solution extraordinairement sage – c'est celle de Kant – à la question de la propriété naturelle consiste à considérer la possession actuelle comme provisoire, par rapport à un futur État de droit conforme à la justice, mais cependant comme nécessaire à la conservation du système juridique actuel, tel que c'était le cas lors de son apparition historique.

Kant distingue la *possession provisoire* dans l'état de nature de la *possession péremptoire* dans l'État de droit. La possession définitive et péremptoire peut « être fondée uniquement sur une loi de la volonté générale » (*Doctrine du droit*, § 9, AK VI 257 ; trad. Renaut, p. 50) ; la prétention à une possession préalable, provisoire n'est faite que dans l'attente d'une telle loi (*ibid.*) Puisque les systèmes juridiques actuellement observables se situent entre l'état de nature et un État de droit véritable, la possession qu'ils garantissent est, au fond, une possession toujours provisoire. Le droit péremptoire, par-là également la possession péremptoire, n'advient qu'avec la paix perpétuelle au sein d'une fédération de républiques

Deux choses sont importantes dans cette argumentation. Premièrement, il est question de républiques, dans la mesure où c'est uniquement en elles que la propriété devient une propriété juridique « par l'intermédiaire d'une réconciliation avec la volonté de tous dans une législation publique » (*Doctrine du droit*, § 9, AK VI 257 ; trad. Renaut, p. 51). Deuxièmement, la composante internationale est importante pour assurer la stabilité et le caractère juste de la répartition. L'objectif lointain de la position présentée ici est un ordre international au sein duquel les discussions relatives à une juste répartition de la propriété pourraient se faire sans pression ni contrainte et dans lequel, à terme, les décisions prises en commun devraient être mises en œuvre sans contrainte.

La propriété présentement attestable repose sur une appropriation qu'il est souvent impossible de reconstituer, qui est, de toute manière, préalable et qui, en fin de compte, a motivé une réglementation juridique du mien et du tien et, par-là, l'établissement d'un État de droit. Afin de ne pas mettre en danger cet ordre juridique – condition pour atteindre un ordre juridique juste, l'ordre de propriété existant devrait normalement être conservé. Mais la conservation des rapports de propriété ne doit pas non plus mettre en danger la sécurité juridique et la paix intérieure. Cela se produit aisément toutefois lorsque la survie même des hommes est par là mise en danger, situation contre laquelle Adam Smith a déjà donné l'alarme. Kant s'est également prononcé pour une réforme agraire concernant notamment les possessions du clergé (*Doctrine du droit*, § 49, Remarque B, AK VI 342 *sq.* ; trad. Renaut, p. 142 *sq.*)[198].

Tout porte à croire que, pour des raisons anthropologiques, un ordre régissant la propriété était alors nécessaire. L'expérience historique nous révèle qu'il y a, en outre, de bonnes raisons d'accepter également la propriété privée en ce qui concerne les moyens de production. Que l'on considère cela comme une exigence de justice, dans la mesure où elle sert le bien commun, ou comme une ligne de conduite pragmatique, est secondaire.

Les critères généraux d'efficience et de justice devront être évalués l'un par rapport à l'autre, lors de la réglementation de la répartition de la propriété. Cela appert, par exemple, dans l'idée fondamentale que l'on retrouve chez John Stuart Mill, lorsqu'il admet des limitations à la répartition égale pour autant qu'elles servent l'intérêt général. Cette idée est également contenue, sous une forme individualiste, dans les principes rawlsiens d'une société juste, en particulier dans le principe de différence, selon lequel les inégalités sont justifiées lorsqu'elles permettent d'améliorer davantage la condition des plus défavorisés qu'une répartition égale.

Il est évident que Rawls tente ici d'imposer des limites à la dynamique du processus économique capitaliste, au moyen des principes socialistes d'une juste répartition des revenus et des possessions. La médiation est assurée par l'hypothèse utilitariste selon laquelle il est préférable pour les hommes de disposer d'un grand nombre de possibilités pour mener une vie heureuse, même si d'autres sont beaucoup mieux dotés, que de vivre dans une société offrant des possibilités de bonheur moins étendues et dans laquelle les autres n'auraient également rien. Tous les hommes ne le perçoivent pas ainsi directement, mais cela semble toutefois être la solution la plus plausible à long terme.

Les rapports actuels de propriété ne devraient donc pas être modifiés arbitrairement, afin de ne pas mettre en danger la sécurité juridique, mais les modifications qui sont urgentes dans l'intérêt du bien commun pour des raisons de justice et qui ne ruinent personne dans les faits, doivent toutefois demeurer possibles et être mises en œuvre lorsque cela est possible.

[198] Au sujet de la théorie kantienne de la propriété, cf. Brocker, 1992 ; Herb/Ludwig, 1993 ; Richard Saage, *Eigentum, Staat und Gesellschaft bei Immanuel Kant*, Baden-Baden, [2]1994, ch. 1-4 ; Merle, 1997, Partie 1 ; Kenneth Westphal, „Do Kant's Principles Justify Property or Usufruct?“, in *Jahrbuch für Recht und Ethik*, 5, 1997, p. 141-197.

4.2. Une société de propriétaires responsables

Le principe de différence, formulé par Rawls, a été interprété comme une tentative pour mettre en accord la dynamique économique capitaliste et les exigences de la justice sociale. Une question un peu moins abstraite, bien que tout aussi urgente dans les sociétés modernes du « capitalisme avancé » et ayant fait l'objet de débats depuis déjà plus de deux siècles, est celle du rapport entre la responsabilité individuelle et la sollicitude sociale envers ceux qui sont socialement défavorisés.

Contentons-nous de rappeler les arguments les plus importants qui sont invoqués tant dans la théorie que dans la politique quotidienne.

D'un côté, seule la libre initiative personnelle, dont on est personnellement responsable, et la perspective d'un profit élevé stimulent les êtres humains talentueux à de grandes réalisations, lesquelles, en dernière analyse, profitent à tous.

Les hommes devraient pouvoir se développer librement et ne pas être entravés dans leur activité économique par des freins bureaucratiques les empêchant, par exemple, de travailler pour un salaire inférieur que d'autres n'accepteraient pas.

En outre, l'appareil bureaucratique des différentes institutions destinées à l'assistance sociale représente une expansion coûteuse et disproportionnée de l'État qui acquiert par là un trop grand contrôle sur la vie quotidienne.

Lorsque les chômeurs sont mieux traités par l'État que ceux qui travaillent, il en résulte une perte de motivation pour le travail qui, à terme, ruine le système social. Kant, déjà, mettait en garde contre le risque « de faire de la pauvreté le moyen d'existence dont se servent les paresseux » (AK VI 326 ; trad. Renaut, p. 145).

L'assistance portée aux pauvres devrait être pour les riches une noble tâche, une vertu sociale, mais elle ne devrait pas être une revendication juridique qui ruine l'État.

De l'autre côté, le système capitaliste est loin de favoriser les plus travailleurs, il favorise souvent au contraire les inactifs dont les propriétés sont le fruit du hasard.

Il est incompatible avec la dignité humaine qu'un grand nombre de gens soit dépourvu des nécessités vitales ou même de la liberté sociale tandis qu'ailleurs domine le superflu poussé à l'extrême, alors que les ressources existent pour satisfaire les besoins. L'insatisfaction sociale met en danger la paix intérieure, partant, la prospérité économique et la possibilité d'éviter la misère.

Il ne s'agit pas seulement d'une confrontation entre des idéologies capitalistes et socialistes, mais davantage entre des positions existentielles centrées sur la vie en société et des positions fortement individualistes. Cela constitue un test de résistance pour ce que nous tentons de faire ici, c'est-à-dire concilier entre elles ainsi qu'avec la réalité sociale les intuitions anarchistes fondamentales que nous avons présentées dans l'introduction. Ni la Providence étatique, qui tend à l'absolutisme, ni la promotion sans scrupule des intérêts économiques individualistes ne peuvent être considérées comme étant acceptables.

Heureusement, sur un plan analytique, les oppositions ne sont pas du même genre que celui présenté dans une perspective idéologique. Introduisons encore à ce sujet quelques réflexions.

Une mentalité d'irresponsabilité personnelle et d'inamovibilité émerge non seulement dans les administrations publiques, mais également dans les grands consortiums, comme cela a été démontré depuis des décennies.

Il n'y a plus, au sein des grandes entreprises, de propriétaires responsables qui s'élèvent et sombrent avec leur entreprise et qui en sont responsables à l'extérieur. La direction des consortiums est entre les mains de *condotierri* enrôlés, de chefs mercenaires du haut Moyen-âge, dont l'objectif est, d'abord, leur propre carrière, ensuite, les intérêts de l'entreprise et, enfin, la responsabilité économique et écologique de leur entreprise. Chez l'entrepreneur classique, les deux premiers objectifs coïncident, et il pouvait être tenu responsable des déboires de son entreprise.

Dans les réalités comme dans les théories socialistes, le travail n'est pas tant une réalisation de soi créative, bien que laborieuse, qu'une obligation dont l'observation est contrôlée d'une manière difficilement vérifiable, soit par la collectivité, soit par ses représentants auto-proclamés. On ne retrouve aucun contrôle efficace à quelque niveau que ce soit.

En rassemblant et en ordonnant ces différents arguments et diverses observations, on obtient les thèses suivantes :

- Il est contraire aux conditions élémentaires de légitimité du pouvoir politique que des hommes aient à vivre dans la misère malgré l'existence de biens en quantité suffisante pour la soulager. À un État qui tolère un tel état de fait on peut appliquer le 'bon mot' de Stirner : le fait qu'il y ait des riches est uniquement de la faute des pauvres qui n'exproprient pas les premiers.

- Certes, il faut chercher à empêcher que les hommes fassent de leur pauvreté un « gagne-pain », puisque, en temps de crise, lorsqu'un tel comportement devient un phénomène de masse, cela constitue une charge massive pour la communauté. Cette possibilité demeure présente aussi longtemps que le travail n'est pas à la disposition de tous, et cela peut durer encore un certain temps. On évite cependant que les citoyens développent une telle attitude en se préoccupant essentiellement de ceux qui ne sont pas invalides et qui n'assurent pas des tâches comme l'éducation des enfants, et en leur rendant le travail plus attrayant que l'absence de travail, plutôt qu'en faisant peser la menace de paupérisation sur l'ensemble de la population. Fichte, par exemple – du moins dans la présentation qu'en donne Merle – contourne l'opposition entre les manières libérales et socialistes de poser ce problème, en attribuant à l'individu le droit de mériter par son travail ce qui est nécessaire à son existence (Merle, 1997, p. 168). Se pose ici un problème pragmatique, celui de savoir si les dépenses de l'État nécessaires à la mise en œuvre de ce droit garanti au travail sont compensées par le gain économique qui résulte de ce travail.

La créativité et l'initiative personnelle, si importantes pour une économie florissante, croissent probablement davantage dans une atmosphère de sécurité et de sûreté, lorsque la curiosité humaine et la « sur-stimulation », diagnostiquée par Gehlen, peuvent se développer librement, que lorsque règne la peur de sombrer dans la misère. La dynamique économique se développe mieux, selon cette conception, sur la base d'une satisfaction des besoins élémentaires.

Bien sûr, pour que se développent les capacités individuelles et l'activité intense nécessaire à leur développement, il doit y avoir des stimuli économiques ainsi qu'une estime sociale. Cependant, ce qui demeure décisif, c'est l'émergence chez l'homme du désir de s'accomplir, de s'améliorer, d'aller au-delà de lui-même. Il est donc question, eu égard à ce développement, d'un devoir de vertu (voir Kant, *MM*, *Doctrine de la vertu*, AK VI, 386 *sq.* ; trad. Renaut, p. 226 *sq.*). Et, si l'on prend également en compte les facultés morales, il en va de la définition même du bonheur chez Aristote (*Ethique à Nicomaque*, I, 8). On y parvient davantage par la présentation de modèles et par les échanges culturels que par la menace de la misère.

- Les hommes doivent se comprendre, à la fois, comme des citoyens libres et égaux, comme des entrepreneurs responsables auxquels la communauté, qu'ils contribuent à former, offre une protection contre la misère personnelle, et comme des individus qui doivent tout de même se préoccuper de leur propre bonheur dans la mesure où ils ont différentes activités au sein de la communauté. Dans cette perspective, accepter les individus « comme une sorte d'entreprise permanente et multiple[199] » ne signifie pas qu'on les réduit au modèle de l'*homo oeconomicus* seulement dirigé par ses intérêts. Les individus restent, en même temps, membres responsables de la société civile[200], étant donné que leurs intérêts élémentaires sont protégés par la communauté.

Cela produit vraisemblablement les conditions d'un marché à peu près honnête à partir duquel un échange juste devient possible.

- Puisque les grandes entreprises sont indispensables pour un grand nombre de projets au sein de l'économie et de la technique modernes, et que

[199] Foucault 2004, p. 247.
[200] *Ibid.*, p. 298 *sq.*

les étatisations se sont presque toujours révélées désavantageuses pour l'ensemble des participants, en particulier pour les travailleurs et que, en regard des ramifications internationales des consortiums, elles ne sont plus réalisables, un contrôle du pouvoir économique et politique exercé par ces entreprises ne peut se réaliser avec succès que grâce à une démocratisation de ces entreprises elles-mêmes. Cette démocratisation doit se produire du côté des propriétaires, en particulier *via* le droit d'acquérir des actions. À cette fin, il est important, en premier lieu, d'impliquer le personnel par le biais de l'actionnariat dans la propriété des entreprises – ce qui a déjà lieu en de nombreux cas ; en deuxième lieu, il importe d'obtenir le plus grand nombre possible de petits actionnaires ; en troisième lieu, il faut organiser la représentation des petits actionnaires d'après le modèle de la démocratie représentative plutôt que d'après celui de la démocratie directe. Le dernier point a pour but d'éviter que les petits actionnaires soient à la merci de quelques stratèges professionnels qui n'ont pas à affronter la discussion générale concernant la politique de l'entreprise, en particulier sur les questions environnementales ou sociales.

Certes, on devrait alors être confronté à de possibles conflits de loyauté chez les individus entre l'État et l'entreprise, comme cela a été le cas entre l'État et l'Église. Mais, le fait que les États démocratiquement organisés tendent beaucoup plus rarement que les régimes autocratiques à des conflits guerriers laisse espérer que de tels cas de conflit entre l'unité politique et l'unité économique pourraient trouver une solution autre qu'une épreuve de force ruineuse pour les deux parties.

V. L'anarchie comme méthode

Comme je l'ai établi dans l'introduction et comme l'auront démontré, je l'espère, les quatre derniers chapitres, mon but n'est pas ici de prédire la venue, dans un avenir proche ou simplement envisageable, d'une société humaine pacifique et prévenante, dépourvue de toute contrainte. Cependant, la thèse de cet ouvrage est que les pures intuitions anarchistes, selon lesquelles il est préférable que les hommes agissent de leur propre volonté plutôt que sous la contrainte et que la tâche des sociétés humaines est d'offrir une protection ainsi que des possibilités de développement plutôt que la répression et le confinement, doivent fournir et fournissent le fil conducteur de l'évolution future des États de droit modernes, libéraux et socialement responsables.

L'anarchie ou, mieux, le concept de l'anarchie tel qu'il est présent d'une manière vague dans les intuitions, possède un caractère méthodique dans la mesure où elle offre une voie pour évaluer et soumettre à la critique les rapports sociaux existants. En nous appuyant sur ce qui a déjà été développé, nous aborderons à nouveau les points suivants. Premièrement, il faut se donner pour objectif de remplacer autant que possible la contrainte par la coopération volontaire. Cela nécessite toutefois une conduite de l'existence que nous avons présentée au moyen du concept de vertus secondaires. Deuxièmement, cela requiert une critique constante des conditions existantes et des contenus de croyance qui contribuent à les consolider – et l'art est ici un moyen tout à fait approprié. Troisièmement, il faut avoir un objectif de développement, si vague soit-il : cet objectif est présenté ici sous la forme de la société des surhommes libres et égaux, où, on ne le répétera jamais assez, lorsqu'on parle de surhomme, il n'est question que de la disposition à se développer toujours davantage et non d'une prétention à dominer les autres.

1. L'honneur de la recherche

Lorsque nous avons abordé la critique communautarienne de l'individualisme et la réflexion sur le rapport entre l'État et la morale, nous avons déjà évoqué la difficulté de (re-)créer un *ethos* qui soit créateur de communauté au sein d'une société de masse, dans la mesure où cela dépend de la relation de la communauté avec une vérité supérieure. Dans le cadre de la problématique pénale, nous avons déjà attiré l'attention sur le fait qu'on ne doit pas tenter d'imposer cette relation au moyen du droit pénal, car on se rapprocherait alors très aisément, du moins en ce qui concerne l'atmosphère sociale, des régimes fondamentalistes intolérants, de quelque tendance religieuse qu'ils soient.

Puisqu'on n'arrivera jamais à un résultat définitif en ce qui concerne les vérités supérieures, ni non plus en ce qui concerne la vérité touchant ce qu'est une existence humaine bonne, à moins d'adopter une position dogmatique et de se prémunir contre la critique par la violence et l'intolérance, une part plus ou moins grande d'incertitude devrait demeurer constitutive de la vie des individus, mais aussi des communautés humaines dans leur vie terrestre, *in via*, selon l'expression du Moyen Âge (voir, par exemple, Thomas d'Aquin, *Summa Theologiae*, Ia IIae, qu. 3). Malgré les critiques qui ont été faites sur ce point, notamment par Alasdair MacIntyre et Charles Taylor[201], le destin des sociétés modernes par rapport aux questions ultimes de la vie humaine semble d'être toujours « en quête ». Cela ne signifie absolument *pas* pour autant que la recherche de la vérité soit dépourvue de sens. Il faut y lire simplement un avertissement adressé à ceux qui croient l'avoir *trouvée*.

Nous n'avons pas ici de meilleur critère qu'une vérification permanente dans la confrontation discursive et dans l'expérience existentielle des hommes concrets. Il est impossible de renoncer à l'un de ces deux éléments, la discussion et l'expérience factuelle. Une description de la vie bonne ne reposant que sur l'argumentation passe trop facilement sous silence la réalité de l'expérience humaine. Et les messages de salut des profiteurs et des chefs de secte sont trop facilement perçus, à court ou plus ou moins long terme, comme garants du bonheur, comme des drogues néfastes à la santé de ceux qui en sont dépendants.

Concernant notre relation aux vérités de toutes sortes, nous ne sommes pas dans une situation différente que celle que décrit John Stuart Mill dans son ouvrage *On Liberty*.

Nous n'affirmons pas cependant par là qu'il n'existe pas de principes de la vie en commun au-delà d'une simple morale minimale, principes que les hommes seraient tenus d'observer sans aucune mesure juridique contraignante ; nous ne prétendons pas non plus que certains liens émotionnels ou moraux à l'endroit des unités politiques soient dépourvus de sens, unités auxquelles nous n'appartiendrions que de manière contingente.

1.1. Éloge des vertus secondaires

La critique, pleinement justifiée, adressée à la morale minimale des Lumières peut être ainsi formulée : cette dernière ne fournit aux hommes aucune indication claire sur la manière dont ils devraient se comporter dans de nombreuses situations. Cela résulte en particulier du fait que cette morale est née d'efforts visant à fournir le principe ultime du droit naturel. À l'instar du droit, elle prend position par rapport à un grand nombre de questions de

---

201 MacIntyre, 1985, p. 203 *sq.* ; Taylor, 1996, p. 39 *sq.*

notre vie quotidienne uniquement de manière très abstraite. À l'inverse, il semble difficile pour une société qui ne dispose, à des fins de régulation sociale, que du droit et de la moralité propre aux Lumières, de conserver sa cohésion interne en raison des conflits innombrables qui surgissent autour de l'interprétation adéquate du droit et de la morale.

Dans notre présentation des différentes conceptions morales, nous avons mentionné que les moeurs (*die Sitte*) font partie de l'être-ensemble effectivement vécu par les êtres humains. Cela provient surtout du fait que personne, dans les situations qui exigent des jugements moraux, ne peut se livrer à un examen fondamentalement nouveau, mais que l'on doit plutôt s'en remettre à ses intuitions morales – ce qui s'avère tout à fait adéquat dès lors que l'on est disposé à les soumettre à une révision.

Le fait de parler d'intuition, même lorsqu'il est question de « nos intuitions » – et dans ce cas il n'est pas évident de savoir qui est ce « nous » – masque en quelque sorte le fait que, dans la plupart des cultures, il existe des règles relativement claires concernant le comportement à avoir dans les situations concrètes, règles que l'on peut désigner comme des vertus concrètes, comme des attentes comportementales – en partie spécifiques à des rôles. Elles sont traditionnellement souvent liées à certaines classes, à certaines fonctions sociales et à certains statuts, et elles contiennent souvent, outre des exigences proprement morales, des règles de comportement et de style. De nombreux ouvrages ont été écrits sur le comportement adéquat que doit avoir un noble, mais également sur les règles spécifiques au bon comportement des femmes des différentes classes sociales. Les codes de comportement spécifiques à un emploi, comme le serment d'Hippocrate pour les médecins, sont aujourd'hui encore courants.

Dans la double mesure où ces codes de comportement contenaient, d'une manière ou d'une autre, une forme de discrimination générale sur la base du sexe, du statut ou d'autres caractéristiques, et où, pour cette raison, ils sont incompatibles avec la prémisse fondamentale que tout homme est également une fin en soi, ils avaient besoin, et ont toujours besoin évidemment, d'être révisés ; ils ont été et sont aujourd'hui encore, par conséquent, soumis à des modifications. Et pourtant en Allemagne, dès les XVIIe et XVIIIe siècles, on observe des tentatives, par exemple chez Christian Thomasius et le Baron de Knigge, pour étendre à des classes plus larges les codes de comportement s'adressant originellement à la noblesse et ayant pour but le maintien de ses privilèges, et pour rendre, ce faisant, ces codes accessibles à un examen.

À cette fin, Thomasius admet, outre le *justum* qui englobe la sphère du droit et l'*honestum* moral, le *decorum*, lequel est situé entre les simples règles de bienséance et, en fait, les exigences de comportement dans le domaine des exigences morales[202].

Sans examiner plus avant le cas de Thomasius, contentons-nous de faire remarquer que des qualités comme le tact, la considération, l'ardeur au travail, la persévérance, la ponctualité, la serviabilité et la générosité sont considérées comme largement répandues et sont honorées, si bien qu'en de nombreuses traditions ce n'était pas complètement à tort que l'on considérait le fait de se présenter avec style et d'une manière réfléchie comme le signe de la présence de ces vertus chez un individu. Le fait de bien se comporter indiquait que l'on avait « joui » d'une éducation, qui valorisait ce genre de vertu. Selon la classe dominante à une époque donnée, c'est la générosité ou la parcimonie, l'ardeur au travail ou le courage qui était considéré comme la vertu la plus importante.

Des problèmes liés à de telles formes de régulation du comportement émergent en premier lieu du fait que, dans les phases inévitables de consolidation de ces règles, l'étiquette ne complète pas les vertus, mais les remplace et, en second lieu, du fait que plusieurs de ces vertus et de ces habiletés peuvent être en particulier utilisées pour atteindre des objectifs moralement douteux voire délictueux. Même en admettant qu'il est possible de trouver dans la plupart des cas, selon le modèle aristotélicien, un milieu entre deux vices, un domaine, par exemple, dans lequel on peut être, selon son tempérament, plus économe sans être avare ou plus généreux sans être prodigue, on sait cependant depuis longtemps que quelqu'un peut manifester à l'égard de son entourage immédiat beaucoup d'ardeur, de persévérance, de courage et aussi de tact tout en travaillant à des objectifs parfaitement criminels.

Erich Fromm avait donc pleinement raison de nommer « vertus secondaires » de telles qualités. Toutefois, on a souvent oublié qu'il s'agissait tout de même de *vertus* secondaires. Ces qualités peuvent être tout à fait justifiées pour assurer la continuité d'une communauté humaine. Ainsi, il est avantageux pour la communauté d'honorer l'ardeur au travail, la persévérance d'un homme et de le soutenir afin qu'il puisse conserver une grande partie des biens acquis par son travail, même si les impôts qu'il paie peuvent servir à soutenir les plus faibles et les moins doués.

Alors que le courage et la discipline ont longtemps été identifiés, non sans raison, avec l'ardeur belliqueuse, mettant, ce faisant, la paix en danger, la dernière décennie nous a fourni, à quelques reprises, l'occasion d'estimer la signification de ces qualités eu égard au maintien et à la garantie de la paix.

De plus, il est important, par exemple pour une société, de placer en haute estime le tact et la politesse comme des qualités dignes de louange,

---

[202] Voir notamment Christian Thomasius, *Einleitung in die Sittenlehre*, Halle, 1692, réimpr. Hildesheim, 1968, p. 29.

puisqu'elles préservent à tout le moins la forme extérieure du respect et de la considération réciproques. Il est certain que ces qualités ne sauraient remplacer le souci des autres et la sympathie. Mais elles peuvent, premièrement, compléter ces modes de comportement, deuxièmement, les remplacer dans les relations personnelles où, pour différentes raisons, il n'est pas possible de manifester un souci envers les autres. Il ne suffit certes pas de nourrir un miséreux de formules de politesse. Mais il est préférable, d'une part, de lui venir en aide en lui manifestant du respect afin que cette aide apportée ne soit pas humiliante, d'autre part, dans le cas où cette aide ne lui serait pas apportée, le respect témoigné fait en sorte qu'il ne perd pas toute estime de lui-même.

Dans la tradition anarchiste, comme c'est le cas en particulier dans la tradition socialiste, a régné et règne encore, spécialement en Allemagne, une tendance à condamner les façons polies de se conduire comme étant le signe d'une hiérarchie féodale et d'une aliénation bourgeoise, et à leur préférer, partant, à cultiver des formes de relations plus « authentiques », plus « honnêtes », soi-disant prolétariennes, en tout cas, plus rudes. Il est exact que l'on n'a pas à admettre comme sacro-saints et définitivement supérieurs le catalogue de normes et le code de comportement propre à une classe ou à un groupe en particulier. L'emphase mise sur le souci des autres – traditionnellement davantage attribué aux femmes – en tant que vertu propre à une société tendant à l'anarchie constitue, dans l'approche adoptée ici, la remise en question de la hiérarchie traditionnelle des sexes. Rappelons encore une fois le niveau non négligeable de protection, précisément à l'égard des êtres les plus faibles (quelle que soit la raison de leur faiblesse), que peut offrir la politesse, pour autant qu'elle ne soit pas une façade masquant une répression brutale, comme cela a été et est toujours le cas dans de nombreuses cultures eu égard aux femmes. L'étiquette ne peut remplacer les droits, pas plus que l'attention et le souci accordés aux autres.

Nous avons mentionné des exemples où les vertus secondaires, tout comme les formes de comportement, sont tout à fait importantes pour le bien-être des humains. Nous avons déjà admis qu'il existe bon nombre de contre-exemples où un tueur en série lutte avec courage ou encore où les règles de comportement figent les humains et les rendent insensibles. C'est à chacun que revient le jugement ultime sur ce qui doit être fait dans telle ou telle situation. Il est toutefois important que soit préservé et favorisé le sens de la vertu et de l'honneur, celui qui fait que les vertus secondaires sont, en temps normal, dignes d'être louées et qu'elles ne deviennent problématiques que dans des cas de dégénérescence. Lorsque de tels cas se présentent, il n'existe aucune règle absolue. Comme dans la relation à une vie bonne, tous sont conviés à demeurer disposés en principe à réviser leurs convictions intuitives.

Il doit être clair dans l'ensemble que l'éloge que nous faisons du réseau des vertus secondaires et du sentiment d'honneur n'a pas pour objectif une surveillance et un contrôle des hommes qui seraient le plus efficace possible ; cet éloge vise, au contraire, à faire reculer, dans la mesure du possible, le contrôle qui s'exerce par la contrainte et la menace de celle-ci. À cette fin, les hommes doivent être prêts à s'engager volontairement en faveur de l'utilité commune et à s'accorder une considération réciproque – ce pour quoi ils ont cependant une exigence d'honneur vis-à-vis d'eux-mêmes et de la part des autres.

1.2. La signification des communautés contingentes

Le fait que l'on essaie de considérer tous les hommes comme des fins en soi et que l'on s'efforce de considérer de manière impartiale toutes les personnes concernées, n'empêche pas que l'on puisse s'engager d'une façon particulière en faveur d'un groupe humain plus ou moins vaste. Il s'agit d'abord de la famille, avec laquelle l'individu entretient un lien émotionnel particulier, cela peut également être ensuite le cercle d'amis voire une organisation déterminée pour laquelle on s'engage d'une manière particulière.

Aristote et Platon, ainsi que Rousseau à l'époque moderne, ont cherché à prendre comme fondement de l'être-ensemble politique les relations d'amitié entre les citoyens, possible dans un État de dimension relativement restreinte, citoyens qui, de ce fait, se connaissent tous d'une quelconque façon, mènent une vie commune et peuvent partager réellement leurs opinions. Nous avons déjà mis en doute la possibilité de *produire* un tel effet au sein des sociétés de masse par le biais d'une *substance de l'égalité* comme une religion commune, un ennemi commun ou un quelconque *ethos* communément partagé.

D'un autre côté, cela n'exclut nullement que l'on puisse développer une loyauté particulière envers la communauté dans laquelle on a vu le jour, celle dans laquelle on a grandi, celle que l'on s'est choisie ou celle, tout simplement, dans laquelle on vit. Les processus d'intégration donnent souvent naissance à des liens émotionnels particuliers que la communauté politique peut entretenir. Il faut louer et favoriser la forme particulière de solidarité qui est souvent liée à ces émotions, et qui va au-delà de ce à quoi l'on serait tenu, dans la mesure où cette forme de solidarité ne conduit pas à une animosité envers ce qui est étranger, à la haine de ceux qu'on ne reconnaît pas comme siens, au nationalisme ou au racisme, ni à négliger de manière immorale ceux qui n'appartiennent pas au même groupe, à la même nation ou qui ne sont pas de la même religion. On doit laisser aux hommes le droit d'être fiers de l'histoire, de l'art, du paysage, des performances sportives de leur pays ou de ses citoyens si, en contrepartie, ils assument la responsabilité de crimes éventuels et s'ils se sentent tenus à un engagement particulier.

2. L'art, l'ébranlement et la probité

Quelle raison avons-nous d'admettre qu'une société dans laquelle les vertus secondaires sont tenues en haute estime et dans laquelle est cultivé l'amour de la patrie ne deviendra pas un bourbier d'étroitesse d'esprit étouffant toute individualité ? À vrai dire aucune, si l'on entend par là quelque chose de comparable à une garantie.

Si important que puisse être d'un côté, conformément à l'intuition anarchiste présentée au début, un réseau s'établissant de lui-même entre la préoccupation mutuelle, le sentiment de responsabilité et la conscience du devoir, il peut néanmoins, selon une autre intuition, être dangereux et étouffant pour les individus que ce genre de pression en faveur du consensus ne soit pas constamment remise en question. L'importance de l'acceptation de droits moraux appartenant à l'individu, du moins de droits prépositifs – et cela également vis-à-vis de la communauté, est ici de nouveau patentes. Et la conscience du fait que les qualités dont nous faisons l'éloge ne sont que des vertus secondaires que l'on peut, le cas échéant pour des raisons morales, faire passer au second rang, devient de nouveau pertinente. La tentative de Max Stirner de libérer l'individu de toute obligation servile en rejetant tout droit et en s'en remettant à l'unique puissance de celui-ci, se révélerait toujours désavantageuse pour l'individu en raison de la présence de rapports de force, puisque l'individu est toujours dans une position de faiblesse par rapport à la majorité.

Mais comment affronter le danger que représente une communauté qui s'engourdit ? Depuis longtemps déjà, on prétend que l'art est l'outil approprié pour ébranler les convictions trop facilement acquises relativement au bien et au vrai – et il a, il est vrai, assumé cette fonction dans une certaine mesure.

Sans entrer ici dans une discussion, qui ne serait qu'à moitié satisfaisante, sur l'art moderne ou même sur l'art en général, on peut tout de même établir que l'art doit assumer certaines tâches d'une portée politique considérable, qui ne peuvent pas être assumées par d'autres domaines de la vie sociale, si ce n'est d'une manière limitée.

Il s'agit premièrement de la possibilité d'identifier et de combattre les distorsions, les déformations et les mauvaises utilisations conceptuelles, qui se produisent inévitablement dans tout usage langagier et particulièrement dans le domaine politique. Il est en effet courant, dans les débats politiques, de dissimuler par des euphémismes les mesures cruelles ou, du moins, désagréables pour de nombreuses personnes, en leur attribuant des noms qui sonnent bien tels que : « mesures sanitaires », « processus de saine rationalisation » ou « engagement en faveur de la paix ».

Depuis toujours, non seulement les philosophes, mais aussi les artistes considèrent qu'il leur revient de s'opposer à de telles destructions du langage par l'usage de mots vides ayant des intonations morales et de revendiquer la probité dans l'usage du langage. Il s'agit traditionnellement d'un domaine où se recoupent ces deux champs d'activité intellectuelle. C'est le cas, par exemple, de Machiavel, qui, à la différence des discours moralisateurs hypocrites des humanistes bourgeois qui l'ont précédé, nommait les atrocités par leur nom, lorsqu'il recommandait de s'engager en leur faveur. Un autre exemple est celui de Nietzsche qui attribue explicitement à l'art la tâche de s'attaquer au confort intellectuel dans lequel les hommes se complaisent.

L'ébranlement du confort intellectuel, de cet attachement collectif à des évidences agréables, constitue l'une des plus importantes tâches de l'activité artistique. C'est ainsi qu'une discussion portant sur le contenu peut se poursuivre, discussion dont Mill a déjà affirmé que c'était là la seule façon de découvrir de nouvelles vérités et de maintenir la vitalité des vérités anciennes qui méritent d'être préservées. Ce pour quoi il peut être nécessaire que les artistes recourent à des moyens inhabituels, voire choquants.

De plus, l'une des tâches de l'art est de maintenir en éveil ou même, tout simplement, de réveiller l'intérêt pour de nouveaux chemins, pour ce qui était considéré auparavant comme impensable, pour des chemins de pensée originaux et étonnants. En ce sens, l'art peut être davantage que la sphère d'activité de la seule classe restreinte des artistes et des diffuseurs de l'art professionnels ou semi-professionnels, ceux que l'on nomme les créateurs de culture. C'était précisément l'objectif d'un courant artistique, représenté entre autres par Joseph Beuys, de découvrir en chaque individu une faculté de création et de dévoiler ainsi de nouvelles routes de pensée étonnantes. En mettant constamment en question ce qui était jusqu'alors évident, l'art acquiert un caractère foncièrement anarchiste au sens individualiste et il s'avère également en mesure de questionner le confort intellectuel qui s'installe dans la tradition anarchiste elle-même comme partout ailleurs.

Cette propriété qu'a l'art de remettre en question toute forme d'ordre qui soit, même celui qui semble nécessaire et inconditionnel, revêt une importance extrême au sein d'un monde hautement technicisé. Au-delà de l'effet de la technique, diagnostiqué par Heidegger, qui nous oblige notamment à prendre position par rapport à nous-mêmes et aux possibilités qui sont les nôtres[203], les technologies de l'information exercent une énorme contrainte en matière d'adaptation et de compatibilité, contrainte qui se tra-

[203] Martin Heidegger, *Die Frage nach der Technik*, in *Vorträge und Aufsätze*, Pfullingen, 1956, p. 13-44.

duit essentiellement dans le langage que nous utilisons et qui nous pousse à ce que l'on croit être des exigences de la pensée. C'est ici que l'art et la philosophie peuvent permettre de mettre en évidence les contingences et le caractère modifiable de ces développements.

Évidemment, l'art est lui aussi soumis à cette révision constante puisque, à l'instar de tous les autres domaines de la vie en société, il est soumis au danger de se répéter, de se figer en lui-même et de se vider de son contenu. Il est particulièrement vulnérable aux pressions marchandes de la société où règnent les mass media. On connaît bien la pose affectée, fortement rentable, du critique culturel en colère. L'activité artistique actuelle possède souvent davantage le caractère d'une organisation hermétique que celui d'une institution publique tournée vers l'avenir. Si, en outre, le côté conservateur reproche au satirique féroce lui-même de ne plus être suffisamment subversif, comme cela peut se produire de temps en temps, il s'agira certes de la mise en garde de ne pas surestimer l'effet éclairant et révolutionnaire de l'activité artistique, mais cela ne sera pas une raison pour abandonner l'effort vers le renouvellement. Toutes les personnes impliquées doivent ici composer avec un fait qu'on ne peut plus négliger : l'évolution vers une société plus humaine, pour autant que cela soit possible, n'est pas une tâche dont on peut s'acquitter à court ou à moyen terme, mais, au contraire un processus à très long terme. En dernière analyse, la raison poussant à s'engager dans un tel processus réside dans les intuitions anarchistes fondamentales, sous une forme quelque peu modifiée. En effet, il n'est pas seulement préférable pour les hommes d'agir volontairement plutôt que sous la contrainte, de vivre dans une société où l'on se préoccupe des autres plutôt que dans une société cruelle, mais, plus encore, ils s'efforceront probablement à long terme de vivre dans les situations les plus agréables plutôt que dans les plus désagréables. C'est grâce à la richesse de leurs découvertes que certaines réussites sont possibles.

3. La communauté des surhommes libres et égaux

Mais quel est donc le but de ce processus qui doit conduire à un monde plus humain ? D'abord, il est important de mettre de côté la dimension eschatologique de notre emprunt à l'histoire de la philosophie. Selon toutes les prédictions, la société humaine parfaite n'existera jamais. On ne pourra probablement jamais découvrir la vérité ultime concernant le sens de l'existence humaine. Ce pourrait bien être le destin des hommes et de l'homme d'être toujours « en quête ».

D'un autre côté, la possibilité et la chance qui s'offrent à l'homme consistent précisément dans la possibilité qui est la sienne de toujours pouvoir se projeter dans la nouveauté. Le constat que l'on ne résoudra jamais tous les problèmes de l'humanité, que l'on sera toujours confronté à de nouveaux problèmes ou encore à de vieux problèmes mais sous un jour nouveau, permet d'observer le caractère indéterminé de l'homme – comme l'ont diagnostiqué Nietzsche (*Par-delà le bien et le mal*, aphorisme 62) puis Gehlen – et de comprendre que ce caractère est important pour la survie. Ce n'est donc pas un luxe superflu lorsque les hommes cherchent à s'extirper des différentes limites qui leur étaient imposées jusque-là et essaient de réaliser quelque chose de nouveau et de prédominant dans les domaines de l'art, de la technique et de la science, mais aussi dans leurs rapports à eux-mêmes et dans leur relation à la souffrance, à laquelle, en tant qu'hommes, ils sont inévitablement exposés. La disposition, dont nous avons déjà parlé, à constamment remettre en question les acquis, à courir des risques et à tenter sur un mode ludique d'établir de nouvelles combinaisons en fait partie. Cette disposition, on l'attend de tout un chacun, et non pas seulement d'une classe d'hommes dominants, comme on a coutume de comprendre (de manière erronée) le discours nietzschéen sur la volonté de puissance et le surhomme[204]. Telle est la voie de l'homme, et elle constitue simultanément sa tâche ultime.

Certes, l'homme est ainsi, en un sens, seul avec lui-même, dans la mesure où personne ne peut être tenu pleinement responsable de sa propre évolution. Pourtant, l'homme ne peut se développer qu'en entretenant des relations avec les autres hommes, au sein d'une communauté sous sa forme complète, cela pour autant que l'on puisse parler d'une forme complète eu égard à l'incomplétude toujours persistante.

La communauté qui offre aux hommes – à tous les hommes qui vivent en elle – la possibilité de se développer dans le sens du surhomme doit être, d'une part, une communauté d'hommes libres, d'autre part, une communauté d'hommes égaux au point de vue de l'évaluation de leurs possibilités de développement et ce, en dépit des différences qui persistent sur le plan des capacités naturelles et des conditions sociales préexistantes. La tâche qui consiste à prendre part, sous une forme ou sous une autre, à l'émergence d'une telle communauté juste devient ainsi une partie du devoir qui incombe à tout homme de poursuivre son développement. Pour sa part, la communauté des hommes a elle-même la tâche de parfaire son savoir et ses capacités à tous les niveaux[205], puisque ce n'est que de cette manière qu'elle pourra assurer à terme sa survie et sa coexistence avec les autres formes de vie.

---

[204] Sur l'histoire des interprétations erronées de Nietzsche aux XIXe et XXe siècles, voir Manfred Riedel, *Nietzsche in Weimar*, Leipzig, 1997.

[205] L'idée selon laquelle l'une des tâches – qui est également politique – de l'humanité dans son ensemble consiste à parfaire ses connaissances se trouve déjà dans le premier livre de Dante intitulé *Monarchia*. Voir à ce sujet Ruedi Imbach, *Die politische Dimension der menschlichen Vernunft bei Dante*, in Höffe (éd.), 1992, p. 26-42.

La conciliation, annoncée dans l'introduction, entre une vision anarchiste et la tradition de la philosophie politique s'est réalisée dans cet ouvrage sous la forme suivante : d'un côté, la conception aristotélicienne d'une communauté de citoyens libres et égaux a été démocratisée, c'est-à-dire étendue à l'ensemble des hommes qui la composent ; de l'autre, elle a été mise en relation avec l'intelligence moderne du fait que la contrainte est certes nécessaire, mais aussi qu'elle doit être limitée par des institutions.

Bibliographie

G. Achenwall, *Prolegomena juris naturalis*, Halle, 3e édition, 1767.

Karl-Otto Apel, *Transformation de la philosophie*, Tome I, Paris, 2007, *Discussion et responsabilité*, Tome II, Paris,1998.

Aristote, *Ethique à Nicomaque*, Paris, 1997.

Aristote, *Les Politiques,* trad. Pierre Pellegrin, Garnier Flammarion, 1993.

Michael Bakounine, *L'Empire knouto-germanique et la révolution sociale 1870-1871*, (Archives Bakounine VII), Leiden 1981.

Kurt Bayertz (éd.), *Politik und Ethik*, Stuttgart, 1996.

Michael D. Bayles, *Hart's Legal Philosophy*, Dordrecht, 1992.

Cesare Beccaria, *Dei delitti e delle pene*, Torino 2007.

Frederick Beiser (éd), *The Cambridge Companion to Hegel*, Cambridge 1993.

S. I. Benn, *A Theory of Freedom*, Cambridge, 1988.

S. I. Benn, R. S. Peters, *Social Principles and the Democratic State*, London, 11e édition, 1977.

Jeremy Bentham, *An Introduction to the Principles of Morals and Legislation*, 1789, éd. W. Harrison, Oxford, 1948.

Peter L. Berger/Thomas Luckmann, *Die gesellschaftliche Konstruktion der Wirklichkeit. Eine Theorie der Wissenssoziologie*, Frankfurt/M., 1977.

Isaiah Berlin, *Four Essays on Liberty*, Oxford, 1969.

Giampietro Berti, *Il pensiero anarchico dal Settecento al Novecento*, Bari/Roma, 1998.

Bruno Bettelheim, *The Children of the Dream*, London, 1971.

Günther Bien, *Die Grundlegung der politischen Philosophie bei Aristoteles*, Freiburg/München, 1985.

Rüdiger Bittner, *Moralisches Gebot oder Autonomie*, Freiburg/München, 1983.

Charles Blankart, *Öffentliche Finanzen in der Demokratie*, München, 2e édition, 1994.

Jean Bodin, *Les six livres de la République* (1583), Paris, 1993.

Reinhard Brandt (éd.), *Rechtsphilosophie der Aufklärung*, Berlin/New York, 1982.

G. Brennan, M. Buchanan, *The Power to Tax,* 1980.

Manfred Brocker, *Arbeit und Eigentum*, Darmstadt, 1992.

J. M. Buchanan, *Die Grenzen der Freiheit*, Tübingen, 1984.

Manfred Burazerovic, *Max Nettlau, Der Lange Weg zur Freiheit*, Berlin, 1996.

Edmund Burke, *Réflexions sur la Révolution de France* (1790), Paris, 2004.

Sharon Byrd, *Kant's Theory of Punishment. Deterrence in its Threat, Retribution in its Application*, in Law and Philosophy 8, 1989, p. 151-200.

Christine Chwaszcza, *Moral Responsibility and Global Justice. A Human Rights Approach*, Baden-Baden, 2007.

G. A. Cohen, *Incentives, Inequality, and Community*, in G. B. Peterson (éd.), *The Tanner Lectures on Human Values*, vol. 13, Salt Lake City, 1992, p. 273-328.

G. A. Cohen, *Robert Nozick and Wilt Chamberlain : How Patterns Preserve Liberty*, in J. Arthur/W. Shaw (éd.), *Justice and Economic Distribution*, Englewood Cliffs, NJ, 1978, p. 246-262.

Jacques Derrida, *L'écriture et la différence*, Paris, Le Seuil, 1979.

Hans Diefenbacher (éd.) *Anarchismus. Zur Geschichte der Herrschaftsfreien Gesellschaft*, Darmstadt, 1996.

Albrecht Dihle, *Die Vorstellung vom Willen in der Antike*, Göttingen, 1985.

Andrew Dobson/Paul Lucardie (éd.), *The Politics of Nature*, London/New York, 1993.

W. Doyle, *Liberalism and World Politics*, in American Political Science Review 80, 1986, p. 1151-1169.

Ronald Dworkin, *Taking Rights seriously*, Cambridge/Mass., 1978.

Roberto Esposito, *Communitas. Origine et destin de la communauté*, Paris, PUF, 2000.

E. E. Evans-Pritchard, *The Nuer. A description of the modes of livelihood and political institutions of a Nilotic people*, Oxford, 1940.

Johann Gottlieb Fichte, *Fondements du droit naturel*, Paris, 2000.

Johann Gottlieb Fichte, *Grundlage des Naturrechts*, in Fichte-Gesamtausgabe, Stuttgart-Bad Cannstatt, Vol. I 3.

John Finnis, *Natural Law and Natural Rights*, Oxford, 1980.

Maximilian Forschner, *Mensch und Gesellschaft*, Darmstadt, 1989.

Reiner Forst, *Kontexte der Gerechtigkeit*, Frankfurt/M., 1994.

Michel Foucault, *La naissance de la biopolitique*, Paris, 2004.

Michel Foucault, *Surveiller et punir*, Paris, 1975.

David Friedman, *The Machinery of Freedom. Guide to Radical Capitalism*, La Salle III, repr. 1989.

Hans Friedrich Fulda, *Kants Postulat des öffentlichen Rechts*, Jahrbuch für Recht und Ethik 5, 1997.

Chaim Gans, *Philosophical Anarchism and Political Disobedience*, Cambridge, 1992.

Arnold Gehlen, *Der Mensch*, Frankfurt/M., 1972.

Arnold Gehlen, *Moral und Hypermoral*, Frankfurt/M., 4e édition, 1981.

Arnold Gehlen, *Urmensch und Spätkultur*, Frankfurt/M., 1975.

Carol Gilligan, *In a Different Voice*, Cambridge/Mass, 1982.

Heide Göttner-Abendroth, *Matriarchate als herrschaftsfreie Gesellschaften*, Bern, 1997.

Nelson Goodman, *Ways of Worldmaking*, Indianapolis, 1978.

Thomas F. Green, *Voices. The Educational Formation of Conscience*, Notre Dame, 1999.

Bernd Guggenberger/Claus Offe (éd.), *An den Grenzen der Mehrheitsdemokratie*, Opladen, 1984.

Jürgen Habermas, *Faktizität und Geltung*, Frankfurt/M., 1992.

Jürgen Habermas, *Legitimationsprobleme im modernen Staat*, in Politische Vierteljahresschrift, Sonderheft 7, 1976, p. 39-61.

Jürgen Habermas, *Legitimationsprobleme im Spätkapitalismus*, Frankfurt/M, 1973.

Jürgen Habermas, *Die neue Unübersichtlichkeit*, Frankfurt/M., 1985.

Jürgen Habermas, *Strukturwandel der Öffentlichkeit*, Darmstadt/Neuwied, 14e édition, 1983.

H. L. A. Hart, *The Concept of Law*, Oxford, 2e édition, 1994.

H. L. A. Hart, *Punishment and Responsability*, Oxford, 1968.

Nicolai Hartmann, *Ethik*, Berlin, 1926.

Martin Heidegger, *Die Frage nach der Technik*, in Vorträge und Aufsätze, Pfullingen, 1956, p. 13-44.

Martin Heidegger, *Sein und Zeit*, Tübingen, 1979.

Georg Friedrich Wilhelm Hegel, *Grundlinien der Philosophie des Rechts*, Berlin, 1820.

Hegel, *Principes de la philosophie du droit,* trad. J.-F. Kervégan, Paris, PUF, 1998.

Karlfriedrich Herb/Bernd Ludwig, *Naturzustand, Eigentum und Staat, Immanuel Kants Relativierung des 'Ideal des Hobbes'*, in Kant-Studien 83, 1993, p. 283-316.

Henning Hintze, *Nominalismus. Primat der ersten Substanz versus Ontologie der Prädikation*, Freiburg/München, 1998.

Hobbes, *De Cive*, 1642 ; trad. fr., *Du citoyen*, Paris, 2010.

Hobbes, *Leviathan*, 1651, Cambridge, 1996.

Otfried Höffe (éd.) *Der Mensch – ein politisches Tier? Essays zur politischen Anthropologie*, Stuttgart, Freiburg/München, 1977.

Otfried Höffe, *Politische Gerechtigkeit. Grundlegung einer kritischen Philosophie von Recht und Staat*, Frankfurt/M., 1987.

Hasso Hofmann, *Repräsentation*, Berlin, 1974.

Axel Honneth (éd.), *Kommunitarismus*, Frankfurt/M., 1993.

Joachim Hruschka, *Verhaltensregeln und Zurechnungsregeln*, in Rechtstheorie 22, p. 449-460.

David Hume, *A Treatise of Human nature*, London, 1739.

Günther Jakobs, *Strafrecht. Allgemeiner Teil*, Berlin/New York, 2e édition, 1993.

Hans H. Jescheck, *Lehrbuch des Strafrechts, Allgemeiner Teil*, Berlin, 1988.

Andreas Kamp, *Die politische Philosophie des Aristoteles und ihre metaphysischen Grundlagen*, Freiburg/München, 1985.

Emmanuel Kant, *Anthropologie in pragmatischer Hinsicht,* Akademie-Ausgabe, Berlin, 1901, vol. VII.

Emmanuel Kant, *Idee zu einer Menschheitsgeschichte in weltbürgerlicher Absicht,* Berlin, Akademie-Ausgabe, 1901, vol. VIII.

Emmanuel Kant, *Métaphysique des mœurs II. Doctrine du droit. Doctrine de la vertu,* trad. Renaut, Paris, 1994.

Emmanuel Kant, *Die Religion innerhalb der Grenzen der reinen Vernunft,* in Akademie-Ausgabe Vol. VI ; trad. fr. *La Religion dans les limites de la simple raison*, Paris, 1996.

Gregory S. Kavka, *Why Even Morally Perfect People Would Need Government*, in Sanders/Narveson (éd.), *For and Against the State 3*, p. 41-61.

Matthias Kaufmann, *Recht ohne Regel ? Die philosophischen Prinzipien in Carl Schmitts Staats- und Rechtslehre*, Freiburg/München, 1988.

Hans Kelsen, *Théorie pure du droit, Paris*, Dalloz, 1962.

Anthony Kenny, *Will Freedom and Power*, Oxford, 1975.

Wolfgang Kersting, *Die politische Philosophie des Gesellschaftsvertrages*, Darmstadt, 1994.

Diethelm Klippel, *Politische Freiheit und Freiheitsrechte im Deutschen Naturrecht des 18. Jahrhunderts*, Paderborn, 1977.

Hartmut Kliemt, *Solidarität in Freiheit. Von einem liberalen Standpunkt*, Freiburg/München, 1995.

Siegfried König, *Zur Begründung der Menschenrechte: Hobbes-Locke-Kant*, Freiburg/München, 1994.

Lawrence Kohlberg, *The Philosophy of Moral Development. Moral Stages and the Idea of Justice*, San Francisco, 1981.

Peter Koller, *Menschen- und Bürgerrechte aus ethischer Perspektive*, in Jahrbuch für Recht und Ethik, 3, 1995.

Peter Koller, *Theorie des Rechts*, Wien/Köln/Weimar, 1992.

György Konrád, Iván Szelényi, *Die Intelligenz auf dem Weg zur Klassenmacht*, Frankfurt/M., 1981.

Martin Kriele, *Einführung in die Staatslehre*, Reinbek bei Hamburg, 1975.

Saul Kripke, *Naming and Necessity*, Oxford, 2e edition, 1980.

Pjotr Kropotin, *Gegenseitige Hilfe in der Tier- und Pflanzenwelt*, Berlin, 1975.

Will Kymlicka, *Contemporary Political Philosophy*, Oxford, 1990.

Will Kymlicka (éd.), *The Rights of Minority Cultures*, Oxford, 1995.

Harmann von Laer, *Volk und Bevölkerung*, Cloppenburg, 1992.

John Locke, *Two Treatises of Government,* Cambridge, 2002.

G. Lohmann, St. Gosepath (éd.), *Philosophie der Menschenrechte*, Frankfurt/M., 1998.

Konrad Lorenz, *Das sogenannte Böse*, München, 1983.

J. R. Lucas, *On Justice*, Oxford, 1980.

John Leslie Mackie, *Ethics, Inventing Right and Wrong*, Englewood Cliffs, 1977.

Alasdair MacIntyre, *After Virtue*, London, 2e édition, 1985.

Bronislaw Malinowski, *Crime and Custom in Savage Society*, London, 1940.

Karl Marx, *Randglossen zum Programm der deutschen Arbeiterpartei*, in MEW 19, Berlin, 1959, p. 21.

Ingeborg Maus, *Zur Aufklärung der Demokratietheorie. Rechts- und demokratietheoretische Überlegungen im Anschluss an Kant*, Frankfurt/M., 1994.

Peter Cornelius Mayer-Tasch, *Thomas Hobbes und das Widerstandsrecht*, Tübingen, 1965.

Nicolas Machiavel, *Discours* in *Œuvres Complètes,* Paris, 2007.

Nicolas Machiavel, *Le Prince* in *Œuvres Complètes*, Paris, 2007.

C.B. MacPherson, *Die politische Theorie des Besitzindividualismus*, Frankfurt/M., 1973.

George E. McCarthy (éd.), *Marx and Aristotle, Nineteenth Century German Social Theory and Classical, Antiquity*, Savage, 1992.

Jean-Christophe Merle, *Justice et Progrès*, Paris, 1997.

Thomas W. Merrill, *Towards a General Theory of Minority Groups : Outsider Groups, Adversity Groups and Transfer Groups*, in *Jahrbuch für Recht und Ethik* 3, Frankfurt/M, 1995, p. 69-101.

Sylvie Mesure, Alain Renaut, *La guerre des dieux*, Paris, 1996.

Heinrich Meyer, *Carl Schmitt, Leo Strauss et la notion de politique. Un Dialogue entre absents*, Paris, Commentaire :Julliard, 1990.

Jürgen Miethke, *Ockhams Weg zur Sozialphilosophie*, Berlin/New York, 1969.

J.S. Mill, *Principles of Political Economy*, 1848.

J. S. Mill, *Utilitarisme,* Paris, 2009

E. F. Miller (éd.), *Hume, Essays. Moral, Political and Literary*, Indianapolis, 1985.

Luis de Molina, *De justitia et jure*, Mainz, ed. novissima, 1659.

Chantal Mouffe, *On the Political Thinking in Action*, London, 2005.

Jeffrey Murphy, *Retribution Reconsidered*, Dordrecht, 1992.

R. Musgrave, P., Musgrave et L. Kullmer, *Die öffentlichen Finanzen in Theorie und Praxis*, Vol. I. Tübingen, 6e édition, 1994.

Max Nettlau, *Geschichte der Anarchie*. t. I-III, Glashütten / Taunus, 1972, t. IV-V, Vaduz, 1981.

U. Neumann, U. Schroth, *Neuere Theorien von Kriminalität und Strafe*, Darmstadt, 1980.

Thomas Nisters, *Mensch und Natur als Subjekte der lex aeterna*, in: Zimmermann et Speer, *Mensch und Natur im Mittelalter* (Miscellanea Mediavalia 21/2), Berlin, 1991, p. 622-644.

Nietzsche, *Ainsi parlait Zarathoustra,* Paris, 1992.

Robert Nozick, *Anarchy, State and Utopia*, Oxford, repr. 1990.

Martha Nussbaum, *Frontiers of Justice*, Cambridge, 2006.

Guillaume d'Ockham, *Dialogus* (choisis et traduit par J. Miethke), Darmstadt, 1992.

Fritz Oser/Wolfgang Althof, *Moralische Selbstbestimmung : Modelle der Entwicklung und Erziehung im Wertebereich,* Stuttgart, 2e édition, 1994.

Gregor Paul, *Kulturelle Identität. Ein gefährliches Phantom? Eine kritische Begriffsanalyse,* in Tadashi Ogawa, Michael Lazarin, Guido Rappe (éd.), *Interkulturelle Philosophie. Philosophische Beiträge zum interkulturellen Gespräch*, Berlin, 1998.

Philip Pettit, *Republicanism*, Oxford 1997.

Helmuth Plessner, *Grenzen der Gemeinschaft* (1924) in *Gesammelte Schriften V*, Frankfurt/M., 1981, p. 7-133.

Thomas Pogge, *Human Rights and World Poverty*, Oxford, 2002.

Samuel Pufendorf, *De officio hominis et civis iuxta legem naturalem*, in *Gesammelte Werke* Bd. II, Berlin, 1997.

Hilary Putnam, *Reason, Truth and History*, Cambridge, 1981.

W.V. Quine, *Word and Object*, Cambridge/Mass., 1960.

John Rawls, *The Law of Peoples*, Cambridge/Mass. 1999.

John Rawls, *Une théorie de la justice*, Paris, Seuil, 1987.

Walter Reese-Schäfer, *Grenzgötter der Moral*, Frankfurt/M., 1997.

Walter Reese-Schäfer, *Neorealismus und Neoliberalismus in den internationalen Beziehungen. Zur empirischen Überprüfung einer These Immanuel Kants*, in *Gegenwartskunde*, 1995, p. 449-460.

Manfred Riedel, *Menschenrechtsuniversalismus und Patriotismus. Kants politisches Vermächtnis an unsere Zeit*, in Allgemeine Zeitschrift für Philosophie 18, 1993, p. 1-22.

Manfred Riedel, *Nietzsche in Weimar*, Leipzig, 1997.

Manfred Riedel, *Zwischen Tradition und Revolution*, Stuttgart, 1982.

A. Ripstein, *Force and Freedom. Kant's Legal and Political Philosophy*, Cambridge/Mass., 2009.

Beate Rössler (éd.), *Quotierung und Gerechtigkeit*, Frankfurt/M., 1993.

Jean-Jacques Rousseau, *Du contrat social,* Paris, 2001

Richard Saage, *Eigentum, Staat und Gesellschaft bei Immanuel Kant*, Baden-Baden, 2e édition, 1994.

Michael Sandel, *Liberalism and the Limits of Justice*, Cambridge, 1982.

John T. Sanders, Jan Narveson (éd.) *For and Against the State, Lanham*, Maryland, 1996.

Jean-Paul Sartre, *Les jeux sont faits*, Paris, 1996.

Carl Schmitt, *État, mouvement, peuple. Organisation triadique de l'unité politique* (1933), Paris, 1998.

Carl Schmitt, *Hugo Preuß. Sein Staatsbegriff und seine Stellung in der deutschen Staatslehre*, Tübingen, 1930.

Carl Schmitt, *La notion de politique*, Paris, 1992.

Carl Schmitt, *Parlementarisme et démocratie*, Paris, Seuil, 1988.

Carl Schmitt, *Théologie politique* (1922), Paris, Gallimard, 1988.

Carl Schmitt, *Théorie de la constitution*, Paris, PUF, 2008.

Eckart Schütrumpf, *Die Analyse der Polis durch Aristoteles*, Amsterdam, 1980.

Amartya Sen, *The Idea of Justice*, London/New York 2009.

E. J. Sieyès, *Qu'est-ce que le Tiers-état?*, Paris, 1789, repr. Paris 1982.

Christian Sigrist, *Regulierte Anarchie. Untersuchung zum Fehlen und zur Entstehung politischer Herrschaft in segmentären Gesellschaften Afrikas*, Frankfurt/M., 1994.

Alan John Simmons, *On the Edge of Anarchy. Locke, consent, and the limits of society*, Princeton, 1993.

Peter Singer, *Practical Ethics*, Cambridge, 1979.

Georges Sorel, *Réflexions sur la violence*, Paris, 1919.

Tom Sorrell, *Hobbes*, London/New York, 1991.

Jean-Fabien Spitz, *Le moment républicain en France*, Paris, 2005.

Max Stirner, *L'Unique et sa propriété*, Paris, La Table Ronde, 2000.

Leo Strauss, *Naturrecht und Geschichte*, Frankfurt/M., 1977.

Charles Taylor, *Sources of the Self*, Cambridge, Mass., 1999.

Michael Taylor, *Community, Anarchy and Liberty*, Cambridge, 1982.

S. Thomae Aquinatis opera omnia, curante Roberto Busa, Paderborn, 1980.

Christian Thomasius, *Einleitung in die Sittenlehre*, Halle, 1692, réimpr. Hildesheim, 1968.

B. Tierney, *Origins of Natural Rights Language. Texts and Contexts*, p. 1150-1250, in *History of Political Thought*, 10, p. 615-646.

Ferdinand Tönnies, *Communauté et société : Catégories fondamentales de la sociologie pure,* trad. et introd. de J. Leif, Paris, Retz-C.E.P.L., 1977.

Richard Tuck, *Natural Rights Theories*, Cambridge, 1979.

Ernst Tugendhat, *Vorlesungen über Ethik*, Frankfurt, 1993.

Michel Villey, *La formation de la pensée juridique moderne*, Paris, 1968.

Michael Walzer, *Spheres of Justice. A Defense of Pluralism and Equality*, Oxford, 1983.

R. Weigand, *Die Naturrechtslehre der Legisten von Irnerius bis Accurius und von Julian bis Johannes Teutonicus*, München, 1967.

H. Welzel, *Naturrecht und materiale Gerechtigkeit*, Göttingen, 1990.

Kenneth Westphal, *Do Kant's Principles Justify Property or Usufruct?*, in *Jahrbuch für Recht und Ethik* 5, 1997, p. 141-197.

Kenneth Westphal, *Hegel's Epistemological Realism. A Study of the Aim and the Method of Hegel's Phenomenology of the Spirit*, Dordrecht et Boston, 1989.

Kenneth Westphal, *Kants on the State, Law and Obedience to Authority in the Alleged 'Anti-Revolutionary' Writings*, in Journal of Philosophical Research 17, 1992, p. 383-426.

Jean-Claude Wolf, *Verhütung oder Vergeltung*, Freiburg/München, 1992.

Benedikt Wolfers, *«Geschwätzige Philosophie» Thomas Hobbes' Kritik an Aristoteles*, Würzburg, 1991.

Index des noms

Matthias Kaufmann

est professeur de philosophie éthique à la Martin-Luther-Universität de Halle-Wittenberg depuis 1995. Après une maîtrise de mathématiques (1980), il soutient une thèse de doctorat en philosophie en 1986, et sa thèse d'habilitation en 1992. Il a été professeur invité à l'Université Humboldt de Berlin (1992), à l'Université de Münster (1994) et à la UECE (Universidade Estadual do Ceará) à Fortaleza (Brésil) en 2005.
Sa thèse de doctorat a obtenu le prix Heinz-Meier-Leibnitz du Ministère fédéral de la Culture et des Sciences en 1988. Ses domaines de recherche sont la philosophie politique, la philosophie de droit, la philosophie du langage (y compris le problème de la traduction interculturelle).
Ses livres publiés : *Recht ohne Regel? Die philosophischen Prinzipien in Carl Schmitts Staats- und Rechtslehre* 1988 (trad. espagnole *¿Derecho sin reglas?* 1989, 3e éd. mexicaine, 1999) ; *Begriffe, Sätze, Dinge. Referenz und Wahrheit bei Wilhelm von Ockham*, 1994; *Rechtsphilosophie* 1996; *Aufgeklärte Anarchie. Eine Einführung in die politische Philosophie, Berlin* 1999 (trad. turque *Aydinlanmis Anarsi* 2003, trad. italienne *Anarchia Illuminata* 2007), *Diritti umani,* Napoli 2009.

L'HARMATTAN, ITALIA
Via Degli Artisti 15; 10124 Torino

L'HARMATTAN HONGRIE
Könyvesbolt ; Kossuth L. u. 14-16
1053 Budapest

L'HARMATTAN BURKINA FASO
Rue 15.167 Route du Pô Patte d'oie
12 BP 226 Ouagadougou 12
(00226) 76 59 79 86

ESPACE L'HARMATTAN KINSHASA
Faculté des Sciences sociales,
politiques et administratives
BP243, KIN XI
Université de Kinshasa

L'HARMATTAN CONGO
67, av. E. P. Lumumba
Bât. – Congo Pharmacie (Bib. Nat.)
BP2874 Brazzaville
harmattan.congo@yahoo.fr

L'HARMATTAN GUINÉE
Almamya Rue KA 028, en face du restaurant Le Cèdre
OKB agency BP 3470 Conakry
(00224) 60 20 85 08
harmattanguinee@yahoo.fr

L'HARMATTAN CÔTE D'IVOIRE
M. Etien N'dah Ahmon
Résidence Karl / cité des arts
Abidjan-Cocody 03 BP 1588 Abidjan 03
(00225) 05 77 87 31

L'HARMATTAN MAURITANIE
Espace El Kettab du livre francophone
N° 472 avenue du Palais des Congrès
BP 316 Nouakchott
(00222) 63 25 980

L'HARMATTAN CAMEROUN
BP 11486
Face à la SNI, immeuble Don Bosco
Yaoundé
(00237) 99 76 61 66
harmattancam@yahoo.fr

L'HARMATTAN SÉNÉGAL
« Villa Rose », rue de Diourbel X G, Point E
BP 45034 Dakar FANN
(00221) 33 825 98 58 / 77 242 25 08
senharmattan@gmail.com

615395 - Août 2015
Achevé d'imprimer par

1livre.com
du rêve à la réalité !